古典文獻研究輯刊

三四編

潘美月・杜潔祥 主編

第 6 冊

續經義考・周易之部
（第一冊）

周懷文 著

國家圖書館出版品預行編目資料

續經義考・周易之部（第一冊）／周懷文 著 -- 初版 -- 新北市：
花木蘭文化事業有限公司，2022〔民 111〕
目 88+180 面；19×26 公分
（古典文獻研究輯刊 三四編；第 6 冊）
ISBN 978-986-518-861-0（精裝）
1.CST：易經 2.CST：研究考訂
011.08   110022682

ISBN-978-986-518-861-0

9 789865 188610

古典文獻研究輯刊
三四編 第 六 冊   ISBN：978-986-518-861-0

續經義考・周易之部（第一冊）

作　　者　周懷文
主　　編　潘美月、杜潔祥
總 編 輯　杜潔祥
副總編輯　楊嘉樂
編輯主任　許郁翎
編　　輯　張雅淋、潘玟靜、劉子瑄　美術編輯　陳逸婷
出　　版　花木蘭文化事業有限公司
發 行 人　高小娟
聯絡地址　235 新北市中和區中安街七二號十三樓
　　　　　電話：02-2923-1455／傳真：02-2923-1452
網　　址　http://www.huamulan.tw 信箱 service@huamulans.com
印　　刷　普羅文化出版廣告事業
初　　版　2022 年 3 月
定　　價　三四編 51 冊（精裝）台幣 130,000 元

續經義考・周易之部
（第一冊）

周懷文　著

作者簡介

周懷文，男，1980 年出生於安徽省安慶市宿松縣。1999 ～ 2003 年就讀於安徽師範大學漢語言文學專業，獲文學學士學位；2003 ～ 2006 年就讀於安徽師範大學中國古典文獻學專業，獲碩士學位；2006 ～ 2010 年就讀於山東大學文史哲研究院中國古代史專業，獲史學博士學位。畢業後任教於安徽機電職業技術學院，主講《中國傳統文化》等課程。主要研究方向為古典文獻學、中國經學史。曾參與《山東文獻集成》、《清代尚書文獻研究》、《邢子才集校注》等國家級、省部級項目 6 項，主持安徽省高校人文社科重大項目《清代安徽經學研究》、安徽省質量工程項目《江南文化研究中心》等省級項目 5 項，發表學術論文 9 篇，出版學術專著 1 部，主編《古代漢語》教材 1 部。

提　要

　　本書仿朱彝尊《經義考》體例而略加變通，對晚明至近代國內易學著述數千種進行了綜合整理，每種著錄作者、書名、卷數、存佚、版本，迻錄整理原書序跋，繫以作者小傳。在作者著錄方面，取通行姓氏名號，並考訂了一些誤收、失收、多收、佚名作者的問題。所附作者小傳，解決一些著錄中的棘手或易致疑之處，同時可藉小傳考知作者之生平、學術特色與學術影響。在書名方面，根據古籍著錄規則，取原書序跋、目錄或正文題名；同時，對一書之異名，也在條目中加以著錄，既詳實可靠，又極大便利了研究者。在卷數方面，取卷數完備者著錄，對因版本不同而卷數有異者，於條目中加以說明。在存佚方面，各書注明存、佚、缺、未見。在版本方面，能在收羅眾本的同時，注意記載各本差異。全書用力處尤在各書序跋之排比、整理。迻錄原書本書目錄、體例凡例、序跋，施以標點；又從表譜牒錄、方志、文集、筆記談叢中爬梳剔抉出不見於原書本書之序跋，並略錄諸家載記評論，力求使讀者能對所著錄之書有盡可能全面的瞭解，能一覽而知晚明至近代易學著作存亡之狀態、收藏之情形、內容之大略、成書之經過、版本之差異、流傳之梗概、學術之影響，有助於學者辨章學術考鏡源流。《易經之部》外，其餘諸經資料亦收整完畢，將漸次展開，依次付梓，最終形成《續經義考》系列著作，為清代經學研究提供基礎性研究資料。

安徽省 2016 年高校人文社科
重大項目《清代安徽經學研究》
（SK2016SD16）結題成果

第四冊

第五冊

第八冊

凡 例

一、條目以作者姓名字母為序；有姓無名者，列於本姓氏最後以書名字母排序；有名無姓或姓名全佚者，以佚名指稱。

二、明清之際作者，卒年在入清後一律收錄；卒於入清之前者，酌情收入。近人著作，酌情收入，以臺灣《經學研究論著目錄》諸書收羅已略備。

三、諸家著錄，不存之書則收錄；若是存世之書，又僅著錄作者、書名、卷數，則不收錄；惟有提要者收之，以俾考鏡源流。

四、存世之書，首列版本；其書不傳者，首列出處。

五、諸本略以時代為次。

六、藏所不以徧列為務。為節省篇幅計，使用簡稱，如國家圖書館簡稱國圖、×××省（市縣區）圖書館簡稱×××；高校如北京大學、清華大學、復旦大學簡稱北大、清華、復旦，此類人所共知，不具列。

七、一書有國外館藏，知見所及，必著錄之，俾知播遷。

八、近世之書，分卷以章節為多，有卷數者著錄卷數，為章數者著錄章數。

九、一書有傳本存世，則諸家著錄分別視之，若有詳細提要則迻錄，若僅列書名卷數者不再備列，所列卷數有異者於案語中說明之。

十、引文原有之小注，以括號括之；若原文本有缺文，逕以□代之，不另說明。

十一、各家作者，為撰小傳（置於該作者首部書後），俾收知人論世之效。然有少量作者，生平未能考出，小傳從略，以待來者。

十二、資料收集雖同出一手，但標點整理非出一時，容有前後不一甚或舛互，讀者諒之。

十三、引用諸家，如《全國古籍普查登記基本數據庫》、《中國古籍總目》、
　　　《中國古籍善本書目》、《續修四庫全書總目提要》等，限於篇幅皆未
　　　能註明出處，非敢掠美。

十四、此書為《續經義考》之《周易》部分。因所參考之文獻至多，擬全考
　　　之最後部分（《群經》）出版後，再備列參考文獻。

A

艾茂 易經人道集義 一卷 佚

◎一名《易經人道》。

◎《黔詩紀略後編》、民國《麻江縣志》、民國《貴州通志·藝文志》著錄。

◎自序〔註1〕：《易經集義》者，竊取《孟子》之意也。余謬主貴山講席，於今十年矣。離經辨志，教學相長。而卦爻象象之理、天地鬼神之奧，尤所謂五經原者。六合之遠，一身之近，瞬息之頃，動靜之交，象義時用，無乎不有。故易也者，不可須臾離也。今日與吾徒講易集一義焉，明日與吾徒講易又集一義焉，以日以年，則義無窮，而集之之功亦與為無盡也。夫所貴乎《集義》者，欲其詳說而歸於大醇也。欲其詳則於一說之中彼此互參，欲其醇則於聚說之中去取務常，故有因其義而衍之者，亦有轉其義而用之者，頭緒多端，紛紛聚訟。必一一詳其姓氏辨其得失，則文理煩碎，不能旁通曲暢，而以轉眩閱者之目。又讀易時偶有心得，往往管見臆說，亦欲竊附於其中焉。雖創意造言，各不相師，而一知半解，未敢自炫。主名之不立，意亦為此也。若諸儒之姓氏載在經籍者，固炳如日星也。且是書也，為講易而集，過而廢之，不如過而存之，將以牖其心思、廣其耳目焉。務在旁引曲喻、四通八達而後已。故集中之義，大率英思偉論、奇辭奧旨多。蓋易奇而法，隱以之顯，解是經者，非智足以通難知之意、文足以發難顯之情者，不能探賾索隱、鈎深致

遠也。讀者有會於斯，庶幾沉潛道味，識易理之精微；涵泳聖涯，悟化工之妙策。此又教誨吾徒遠紹旁搜之微意也。若云可以質諸前賢而有合，則吾斯之未能信。

◎艾茂（1722～1800），字穎新，別號鳳嵒。貴州麻哈（今麻江縣）人。年十四應童子試，督學鄒一桂拔置第一，贈詩「兩序溫文歸大雅，五經講誦遜神童」。乾隆十五年（1750）鄉試第一名舉人，十六年（1751）進士。選庶吉士，授檢討，充國史館兼《文獻通考》纂修。淡於榮進，館選後乞養歸田，以講學著述自娛。先後主講雲南五華書院、貴州貴山書院，所教士多顯達。又著有《貴山四書集講》、《五經類纂》、《性理集成》、《貴山新草文集》、《古文聚精錄》、《寶珠堂詩集》、《聯捷文稿》、《應制律詩》、《蘭亭集字石刻》、《獨山州志》等。

艾庭晰 周易串解 四卷 首一卷末一卷 存

四川藏光緒三十一年（1905）成都官報書局鉛印本

◎一名《艾氏易解》。

◎目錄：卷首為弁言、例言、總論。卷一二卷上經。卷三四卷下經。末卷繫辭、說卦、文言、序卦、雜卦。

◎臚列文、周、孔之說，各卦、爻亦以一二字為例以串解。

◎艾庭晰，字雅堂。四川內江人。

艾元徵 易經會通 十餘卷 佚

◎孫葆田《山東通志》卷百二十七《藝文志》第十：是書見《縣志》。

◎《誠正堂艾氏叢書三編總目》著錄。

◎艾元徵（1624～1676），字允洽，號長人。山東濟陽孫耿鎮人。順治三年（1646）進士，歷任翰林院學士、戶部侍郎、左都御史、刑部尚書。曾從學張爾岐於濟陽蒿庵書院。又曾從學於大儒懷晉。精通《易》《書》。又著有《退食槐聲留餘集》《書經會通》《左傳詳解》《離騷合參正解》等。

安國珍 易經解 佚

◎孫葆田《山東通志》卷百二十七《藝文志》第十：是書見《縣志》。

◎安國珍，山東肥城人。順治二年（1645）拔貢。歷官歸德府通判。

安吉 寶松齋周易 不分卷 存

上海藏稿本

◎安吉，字彙占，號古琴。江蘇無錫人。又著有《六書韻徵》（又名《諧聲韻徵》）十六卷、《古琴公日誌》不分卷、《十二山人詩文草》不分卷、《十二山人詩稿》二卷、《十二山人文集》十五卷。事蹟見《許學考》。

安清翹 周易比例 一卷 存

山西藏垣曲安氏 1921 年石印垣曲安氏三先生剩稿・寬夫先生遺著本

◎安清翹（1751～1829），字翼聖，號寬夫。山西絳州曲沃人。乾隆五十五年（1790）進士。嘉慶五年（1800）知陝西三水縣，署邠州知州。又著有《數學五書》《數學指南》《矩堂語錄》。

安璿珠 周易翼釋義 一卷 存

山東藏道光八年（1828）吳興凌氏傳經堂刻凌氏傳經堂叢書・易翼本

◎此書附凌堜《易翼》而行。計六條，條目：釋易名三義、釋周代名、釋庖犧重卦、釋周公繫爻辭、釋分上下二經、釋十翼篇弟。

◎序：珠入侍經帷，得見《易翼》、《學春秋理辯》初藁，盈各數尺。乙丑易弟二藁。《易翼》四十八卷、《學春秋理辯》七十二卷。越歲戊寅，《易翼》已五易藁，《學春秋理辯》已七易藁。珠受而讀之，隨所口授為之箋識，轉授鏞、鎬等，疏明其義，兼以舊藁請示及初藁所輯諸家異同，俾知由博返約，棄取惟精。而夫子之才力心思亦非庸眾人所可及已。觀夫子每一易藁，其上下端旁行側注，五色迷離，令人目眩心奪，不能終卷。藉非深契道旨，安能數十寒暑不舍晝夜若是？是在天諸聖將佑夫子大明斯道於來世也。戊寅孟秋，安璿珠謹識。

◎識：安母釋義凡三十餘則，今謹錄其六為之注，附於《易翼》之後。他則塗抹殘闕，不敢妄定。所箋《易翼》悉依鏞、鎬等校弟六藁存錄，並鏞、鎬等所採僭附其下。蓋皆義方，親授命，得竝錄，亦以省同學諸子滋多疑問也。道光壬午孟春望後鏞、鎬拜識。

◎安璿珠，江蘇金匱（今無錫）人。烏程凌堜之妻。又著有《德輿子注》。

B

白明禮 讀易臆說 佚

◎民國《澄城縣附志》卷七《人物志》：有《論孟臆說》《中庸臆說》《讀易臆說》。

◎民國《澄城縣附志》卷九《藝文志》：白明府明禮《論孟臆說》《中庸臆說》《讀易臆說》《臨潼課士錄》《平涼課士錄》《平涼訓子錄》《桂陽訓子錄》《樂此堂稿》。

◎白明禮，字立山，一字約亭，號東川。陝西澄城藺莊河人。乾隆二十五年（1760）舉人。起家學博，累遷至桂陽知縣。年七十致仕，杜門不出，著書自娛。

伴梅居士 易說 二卷 存

煙臺藏清鈔本

◎受業門人陳登瀛序略謂：吾師山左登郡甯邑人，高士也。幼業時藝，迨晚年心竊鄙之。性嗜易，嘗手註《周易》經傳，逐字解釋，無微不搜。既而復著《易說》一編，凡數易稿而書始成，往往發前人之未發，詳前人之未詳。

◎冒廣生《淮關小志》：伴梅居士，為述堂權使口口，曾於湖上建放鶴、含虛二亭，今並廢，惟退省室三楹尚存。

◎伴梅居士疑為張氏恩齊，號攀躋。民國《復縣志略·藝文略》收錄陳登瀛《張公攀躋墓誌銘》，可略考其生平。

包彬 易觀 一卷 存

中科院藏清鈔本

故宮藏清鈔本

◎包彬，字文在。江蘇江陰人。乾隆三年（1738）舉人。力學研經。又著有《尚書究辨》《樸莊詩文稿》等。

包彬 易玩 四卷 首一卷 存

山東藏 1934 年江陰陶社刻本

中科院藏清鈔本

◎《中國古籍善本書目》作八卷。

◎李兆洛《養一齋文集》卷七《跋包文在易玩序》：《易玩》八卷，江陰包文在先生著。研窮義理，兼綜象數，不為漢宋門戶。其河洛大衍諸說俱精心獨闢，發前人所未發。卦變以十二辟卦為主，尤極明通無礙，深契安溪《觀象》之說而時時有所駁正，庶幾深造自得者。諸生終老，莫為表章，幸子孫尚能守之耳。道光十四年七月，武進李兆洛借錄副本，因識於後。

◎《光華大學半月刊》1935 年第四卷第 1 期沈延國《包樸莊先生易玩跋》：

右《易玩》八卷，江陰包樸莊先生彬遺書也。先生碩學潛德，尤邃於易。此書博綜漢宋，不守一家，觀其會通，探其愜要，一掃門戶之狹見，此其長也。晚近治易，或侈談爻辰、卦氣、納甲，好奇騁異，則失之鑿；或絕棄象數之學，本乎絜靜精微、得意忘象，則失之虛。獨先生此書，兼象數理三者而祛其鑿與虛蔽，所以不可廢也。

考先大父竹礽先生著《自得齋目覩國朝易學書目韻編》載：「包彬《易玩》八卷」，光緒《江陰縣志·文苑傳》曰：「包彬字文在，乾隆戊午舉人。力學研經，尤邃於易。著《易玩》《觀易小得錄》，凡先後天卦圖等說，於先儒講義別有心得。性嚴正，邑令蔡澍延修邑志，與同人論鄉賢齟齬，遂辭去。後館於易州。卒，遺文散佚，其存者《樸莊古文遺稿》《詩集》若干卷」，繆氏荃孫纂《江陰續志·藝文》曰：「《易玩》八卷（包彬字文在撰。軼錄軒有傳鈔本存）、《易觀》、《易小得錄》、《尚書究辨》、《樸莊詩文藁》（《易觀》《易小得錄》《詩文藁》見志傳，《尚書究辨》見《江上詩鈔》）。」

《光緒志》載先生卒於易州，遺文散佚，非是。先大父《目覩書目》作八

卷，與《續志》同。蓋同邑徐氏繼芳，所居與先生相鄰，得《易玩》遺稿，手錄一編，復經吳氏楷為之點定，此殆《續志》所謂軺錄軒鈔本也（見乾隆吳氏楷《易玩序》）。先生之學廣大精微，雖不僅此，得窺其一二，亦云幸矣。近父執祝丈丹卿，懼鄉邦文獻之遺佚，有志印行。以余家屢世治易，示稿本於家大人而問序焉。家大人撰《周易集義》，正在寫定，鮮暇作序。仍命延國發讀而為之跋。

是書有無錫黃氏印（無錫顧奎光迴谷黃君傳曰：君姓黃氏，名印，字堯諮……尤邃於易理。十六年始成書，今所藏《讀易質疑》是也……君所集有《錫金識小錄》）。及江陰吳氏楷兩序（《江陰縣志・政績傳》曰：吳楷字景儒，乾隆庚辰進士……生平著作甚富，有《退園詩文》十二卷、《騰越州志》十卷，其餘說經諸書及雜著凡二十餘種），述先生易學淵源詳矣。先生之言易也，易名義說取鄭氏之義而引申之。九六說根於河圖之數，究其本末。卦變說一以決之曰：整齊變為錯雜，黜某卦言從某卦來之義。易有太極說據宋儒之論，以理氣相依，謂氣即陰陽，特有未分之別而已。大衍之數說以五十有五由於五行之數為主。皆自出心得，別有卓見，純正而不失於駁，博徵而歸衷於約。惟元亨利貞說，囿於四德，稍失之鑿，蓋易有非四德所能訓也（《周易》言貞，非僅以四德解。《說文》：「貞，卜問也。從卜貝，以為摯。」鄭氏《周禮注》：「貞，問也。」則貞乃大卜之法，龜著同用。如屯卦：「九五屯其膏，小貞吉，大貞凶。」皆當訓卜問。若內卦為貞，恐係貞法之一。而元亨利貞之貞，貞，正也，見師象）。先天後天卦圖說據干氏寶小成之易、連山之易，以為即今先後天之卦；神農號列山，以後天為神農所定。按易之有圖，由來尚矣（家大人《先後天辨疑》曰：「至直揭為易圖者，在唐以前，《漢書藝文志・易》十三家內，《神輸》五篇，圖一，是漢時已有圖矣。又按《漢紀》建武四年桓譚上書云：『或收古之圖書，增益造飾，稱孔子並為讖記，以詿誤人主。』按東漢初讖緯之說盛行，依附古之圖與書，今雖不可見，亦足微漢時有圖矣。《隋書・經籍志・易類》：『梁有《周易乾坤二象》《周易新圖》各一卷。又有《周易善玄圖》八卷，薛景和撰。』是易之有圖，可證在唐以前矣。」），先後天之圖始於何時，則不可考。雖與《說卦傳》以及虞氏翻、干氏寶之說若合符節，後天之圖，又以《乾坤鑿度》證之（先生引《乾坤鑿度》作《乾鑿度》，恐係傳鈔之誤，吳序並同），余甚疑焉。其他則皆有指歸，而少瑕疵，此卷首之大略也（卷首所論，疑即先生所著《易觀》也）。

其釋上下經，皆略經文，而代以象、初、二、三等字。夫易之章句異同，

各有家法，訓故亦別。是書略諸，殆傳寫之失，其非先生手定本耶？上下經都六卷，不專一家，於宋明諸儒之外有所闡發。當漢學倡盛之際，末流拾其糟粕，株守舊文，視宋學為敝屣。於先後天河洛之義，幾視為大禁。而先生獨能不囿於一時之風尚，會通條貫，亦可謂遯世無悶者矣。其言乾元亨利貞曰：「乾者，健行之謂。」元亨利貞即健行之訓詁，乾訓健行，義之一端耳。備此四德，以訓健行，似未塙也。其釋「初九潛龍勿用」曰：「此爻為三百八十四爻之首，獨言勿用，猶蓍數五十而初一策，置不用也。」此言近當。易源於卜筮，每爻咸有蓍義在，惜其法淪亡，不可考究，先生初九之說，猶其遺誼歟？其言「九四，或躍在淵，無咎」曰：「內卦龍德已成，至四將飛矣。」竊以為不然，或者巽為進退，為不果，淵者入也，是或躍於淵，與九五之飛龍在天無涉，誼不寓飛。又謂：「龍之行雨，必躍於淵而取水。」此直以真龍解易矣。以龍喻之變乾者，因乾純陽，變化不窮，神妙不測之意也。

　　其言十翼者，若釋《繫辭上傳》「剛柔相摩」曰：「乾內三爻，自子至辰，純於陽也；外三爻自丑至巳，則摹於陽者也。一剛一柔，如兩手相摩然。」此引貞辰之說，所識者少，未足以括全易也。剛柔相摩，實指乾坤之一索、再索、三索而言，以貞辰解之，義似微狹耳。又《繫辭下傳》「古者包羲氏之王天下也」一章，歷敘史蹟之演進，此義甚明。而先生以五帝德釋之，似覺稍遠，且五帝德漢儒已自相剌謬矣。其說九德三陳，以卦象用九之道，反復推求，或未得其奧旨。九德三陳，先儒難言之，闕疑可乎？！先生好旁通於天文星歷壬奇術數之學，悉歸之於易。雖易道廣大，無所不包，術家之學，皆可援易以為說，而炫奇者又援以入易。援易以為說則可，而援以入易者誖。蓋近野恐泥，非其本也。管闚所及，間有異同，妄為論列如此。若夫宏綱巨目，探賾索隱，傳述舊聞，獨抒弘詣。通達條暢，咸能盡意，誠清季易學之一鉅著也。民國二十四年七月十六日，沈延國拜識。

包彬　易小得錄　佚

　　◎李兆洛等《江陰縣志》卷十七《人物‧文苑》：尤邃於易，著《易玩》《易觀》《易小得錄》，凡先後天卦圖等說於先儒講義別有心得。

包士瑞　易牖　三卷　存

　　南京藏稿本

　　◎包士瑞，乾隆元年（1736）恩科舉人、七年（1742）二甲進士。任直隸

廣平府學教授。勅授文林郎，誥封中憲大夫，晉贈中議大夫、兩廣都轉鹽運
使司。曾孫包承培為道光五年（1825）優貢、八年（1828）舉人。

包體仁 周易折訓 四卷

◎嘉慶《涇縣志》卷二十六《藝文》：包體仁《周易折訓》四卷（《採訪
冊》）。

◎包體仁，安徽涇縣人。著有《周易折訓》四卷。

包儀 易原就正 十二卷 首一卷 存

國圖藏清鈔本（六卷）

四庫本

南平藏 1934～1935 年上海商務印書館四庫全書珍本初集影印文淵閣本
四庫全本書

山東藏臺北商務印書館 1983 年影印國立故宮博物院藏本景印文淵閣四
庫全書本

山東藏臺灣新文豐出版公司 1983 年大易類聚初集影印文淵閣四庫全書
本

◎首卷：河圖、洛書、伏羲八卦次序、伏羲八卦方位、伏羲六十四卦次
序、伏羲六十四卦方位、文王八卦次序、文王八卦方位、文王圓圖附餘、卦
變圖。

◎易原就正凡例：

一、讀易之法盡在《繫辭》諸傳，然不讀《皇極經世書》則《繫傳》多不
可解，《繫傳》不可解則於卦象經文其猶正墻面而立也與？！

一、河圖乃作易之原，學易者湏先將河圖之數洞徹於胷中，然後知一畫
開天之所由來，而生生之謂易，理與數皆自然而然者也。

一、洛書雖《繫傳》與河圖並舉，然圖自為卦而書自為疇，與易全無干
涉，學易者可以理會而不可以牽合。

一、伏羲八卦，邵子以為先天；文王八卦，邵子以為後天。合先後天而
體用俻，確乎其如見聖人之心，即如見天地之心焉，學易者不可不極深而研
幾也。

一、易名《周易》者，羲皇有畫無文，民用不彰，自文王繫彖、周公繫
爻，孔子十翼以後天闡先天而前民用，學易者明乎後天之所以為用，便得乎

先天之所以為體矣。

一、易道不明，非不明於理之故，不明於象之故也。聖人立象以盡意，固已通神明之德，類萬物之情矣。而又設卦以盡情偽，繫辭焉以盡其言，是無一非象也，豈特廣八卦而已哉？若不明其象，雖滿口說理，都是隔靴搔癢。

一、彖言一卦之材，體、德、象、變皆材也；爻合兩象之義，所謂各指其所之也。茲《易原就正》特於逐爻下註明之卦，可以知兩象之體德象變，或為主為賓，或應取應舍，一字不可增減者，皆非聖人私意之所為。

一、卦有正、有變、有錯、有綜、有約、有互、有究。正者本卦也；變者之卦也；錯者三畫上卦即以三畫下卦加之以成六畫也；綜者卦之反易，而一卦便成兩卦也；約者卦中四爻自上而下互之也；互者卦中四爻自下而上錯之也；究者六爻皆變，陽極而陰，陰極而陽也。此之謂易，揲蓍求卦者亦然。

一、行世易說種不勝數，要皆未嘗讀《皇極經世》，無怪乎各逞其私智，而總非聖人立象盡意、觀象繫辭之本旨。惟海寧陳彥升先生所著《易象正》庶幾於《皇極經世》殆有得，而惜乎非全書，以其亦雜於私智也，然其說有必不可易者。《易原就正》間多取而渾成一家言，難以別也，是以不復別之也，特表而出之，不敢沒先儒功苦之善也。

◎易原就正原序：予童蒙時，附學於浙紹陳師而忘其諱字。常見師揲蓍，往往多奇中，心竊以為神而喜之。及將授經，予遂願讀易。父毓華公曰：「易固天地間理學之秘、文章之宗、功業之本也，世無傳者，皆如面墻。即陳先生亦不過明於數而已矣。」母邵曰：「惟吾家《皇極經世書》，斯易之奧也。兒願讀易，須自勉。」於是讀易。既而陳師南旋。後此之師，惟舉子業是訓，即數法亦不之講。《繫辭傳》曰：夫易何為者也？夫易開物成務，冒天下之道如斯而已者也。數法不講則理學不明，聖人明天道察民故，興神物吉凶同患之至意，果何為也哉？無怪乎易道之不明也久矣。於予心殊未安，奈何為制科消磨日月，亦並無由求所謂《皇極經世書》也。自辛卯至己酉，七次落第，行將以明經如歲例。而本經未明，俯仰可勝愧怍。齋戒揲蓍以決終身，得豐之震：「九三，豐其沛，日中見沫，折其右肱，无咎。」象曰：「豐其沛，不可大事也。折其右肱，終不可用也。」神乎神乎，聖人明明告我矣。且憶折傷右肱之年即予願讀易之年也，豈非數乎？豈非數乎？已而已而！惟理可以勝數，

欲窮理則不可以不學易，而學易之志尤不可以不憤也。故始而克去一切他念，繼而屏絕一切他書，朝斯夕斯，眠斯食斯，於辭必求其所由繫，於象必求其所由立，嘗有一辭一象之不得其旨，雖費經旬閱月之思，務期必得而後再玩他辭再觀他象也。如是者九年，其間藩逆變而无妄破家，拙於生計而又遭回祿，八口嗷嗷，幾乎室人交謫矣，豈《西銘》所謂「貧賤憂戚，庸玉汝於成」耶？而學易之功不敢不益勤且篤。適因友人作楚遊，邂逅麻城王子可南，投轄欸留者三月餘，相與談易。而可南悅甚，出其家藏之《皇極經世書》曰：「此書傳家三代矣，曾未有識者。子能識之乎？」予驚喜之餘，亦不意其開卷即解也。可南大異之，既而曰：「莫非數也？王氏三代藏此書，其為子藏耶？子其書主也，請即以贈子行，他日得康節先生之秘而不屑教我，則今日之雅也。」予拜而受之，獲不世之寶不若也。別可南而返，過金陵普德寺而次焉。佛香僧飯者一年，於《皇極經世書》日有所得。從此而負笈萍踪，隨地明心，因物見性，不欲還家，恐為妻子累者又六年。而後求合於易之先天後天相為體用，河圖洛書相為表裏復三年，而一以貫之矣。於丁卯年註上下經完。《繫辭》諸傳乃夫子追論作易之原，教人以學易之方，似乎可以不註。是年冬遊長安，周子東侯悟易理於奕數，以為闕此非全書，猶《皇極經世》有內篇不可無外篇也，於戊辰夏補註告成焉。然屈指於易恰好亦如康節先生之二十年矣。噫！予豈於康節先生亦數應私淑之耶？何當年讀易之始便為兆於母邵之慈訓也？但註中有因《本義》似與經文牽強者，既無可質，又不可復為闕疑，不得不體貼更改，求與經文相合云爾。非敢以私智自逞、得罪於先聖先賢，鬼神其鑒之哉！然猶未敢自以為必當如是也，故命之曰《易原就正》。後學包儀謹識於淑邵堂。

◎胡煦《葆璞堂文集》卷一《包羽脩易原就正稿序》：圖書以數顯者也，《周易》以象告者也。象由數出，則數之理通於象。易緣象設，則象之理寓於易。今試合《周易》中三百八十四爻而總歸於六十四卦，則未有置卦而擬爻辭者也。又試合《周易》中六十四卦而規為伏羲大圓圖而減為八卦小圓圖，則未有離先天八卦而能成大圓圖者也。又試以圓圖而比量於河圖洛書，則《周易》之六十四卦莫非圖書之秘。先天之秘，流行之理，此三百八十四爻籥撝而會聚之所由總成為一太極者，此也。象設而數存，數存而理具，其小無內，其大無外，微哉微哉。方今聖天子聰明睿知，好古敏求，深極乎羲、文、周、孔之精微，默契乎濂洛關閩之秘密，道統日益昌明，文治日益廣大，而又勤

搜典籍，博採遺文，其繼往聖而開來學，豈淺知渺見所能窺測萬一哉？煦於壬辰館選庶常時，三接澹寧居，深荷顧問；又於甲午人日，上御乾清宮，兩經召對，前後五覲聖容，其所問答幾數千言，獲蒙俞旨有「苦心學者」之目。獨念煦學易四十年，其於易原微有所窺。乃皇上以萬幾餘閒而廣大精深若此，信天授，非人力也。夫卦畫之設肇於圖書，則是圖書中象數之妙，無義而不與《周易》通矣。乃伏羲則而畫之，是遵何道哉？蓋必有至理存焉。觀東西奇偶以列陰陽，法上下左右而呈四象，歸五十於中以該括終始，於是有太極之名矣。合生成於內以包涵八極，於是有八卦之圖矣。自內而外莫不加五而成，於是有加一倍之法矣。四象之在外者，皆十之所合，於是有陰陽太少之形。四象之在內者，皆五之所合，於是有三五九六之法矣。其自北而東而南，奇之升也，有三候；其自南而西而北，偶之降也，有三候。於是有卦畫三爻重為六爻之設矣。其生在內其成在外，於是而有來往上下之分。其內皆微其外皆盛，於是而有始終形氣之別矣。其奇之生也必在偶中，偶之生也必在奇中，於是而得根陰根陽之妙。其微陽必交至於盛陰，微陰必交至於盛陽，於是而得陰陽相須之旨矣。於是有橫列之而觀終始之象別多寡之數者，有規圓之而寓流行之幾辨內外之等定天地之位正六子之形者。又有重之而至於六十四，拆之而至於三百八十有四，推之而至於萬有一千五百二十以備萬物之數者。又有方之而寓陰陽始交之象，氣內而形外之秘者。凡此皆自一至十之數。其中所藏，莫罄莫殫，有若此也。自漢以來，圖書失傳而易道遂晦。逮及有宋，先天諸圖傳於邵子，河圖洛書始得輔易以行。邵子之功偉矣哉！包羽脩憚易道之久淹，採康節之秘奧，作為《易原就正》稿。夫易而既探其原矣，其以之翼傳而垂訓也固宜。是為序。

　　◎何焞彥《易經遵孔八晢類稿》卷十二《集晢》：包氏儀《易原就正》，其學從先天圖入，故自序謂《皇極經世》為易之本旨，然每爻註變卦猶用漢人古法，詮釋簡明，亦不繳繞奇偶，排比黑白，與自序實不相應也。

　　◎徐世昌《大清畿輔先哲傳》卷十五：家貧，衍食四方，至湖北麻城，獲《皇極經世書》，攜至江寧，寄居僧寺，玩求其旨，著《易原就正》十二卷。儀之學從邵子入，故於陳摶先天圖信之甚篤。其書發揮明簡，然謂洛書無與於易，每爻皆注所變之卦，用《左氏》筮法。其學雖講先天，而實闡發易理者為多，所以盛推圖學者特假以為重耳。

　　◎四庫提要：其始末無考，觀其自序稱早年聞有《皇極經世》而無由求

得其書，自順治辛卯至康熙己酉七經下第貧不自存，薄遊麻城，乃得其書於王可南家，至江寧寄食僧寺玩求其旨者一年，始有所得。蓋亦孤寒之士刻志自立者也。儀之學既從邵子入，故於陳摶《先天圖》信之甚篤，其凡例並謂「行世易說種不勝數，要皆未嘗讀《皇極經世》，無怪乎各逞私智而總非立象盡意、觀象繫辭之本旨」，其持論尤膠於一偏。然其書發揮明簡詞意了然，乃非拋荒經義排比黑白徒類算經者可比。其謂洛書無與於易，則差勝他家之繳繞。每爻皆注所變之卦，亦尚用《左氏》筮法，頗為近古。蓋其學雖兼講先天，而實則發明易理者為多，其盛推圖學，特假以為重焉耳。

◎包儀，字羽修。河北邢臺人。康熙拔貢。

暴驥遠 周易輯注發明 二卷 存

山東、河南大學藏民國河南新豐印刷局鉛印本

◎河南大學藏本存卷二。

◎民國《重修滑縣志》卷十六《人物》第十三：由廩貢報捐主事，嗣以辭章為無用之學，乃博覽羣書，肆力實學。嘗謂不讀羣經不能通一經，不墨守漢宋學門戶，博採羣經，或獨抒己見，方能證其得失。淹貫六經，尤精於易。因後世註易家多言玄妙卜筮，殊失作易本旨，乃採宋元明清諸家之長，著有《周易輯注發明》二冊，援引史事以證明之。或古人所未言，而獨發其精微。又著《史論》數則，考古今輿地沿革山川險要，糾正註家解釋地名方向遠近失當者。

◎暴驥遠，字良甫。世居滑縣城南暴莊。少從祖父葵（字西菴，邑庠生，精易學）讀書。

鮑燦 周易解 四卷 佚

◎嘉慶《旌德縣志》卷九《藝文志‧書目》：《周易解》（四卷。鮑燦）。

◎鮑燦，安徽旌德人。著有《周易解》四卷。

鮑光義 周易講義 佚

◎康熙《江南通志》卷四十九《人物‧鮑光義》：嘗讀書七松里，輯《周易講義》，苣山張自烈閱之，贊曰：道惟不愆，學乃允殖，義變風雅，圖翻龍馬。

◎光緒《貴池縣志》卷二十七《人物志‧文苑》：所輯《周易講義》合周

程之理、邵朱之數，一以貫之，洵為善本（《江南通志》）。

　　◎鮑光義，安徽貴池人。孝友，工文，詩激昂。因亂棄諸生，隱於七松里。

鮑明發　易經體義　佚

　　◎民國《寧國縣志》卷十二《藝文志》上：《易經體義》（鮑明發著）。

　　◎鮑明發，安徽寧國人。著有《易經體義》。

鮑鵬　大易詳說　佚

　　◎嘉慶《旌德縣志》卷九《藝文志‧書目》：《大易詳說》（鮑鵬）。

　　◎鮑鵬，安徽旌德人。著有《大易詳說》。

鮑作雨　周易擇言　六卷　存

　　國圖、北大、上海、南京、浙江、湖北、溫州藏同治三年（1864）瑞安南堤項傅梅甌城刻本

　　續四庫影印同治三年（1864）南堤項傅梅刻本

　　◎各卷卷首題：瑞安鮑作雨雲樓集著，同里項傅梅茗垞校梀。卷六末記：甌城梅師古齋刻字鋪鐫。

　　◎周易擇言序：瑞人民聚族而居，其生齒最繁、世系最久、代有士行者，惟吾宗與鮑氏兩族而已，他姓皆其後起者。吾宗自五代至今，不乏文士。鮑之先有襄陽太守者，功德施於民，仕績爛然，雖著作散佚不多覯，然觀其所設施，經術吏治概可想見。以是傳諸後人，故其子孫類皆賢明能文章。而雲樓先生於襄陽之裔，尤為翹楚焉。先生幼負異稟，讀書十行俱下，研精義象，若有先覺。為文攻苦，不汲汲於時尚。將以政事文學繩其祖武，而高才蹇遇，十赴省闈不第。嘉慶壬申歲貢成均，從先生者眾。先生益自奮，日以易義誘掖及門，反復於陰陽消長之理，洞徹乎吉凶悔吝之原，雖至愚且鈍者，無不得解以去。於是先生之道益重，望益尊。成廟紀元之歲，先生年五十，始舉於鄉。知與不知，咸額手慶得人。卒困於禮闈，居都門數載。國家貢舉之例，有以鄉榜三科大挑分用為邑令廣文者。先生應選，無所得，始浩然有歸志。時甌人之寓都者，永嘉夏仙槎、張磐菴暨吾弟几山，同試春官被放，促先生歸，遇武林。余方以事羈省垣，偕遊吳山，泛舟西湖，詩酒流連。先生神明未衰也。歸里後，益講學不輟。鄉校聚星書院延主講席，動必以禮，少長彬

彬，鴛湖、鹿洞之規，不是過也。先是，邑人許將軍樂山，與先生兒女戚，將
軍開府閩中，以禮聘先生入幕。先生往就之，為之修戎政，革弊章，汰冗
卒，舉滯員，條上《水利三議》、《兵法五要》，當事採用，閩人至今嘖嘖稱
之。蓋先生於書無所不讀，而獨於易性命相依，一身之出處、遇事之疑難，
一一卜之於易。白髮危坐，風雨一編，手丹鉛不倦。參匯諸家易說，不齗齗於
漢宋門戶。注易解六卷，名曰《周易擇言》，甫竟而先生遽歸道山。噫，可傷
矣。先生歿，歷有年所，書藏於家，邑人士索觀弗獲。辛酉之秋，昆匪肆
逆，竄擾章安，居民紛逸。聞先生已於十載前焚香占易，預知之，言於家，第
不敢以臆說惑世，顯暴於簡編，自同於推測之術耳。先生之寡媳，余族女也，
習聞先生之訓，恝棄家室，獨攜此書遠遁，坐臥與偕，寇退始返。余聞而嘉
之。先生往矣，孱媳孤孫，顯揚未逮。余大懼先生之業將久而就湮也，亟為躬
任厥貲，付諸剞劂，以存鄉先達之澤，以成賢女之志，以快邑人士索觀者之
心。易之精蘊，余烏足以知之，第其沉湮案篋，展轉道途，幾有以文字干造物
之忌者。而潛德之光，卒免於白蟲紅羊之劫，未始非先生之靈之有以呵護之
也。刊成，爰跋數言於其後云。時同治三年歲次甲子十月既望，同里項傅梅
拜識。

◎鮑作雨，字雲樓。浙江瑞安人。道光元年（1821）舉人。又著有《鮑雲
樓詩稿》不分卷、《六吉齋詩稿》不分卷、《六吉齋詩鈔》五卷。

畢純仁 周易指掌 佚

◎民國《商河縣志》卷之七《人物》：尤精易理，著有《周易指掌》藏
其家。

◎民國《商河縣志》卷十五《藝文志》：畢純仁《周易指掌》。

◎孫葆田《山東通志》卷百二十七《藝文志》第十：《縣志》云有是書藏
於家。

◎畢純仁，字長元。山東濟南商河人。邑諸生。質性明敏。

畢岱熏 周易集解 佚

◎宣統《三續淄川縣志》：是書藏於家。

◎畢岱熏，字叔和，號端溪。山東淄川人。乾隆五十七年（1792）舉人。
歷任武城縣、武定府教諭。選授四川洪雅縣知縣，未赴任。又著有《眾綠園詩
草》藏於家。卒年八十二。

畢茂昭 羲易片玉 佚

◎孫葆田《校經室文集》卷四《大挑知縣加三級畢君墓表》：所著有《羲易片玉》《禹貢輯解》《麟經紺珠》《麟經擷腴》《魯論輯解》《增補校正鄉黨圖考》《渾天儀圖說》《天戒錄》《社倉雜議》《訓蒙瑣言》，皆待梓。

◎畢茂昭（1814～1890），字存樸，號靜山。山東文登人。同治元年（1862）恩科舉人。十年（1871）大挑一等分發福建，不往。又著有《麟經紺珠》諸書。

碧雲子 周易講義 十卷 存

山東大學藏 1935 年金華經訓山房發行金華金震東石印局鉛印本

◎跋：余棄職家居，蟄伏多暇，恆以讀書自娛。繙閱經傳，童時琅琅上口者多不復記憶，而於《易》之解釋尤覺茫無所知。爰與同好黃志雄維時、廖輝東應鎧、樊品芳國華、胡志英光耀、陸省道雪塘、王佩熙守等，延朱師子元講授《周易》，未三月而卒。講解明斷，惜於易理未能貫通，豹窺一斑，輒以為憾。適時化樓闢舍講學，咸以講易為請。蒙碧師諄諄教誨，啟迪良多。分期講送，撰成《講義》十卷，闡明奧義，無所不通。昔之引為大惑者，今則無不釋然矣。旋以書初脫稿，恐多遺漏。復因天時溽暑，樓居不宜，迺於變龍洞側貨廉三椽，約同留山校讀二過，全書告成。昔人研易，有窮畢生之力難得其什一者，余等則未及彗年而已略得其門徑，其為樂也當何如哉！況是書之傳，其有功於世道人心固難限量，將來人執一篇，風行海內，其補益於天下後世者，又安可量哉！爰集資以付剞劂，並誌顛末於後。雪泥鴻爪，以示不忘云爾。時在乙亥立春後八日，時化樓主人和忱錢協同謹識。

◎碧雲子，民國時金華赤松宮名道長。

邊大防 易經集旨 五卷 佚

◎光緒《江西通志》卷九十九《藝文略》一《國朝》：《易經集旨》五卷，邊大防撰（《峽江縣志》）。

◎邊大防，字孝思。江西峽江人。著有《易經集旨》五卷。

邊廷英 周易通義 十六卷 存

國圖、吉林、天津、北師大、中科院、齊齊哈爾、義烏、紹興藏道光十六年（1836）刻本

四庫未收書輯刊本影印道光十六年（1836）刻本

◎目錄：卷之一乾、坤，彖傳、小象傳各附本卦，後並同。卷之二屯、蒙。卷之三需、訟、師、比。卷之四小畜、履、泰、否。卷之五同人、大有、謙、豫。卷之六隨、蠱、臨、觀。卷之七噬嗑、賁、剝、復。卷之八無妄、大畜、頤、大過、坎、離。卷之九咸、恆、遯、大壯。卷之十晉、明夷、家人、睽。卷之十一蹇、解、損、益。卷之十二夬、姤、萃、升。卷之十三困、井、革、鼎。卷之十四震、艮、漸、歸妹。卷之十五豐、旅、巽、兌。卷之十五渙、節、中孚、小過、既濟、未濟。

◎周易通義序：天之生人也無二心，心之所受於天也無二性。盡人無二心無二性，故聖人之為學也無二學，其為教也亦無二教。今世所傳聖人教人明法，惟具於四子之書。大《易》一書，實即四子之學之所自出也。蓋人之為人，所以盡乎人之職者，惟在於成己成物，而成己成物非二事也。人之成物，事事皆以成己；而成己之實，其著落即在於成物。故成己成物非兩事，實一事也。人之所以成己成物之本，惟在於心之仁。仁至而不可屈息，即易之健也。健則隨時應事皆出於肫然之心之自不容己，是為天下萬事萬物之理之所從出，是即天下之大本也。人之成己成物之用，惟在於心之義，義盡而無有適莫，即易之順也。順則隨時應事皆必循乎事理之自然，是為天下萬事萬物之理之所以時措而咸宜，是即天下之達道也。健順仁義，非他，即心也性也，皆人所受於天之本然也。人之為人，求復其心性之本體，惟在於誠，惟在於明。誠至而萬物一體，即易之元也。明至而四達不悖，即易之亨也。人之心未有能誠能明而不能復其仁義之本體者，亦未有能元能亨而不能復其健順之本體者。以此言之，是健順仁義皆以指言心性之本體，元亨誠明皆所以復其本體之要道也。明乎此，故易言健順，四子言仁義；易言元亨，四子言誠明。名不同而實同，以是存心而心存，以是復性而性復，以是成己成物，皆不待求諸外而無往不宜。此四子之學所以皆出於易，而大《易》一書所以為千古正學之所自出也。易之學開自伏羲，至孔子贊易而大明，至孟子沒而其學寖晦。漢後儒者注易，或主象數，或主義理，然皆與四子之學不能歸一，殆非聖人作易之本義也。廷英幼讀易，求之不得其說者數十年矣。中年以後始因讀陸王書，有得於《孟子》本心、《大學》《中庸》慎獨之旨，自是以後讀易，則惟以四子之學求之。逐卦逐爻，皆必切體之心切體之人倫日用，以求其致用之實。十年之久，乃覺易與四子之學渾合為一，無纖毫之可疑者，至是乃敢筆

之書。凡一年而注成，名之曰《周易通義》。同學諸子見而韙之，謀欲付梓以公諸世。廷英竊維大《易》一書，成於三聖，今通之以四子之書又無不若合符節如此，於此可見人之為人，心無不同性無不同，是以千古聖人所以為學所以為教無不同者。以是讀易，或於人之盡心盡性成己成物之學不無小補也夫？！道光十五年三月既望，任邱邊廷英自序。

　　◎又序：乙未之春，易注始脫稿。或問曰：「諸儒注易，漢主象數，宋主義理，至朱子作《本義》，於理取之程子，於數取之邵子，易學於是大明。今子注易，於程邵朱三子之說間有不同，其故何也？」應之曰：「學者為學，欲學聖人之為人而已。學者窮經，欲得聖人教人為人之本義而已。廷英伏讀欽定《四庫全書提要》所收朱子後之易注凡數百十部，其於程邵朱三子之說多不同者，明乎易道廣大不可以一說盡也。又朱子之學出於程子，朱子注易，其說亦多出於程子。然於程義之未安者皆不曲從，且明辨其失。是正朱子大公無我之心也。又朱子之言曰：『有伏羲之易，有文王、周公之易，有孔子之易，讀者宜各就本文消息，不可便以孔子之說為文王之說。』是說也，竊嘗取以為讀易之法。故今於伏羲、文王、孔子之易，皆各就本文消息，不敢便以儒者之說為聖人之說，是正朱子讀易之法也。」聞者退，因次其語弁之卷首，以告世之讀易而不主於一家之說者。

　　◎周易通義序：《周易通義》，吾師邊育之先生言易之書也。孔子曰：「吾道一以貫之。」《繫辭傳》曰：「乾以易知，坤以簡能。」易簡而天下之理得，夫道未有不易簡不一貫而可以為道者也。先生言易，謂易之教始於伏羲之畫卦，伏羲畫卦即專以指言心德教人以盡心盡性之學，故乾坤兩卦為易之總綱。乾，健也，謂心之健也。坤，順也，謂心之順也。以四子之學證之，健即心之仁順，即心之義也，仁至而不可屈息，故謂之健。義盡而無有適莫，故謂之順也。是二者言心之體也，所以畫為八卦者，非有加於乾坤兩卦之外也，正以詳言健順之用也。震之動、坎之險、艮之止，三者皆健之用；巽之入、離之明、兌之說，三者皆順之用也。據此是乾坤兩卦所以明其體，震巽以下六卦所以詳其用。八卦之德皆心德也。所以重之為六十四卦者，亦非有加於八卦之外也，正以詳言八卦之德發用流行於實境者也。險而止，足以發蒙，故卦名蒙。蒙卦之設，即以指言險而止之德發用流行於實境者也。險而健，足以處訟，故卦名訟。訟卦之設，即以指言險而健之德發用流行於實境者也。推之此外因重之卦，無不如是。是皆八卦之德之用即皆健順之用也，

此聖人所以畫卦重卦之本義也。以是通之文王之經，卦卦言元亨，元亨者，
所以求健求順之要道也。全經設象，或以象健，或以象順，或以象不健不順
隨時發病之心，或以象求健求順隨時應盡之人事，總之不離於健順之義。是
文王之易即伏羲之易也。以是通之孔子之傳，卦卦言卦德卦體，卦德卦體皆
健順也。卦體之說，不外中、正、應之三義：中者健順之中也，正者健順之
正也，應者健順之應也。總之，欲人隨時隨事自檢其心，復其健順為一之本
體，達其健順為一之實用，成其為盡心盡性之實學而已。是孔子之易即伏羲
之易文王之易也。此先生言易之大指也。乙未春，先生書既脫稿，敬昌受而
讀之，竊見自漢以來儒者言易，羲之易不同於文，文之易不同於孔，又逐卦
逐爻隨文立說，使人求之不勝其難而卒不得其統宗會元之處。今讀先生言易
之書，而三聖之易同歸一致，惟以乾坤兩卦貫全經而卦卦爻爻皆不須自為立
說。如此然則於孔子一貫、《繫辭》易簡之義庶幾其有合乎？為此前請於先
生，與同門周子愉頊、劉慕堂元孺參校付梓以公諸世。書成。謹述書中言易
大指揭之卷首，以待世之學易之人之論定焉。道光十六年月日，門人閩葉敬
昌謹譔。

◎邊廷英，字育之。河北任邱人。又著有《中庸說》二卷。

卞斌 周易通解 三卷 存

國圖、山東、山西藏道光十九年（1839）刻本
浙江藏 1914 年重印本
浙江師範大學藏吳興劉氏嘉業堂 1933 年刻吳興叢書本
南京藏民國初卞氏石印本
文物出版社 1986 年據吳興劉氏嘉業堂 1933 年刻版重印本
山東友誼出版社 1989 年孔子文化大全影印本
◎自序：上古聖人闡河洛測天地立八卦，因而重之為六十四，易象燦然
大備矣。中古聖人觀象序卦，始繫以辭，彖爻象義豁然天開。迨孔子挺生，
假年學易，韋編三絕，鐵檛三折，漆書三滅，爰始作傳，是為十翼。十翼者，
上經彖傳一、下經彖傳二、上經象傳三、下經象傳四、乾坤文言傳五、繫辭
上傳六、繫辭下傳七、說卦傳八、序卦傳九、雜卦傳十也。漢儒孟氏卦氣六
日七分為易中之一事，最為近古，其義今不傳。若京房飛伏、鄭氏爻辰，不
足以明易理。荀爽二五升降之說，徒長奸雄，殆無所取。虞翻三爻消息，頗精

易旨，惜其他說尚多沾滯。竊以為易起於三皇制作之大原也，三王守之，出治道，修禮樂，彌縫世亂，傳國長久。自漢以來，不能知易，唯秉老子「反者道之動」一語。不知老子所說，其原出自《周易》者也。春秋時，陳謂之《周易》，魯謂之《易象》。魯守周公典籍，所得《周易》名曰《易象》，知非象無以見易也。傳曰：「八卦以象告，爻言乎象。」又曰：「爻也者效此者也，象也者像此者也。爻象動乎內，吉凶見乎外。」由是觀之，易不可以忘象悟也，不可以非象參也，不可以一象泥也。易有四象，兩象為正，兩互為變，或兼取，或專取，或不取，明於愛惡之理，達乎順逆之機，因象求義而義始通，以義合象而象乃確。讀易者，舍此復何所求乎？蒙束髮受易，嗜而玩之且四十年。述其所知，成《通解》三卷《釋義》一卷，原本漢人十翼解經之旨，撮及緒言。才識譾陋，固無足窺全易者。方今聖治昌盛，碩學蔚興，海內大儒，庶幾諒而教之，進而啟發之，竊幸甚。道光十九年己亥中春，歸安卞斌雅堂氏自序。

◎陳慶鏞《籀經堂類藁》卷二十二《誥授通議大夫致仕光祿寺少卿卞君墓誌銘》：余未識君，竊聞其所治經若《易》、若《書》、若《說文》，心焉企之。及觀其為政，則又與古人之出處輒相合……而其所學又多能發明前哲。解易乾用九為乾體坤用，即《繫辭》取諸乾坤者，是坤用六為坤體乾用，即《禮運》「吾得坤乾」者。是書六宗為殷周方明、九江為南江、其說皆精……經餘復兼及天文、五行、壬遁、醫筮、堪輿。於經有《易經通解》三卷、《尚書集解》三十卷、《論語經說》二卷《小箋》二十卷、《樂經補說》二卷；於小學有《說文箋正》十六卷合《敘例》為二十卷，《七經古文考》一卷、《聲律》二卷、《集古文字署》五卷；於雜家有《緯雅》三卷、《粵西風物略》二卷、《刻鵠集》三卷、《卞氏宗譜》十一卷，外復有詩文賦若干卷，梓者行於世，未梓者存於家。銘曰：幼而聰，天性粹也。老而勤，六書邃也。出而仕於朝，職厥位也。退而隱於家，澤下洎也。於古循吏，當無異也。抑曰文苑，尚或類也。銘而存之，備史誌也。

◎卞斌（1778～1850），字叔鈞，號雅堂，又號乃齋。其先濟寧人，後遷浙江歸安。弱冠以古學受知阮元。嘉慶六年（1801）進士。歷官刑部郎中、常州知府、廣西左江道、鴻臚寺少卿。曾捐奉充龍城書院經費。又著有《尚書集解》三十卷、《靜樂軒詩鈔》一卷、《北窗集》一卷、《山池集》一卷、《八景集》一卷、《泛舟集》一卷。子四：乃銑、乃誳、乃譓、乃詢。

卞斌 周易通解釋義 一卷 存

山東藏道光十九年（1839）刻本

浙江藏 1914 年重印本

吳興劉氏嘉業堂 1933 年刻吳興叢書本

民國初卞氏石印本

文物出版社 1986 年據吳興劉氏嘉業堂 1933 年刻版重印本

◎條目：釋中天重卦、釋六十四卦之德、釋易有三通、釋消息六卦、釋陽卦陰卦、釋坎離二卦、釋過不及四卦、釋諸卦爻、釋制器尚象、釋卜筮尚占、釋爻等象義、釋象義異同、釋經傳異文、釋易多通詁、釋後天八卦、釋序卦、釋雜卦。

◎跋：《周易通解》三卷、《釋義》一卷，歸安卞斌撰。斌字雅堂，嘉慶六年進士，由刑部郎中外簡常州知府，升授廣西左江道，乞養歸，服闋補原官。內召鴻臚寺少卿致仕。斌好讀書，精研經訓，論漢易諸家，謂孟氏卦氣六日七分為易中之一事，最為近古，其義今不傳；若京房飛伏、鄭氏爻辰，不足明易理；荀爽二五升降之說徒長奸雄，殆無所取；虞翻三爻消息，頗精易旨，惜其他說尚多沾滯。今案是書原本費氏十翼解經之旨，閒取證孟、荀、鄭、虞諸家之義，其解《繫辭傳》易有四象，謂每卦上下兩象、互體兩象，是為四象。又解上下無常、剛柔相易，謂孔子觀象，於隨曰剛來而下柔；於蠱曰剛上而柔下，自否、泰而易也；於晉曰柔進而上行，自觀而易也；於暌曰柔進而上行，自中孚而易也。虞翻卦變出於此，即以此通諸上下經卦爻，悉迎刃而解。其諸所謂《通解》者歟？《釋義》一卷，又其解此經之通例也。近人講漢易者，吳縣惠氏、武進張氏號稱專門，此尤能融會諸家而得其通，易漢學之最純者。原橐曾經石印，己未初夏，其哲孫吟舲少尹在汴中，介顧鼎梅農部寄來，余正搜訪鄉先輩譯著，亟寫付梓人以廣其傳。壬戌閏端陽，吳興劉承幹跋。

賓立達 周易通解 佚

◎光緒《衡山縣志》卷四十《著述‧國朝》：賓立達《周易通解》。

C

蔡澄 大易解題紀要 佚

◎道光《晉江縣志》卷七十《典籍志》：蔡澄《大易解題紀要》《變卦圖說》《時文喜獵篇》《貽穀篇》。

◎蔡澄（？～1645），字嗣清，福建漳州府龍溪縣人。天啟五年（1625）進士。崇禎初補任職方主事，遷員外郎，外任肅州僉事。弘光時調嶺東，擢任參政。又著有《雞窗叢話》。

蔡澄 變卦圖說 佚

◎道光《晉江縣志》卷七十《典籍志》：蔡澄《大易解題紀要》《變卦圖說》《時文喜獵篇》《貽穀篇》。

蔡方升 易解參考 佚

◎乾隆《泉州府志》卷四十七《藝文》著錄。

◎道光《晉江縣志》卷七十《典籍志》：蔡方升《易解參考》《春秋四傳折衷同異》。

◎蔡方升，字詒東，號退岩。福建泉州蚶江蓮塘人。蔡鵬霄孫。康熙二十三年（1684）舉人。知興業縣，改知任邱。又著有《春秋四傳折衷同異》。

蔡克猷 易說 一卷 存

劉邦元等1921年鉛印散溪遺書八種本

◎蔡克猷，字熙亭。四川廣安嶽池縣人。咸豐八年歲貢。候選訓導。

蔡親賢 乾初述 佚

◎光緒《江西通志》卷九十九《藝文略》一：《乾初述》，蔡親賢撰（《新昌縣志》）。

◎同治《新昌縣志》卷三十一《藝文志》十：蔡親賢《乾初述》《四書翼解》。

◎蔡親賢，字九九，號木菴。江西新昌（今宜豐）人。又著有《四書翼解》。

蔡日光 周易傳義 佚

◎光緒《漳州府志》卷四十一《藝文》一著錄。

◎蔡日光，字于章。福建龍溪人。康熙三十三年（1694）進士，知綦江縣。

蔡紹江 蒙泉山館周易本義補說 六卷 存

國圖、山東、湖北、遼寧藏道光十三年（1833）修吉堂刻本

四庫未收書輯刊影印道光十三年（1833）修吉堂刻本

◎一名《周易本義補說》《周易補說》。

◎序：《易》者，微顯闡幽之書也。而注易之法則不主於微而主於顯，蓋微者由象而得數，由數而得神，所謂卦無定象、爻無定位，非神明於易者弗能也。至注易，則綜先儒之緒論，期於天下之共曉。聖哲傳之，經生家習之，夙學窮經者言之，卯角童蒙者亦能聽之，而易之道始廣矣。易之道廣，而聖人之所以寡過者，亦可以寡天下之過。易之所以與六經並傳，正謂其有實濟於羣生也。吾師蔡曉沙先生，為先大夫典試楚北所得士，宴鹿鳴時，先生猶卯角，於四子五經文皆能發揮精暢，先大夫奇之。試南宮未第，先大夫輒留之京寓，使楨兄弟執經受業。嘗謂先生曰：「說易之書，朱子《本義》最為醇正，故功令宗之，特《本義》言多渾括，初學難以遽解，宜輯一簡明補釋善本。」屬先生成之。先生又博綜經史，尤嗜濂洛關閩書，於古哲實有心得，故禮闈六經房薦未第，先生不以為戚戚。己卯以廷試第五人成進士，觀政農部，清胥弊，卻陋規，另編《漕運／河道圖考》等書。退食之暇，生徒執經請業者戶外履恆滿。蓋先生之於經義，如飢渴飲食之不能暫離，故所得深也。歲辛卯，先生南歸省親，鍵戶蒙泉山館，將歷年所輯重為刪訂，名曰《周易補說》。及先生復至京就西曹職，先大夫已於數月前謝世矣。是書之成，惜先大夫不

得見，而先大夫之志則已償也。楨謹敘其顛末如此。道光歲次甲午五月上澣，受業賈楨謹序并書。

◎光緒《黃州府志》卷三十二《藝文志》：《周易補說》六卷，蘄水蔡紹江撰（《縣志》）：賈楨序曰：吾師蔡曉沙先生，為先大夫典試楚北所得士，宴鹿鳴時，先生猶丱角，於四子五經文皆能發揮精暢，先大夫奇之。試南宮未第，先大夫輒留之京寓，使楨兄弟執經受業。嘗謂先生曰：「說易之書，朱子《本義》最為純正，故功令宗之，特《本義》言多渾括，初學難以遽解，宜輯一簡明補釋善本。」屬先生成之。先生又博綜經史，尤嗜濂洛關閩書，於古哲實有心得。己卯成進士，觀政農部，清胥弊，卻陋規，另編《漕運／河道圖考》等書。退食之暇，生徒執經請業者戶外屨恆滿。蓋先生之於經義，如飢渴飲食之不能暫離，故所得深也。歲辛卯，先生南歸省親，鍵戶蒙泉山館，將歷年所輯重為刪訂，名曰《周易補說》。及先生復至京供職西曹，先大夫已於數月前謝世矣。是書之成，惜先大夫不及見，而先大夫之志則已償矣。

◎《湖北文徵》卷九：著有《周易本義補說》《學庸章義》《味薺書屋文存》等書。

◎蔡紹江，字曉沙。湖北蘄水人。嘉慶二十四年（1819）進士。官刑部員外郎。

蔡首乾 周易闡象 五卷 存

日本內閣、中科院藏嘉慶二年（1797）刻本

四庫未收書輯刊影印嘉慶五年（1800）刻本

◎上經二卷下經二卷首一卷。

◎或題四卷。

◎周易闡象敘：《易》之為書，有理有象有數。漢唐以來，王輔嗣談理而或流於老、莊，陸德明尚數而兼採夫京房。延及有宋，伊川之理、康節之象數，遂為巋然獨出。至朱子《本義》出，參程邵而得其中，蓋以卜筮還易，又專主象占而理傳焉。所謂集諸儒之大成者，於是書尤信。昔王厚齋謂朱子《詩傳》參考三家，一洗末師專己守殘之陋。余於《本義》，亦云朱子之後譚易者莫能出其範圍，而外此猶有歧盦殊軌者，蓋亦荀爽九家之流。見深見淺，聽其自為，亦說經者所不廢也。溫陵學子首乾，余宗侄也，嘗褻其所撰《周易闡象》五卷問敘於余。予取而讀之，其言易象，有互卦、有正對、有反對、有

總互、有移置上下之象。夫互卦之說，先儒罕言，而解者自在通人。程伊川取胡翼之《易傳》而不立互體，不知雜物撰德，非中爻不備，互體不可廢也。朱子發《漢上集傳》，易圖和會程、邵、鄭、王為一，朱子謂其互體所推，不合者亦多。則朱子固未嘗言互卦之非也，特引而不發以俟後人耳。首乾是書，多主吾家無能先生《易蔡》之說，間亦附以己意，發其未發。其言曰：「師卦無震而言長子，大壯無兌而言羝羊，互卦象也。泰卦六五言帝乙歸妹，總互雷澤歸妹也。」以此推之，大畧可見。蓋其涵泳嚅嚌於六十四卦，能得其會通，故其言有據。至於《繫傳》一書，窮源探本，最為明澈，可謂善易者矣。獨惜白首窮經，猶困於遇，豈所學者近於探根躡窟而疏於發策決科耶？抑葴山傳人，意實有在，如《元經》之默守以待桓譚耶？或謂首乾之書以象為主，其立意頗螯於《本義》。夫朱子之書，理象數兼該，故眾說之郛也。首乾闡象，明理數在其中。四聖異其代而不異其旨，理象占數無一或遺，且入其郛矣，何螯乎？遂書其梗概以歸之。嘉慶二年初秋，九十一叟愚叔葛山序。

◎周易闡象自敘：先祖惕園先生深通易理，解組之後更加研究，朝夕皇皇，作應制文千有餘篇。嘗曰：「清吏無以遺子孫，此其金也。孫曹輩朝坡質鈍而心靈，可授以經。」因改余朝坡名為首乾，欲予顧名思義，毋忘《周易》也。又嘗誨曰：「《易》為卜筮之書，言理言數，承乘比應，先賢解之詳矣。房祖伯無能《易蔡》見理融通，取象根據卦有正對反對，又有互上下之義。互卦先儒罕言，恐非舉業家所尚。成名後方取參觀。」首乾拙於文藝，年老不能上進，嘗應經解場，朱、吳、陸三文宗俱有取錄，以為解先儒所未解，閩省理學未墜，是知大義昭然，不以先儒罕言而或廢也。於是參互考訂，脩明大道，作《闡象》五卷，辭存《易蔡》十之一，意則本互卦十之三。《易蔡》義例，經則羲、文、周、孔遞列，傳則先大象，繼彖傳、小象，體有似乎古，今《闡象》仍舊文以便後學。揣摩六十四卦，各有卦解。兩卦之中，有正對反對，解以見文王序卦有深意也。夫易者，像也，象也者，象此也。太極生兩儀，兩儀生四象，四象生八卦。四象者，象也者；八卦者，卦其象也。易有四象，所以示也。上卦象、下卦象、全卦象、互卦象，而非陰陽老少之象也。陰陽老少之象繫何辭，定何吉凶，先賢解易，主理主數，或理數兼，不如主象也。象包理數在其中也。聖人設卦以觀象，一卦有一卦之名，一卦有一卦之象，六十四卦各有六十四卦之象以命名，六十四卦又各有上互下互之象，如師卦無震而言長子，大壯卦無兌而言羝羊，互卦象也。泰卦六五言帝乙歸妹，總互雷澤歸

妹也。漸卦九三言夫征不復婦孕不育，總互水火未濟，離婦而坎夫也。周公之言互卦有可見也。若夫雜物撰德，辨是與非，則非其中爻不備。中爻者，中四爻也，除初上本末也。二與四、三與五同功而異位，何非互卦。如乾馬坤牛震龍，巽雜物也，雜之則百物不廢。離麗坎陷震動，巽入德也，撰之則懼以終始。孔子之言互卦有可見也。且即羲、文而廣之，六畫成卦，六位成章，兼三才而兩之，已立互卦之體矣。天道地道，中互人道也。乾之履為不咥人，乾之小畜為自我西郊，履反為畜，畜反為履，履畜，人我之往來也。坤之謙為君子有終，坤之豫為建侯行師，謙反為豫，豫反為謙，謙豫，君子建侯之交會也。乾之履柔履剛，乾剛而威，虎也，兌柔而垂，尾也。乾首互巽，股履虎尾象也。兌口互離，目眈眈欲咥人也。口而伏於股下，索索不咥人也。其曰咥人者，人位居首口之交也。乾之小畜，陰畜陽也，乾天互兌澤畜行雲施雨象焉，風交為密雲，互離為乾卦不雨也。乾郊而兌西，西郊也。自者，風之自也，自我反咥人言也。亦文王自道其事也。引而申之，觸類而長之，而知文王之象詞本乎伏羲之卦義而發也。其言之卦、言互卦、言正對反對，亦昭然見矣。《雜卦》一傳，有正對有反對，皆中十六互之卦也。大過以下，不正對亦不反對，皆上下順逆不窮之互也。明乎其互不但中四爻也。邵子《皇極經世》以二與四為互卦、三與五為約象，其實約象亦互卦也。秦漢以來易畫不明易道晦，爻之往來進退茫然不曉，既不知有卦象，又安知有互象？遂疑大《易》一經為圖龍說鳳之書、事物紛紜之理，聖人偶舉以示人，是不知卦中之確有是象實有是事也。無能先生有云：「秦漢之易，有針無線；宋明之易，有線無針。八八六十四卦，卦卦相對；三百八十四爻，爻爻相因。穿針引線，一以貫之，萬殊歸於一本矣。」首乾之易，以管窺天，以蠡測海，何敢侈言彌綸天地，標異前賢，特以明夫立象盡意、設卦盡言也云爾。乾隆六十年重陽，溫陵蠡子才首乾遜含敘。

　　◎此書以闡象為主。

　　◎蔡首乾，字遜含。福建漳浦人。乾隆諸生。其伯祖鼎著《易蔡》，祖惕園亦通易理。

蔡濤 易經文通 不分卷 存

　　山東藏同治刻五經文通本

　　◎蔡濤，號燃藜閣主人。

蔡鐵 易膡講究 佚

◎光緒《江西通志》卷九十九《藝文略》一：《易膡講究》，蔡鐵撰（《新昌縣志》）。

◎同治《新昌縣志》卷三十一：蔡鐵《註釋廣初述》《易剩講究》《似青堂填詞》《四書章句摘要》《六朝自攜四集》《莛音長調百法》《山中小記》《二詠詩》《秋聲集》《山中集陶》《雲峯小草》《吹訣草》《詩筏》《薛園詩餘》《歷試舉業》。

◎蔡鐵，字石奴，號寒山。江西新昌（今宜豐）人。

蔡廷治 大易觀玩 佚

◎自序〔註1〕：聖人立人道而作六經。人道造端夫婦，有夫婦然後有父子，父子親，仁也。有父子然後有兄弟、朋友、君臣而義盡。《詩》《書》《禮》《樂》《春秋》皆言人道，而《易》獨追原天地之始。《易》曰天地之大德曰生，天地相交，雷、風、水、火、山、澤氤氳化醇，生草木，生禽獸，至成男成女，天地之能止矣。非有聖人為之範圍曲成，則天地或幾乎熄，故人道立而後天道、地道因以並立。乃《易》之為書，必原始要終，推究於天地未交之前者，不過本天以立修齊治平之則，是易亦為人道作也。包犧氏王天下，仰觀俯察，近取遠取，於是始作八卦。卦者何？天地與其所生之物是也。號物之數有萬，皆八卦變化所成，通神明之德，類萬物之情，乃作網罟，別人禽，別人禽而仁義立，仁義立而人道立矣。包犧沒，神農氏作；神農沒，黃帝、堯、舜氏作。神化宜民，窮變通久，人道之仁義始大明於天下。文、周繫辭，孔子作傳，天地之道，二帝三王之治，悉備易書。孔子沒，知易者惟孟子，其書七篇，無一語及易，莫非易之精微也。自伏羲至孔子垂二千年，封建以統於上，宗法以聯於下，民安百畝，家給人足，室家相保，送死養生無憾。孝弟申明，彝倫攸序，無饑寒、奸宄、盜賊、兵革之憂。是以百姓親睦，比戶可封，天地清寧，萬物暢茂，易道所以昌明於宇宙也。戰國後，秦漢並兼，強奪弱，眾伐寡，殺戮之慘，動至億萬。釋、老二教乘時以興，肝腦塗地之民無所逃命，舞竄於二氏，如釜魚之避燹湯，易道晦塞亦二千餘年。構者見聖人作易，戴其用於卜筮，為秦火所不能焚。而焦、京、管、邵之徒，以五行生克為易，自命高明；鄭、王、程、朱又不知象數卦受之通乎天地，貫於事物，以理

〔註1〕摘自焦循《揚州足徵錄》卷十三。

路空談為注為解，同聲附和者累數百家。叩其所言，浮游簡憂，茫乎不知易之何為而作也。廷治自兒時喜讀書，年十五六輒有志學易。嘗氾濫程、邵諸書，及雜老、雜佛、雜參同術數以談易者，皆博涉而求其趣，久而知其於易皆無當也，於是欲盡棄百氏之說，獨置身包犧前，以自參悟，莫得所從入。偶於友人家見雲莊程子《大學定序》一編，論說迥非群儒所及，聞李德高先生有程子講易諸書，因渡江求之。李先生吳縣人，諱三賈，字推音，號蘋圃。幼從楊廷樞學制藝，後事雲莊程子，結易廬於蘇州齊門外陸墓之東，盡以程子《大衍極數》、《一四參兩》諸書相授。時李先生年近八十，淹留數日，未暇為治講說。歸而伏讀，稍得端緒，撫卷歎曰：「孟子後聞而知者，其在斯乎！」程子於易，其精旨在極數，定序數分三門，曰辨塵、辨色、辨物。學者必從真參乃得，非語言所及。上下兩經、兩繫，僅有乾卦與天尊地卑一章。廷治不自量，自坤卦至未濟及「聖人設卦觀象」以下，悉本其意衍而補之。大易六十四卦，惟乾坤二卦為綱。乾，知也；坤，能也。能屬物，知物相交而有事，是即乾坤交而有六十二卦也。屯、蒙以下人事變化，皆綱中目耳。知交物為參兩，見於事為九六，三百八十四爻，九六之用，皆知物之交也。二氏以不事王侯，遊行蠱剝之世，而不攖其禍。賢人君子，寧為棲遲守正之碩果，不忍下同高尚，使人道、仁義種絕於世。有志學易者，既乾坤之門於六十二卦，居安樂玩，得天祐之吉，用則行，舍則藏，卷而懷，此則終身之事，為樂天知命之君子矣。至於乾坤二元，太極、河圖、大衍之著，天一地二之數，八卦所以成六十四卦，所以重陰陽，剛柔健，順奇偶，內外中正，所以分幽明、死生、鬼神，以及《歸藏》《連山》，為諸儒所障蔽者，為盡洗宿霧，復見青天，蓋亦有樂於此者，與天下共之也〔註2〕。

◎嘉慶《江都縣續志》卷六《人物》：所著《易》《詩》《書》《春秋》《儀禮》《論語》《大學》《中庸》《孟子》《荀子》數十卷藏於家。

◎劉師培《左盦外集》卷十八《蔡廷治傳》：作《大易觀玩》一書。謂《易》之為書，原始要終，必推之天地未交以前。又謂學易者，當置身包犧前以參真悟。若焦、京、管、邵之徒，以五行生克為易，自命高明，而通儒若虞、

〔註2〕原書末下附焦循按：廷治又嘗注《書》、《詩》、《禮記》、《春秋》、《論語》、《孟子》、《中庸》、《大學》八書，各有序一篇，刻文集中。其書不傳，故不盡錄，而但錄《大易觀玩序》一篇於右。但所宗程雲莊，全太史祖望稱：云合儒、佛而自成一家，又參以公孫龍白馬之學，則所說未必純乎經也。

鄭，又不知象數為何物，逞為空談。同聲附和，累千百家，叩其所言，浮游惝恍，昧於作易之旨。其立說之奇有若此。後里人焦循得其書，謂觀其所論，不襲前人窠臼，遠出喬萊《易俟》上。廷治既治《易》，別注《書》《詩》《禮記》《春秋》《論語》《孟子》《大學》《中庸》八書，各有序文一篇以揭其旨。大抵謂人心之壞由於虛文，聖人作《禮記》、《春秋》，陳列虛儀，以審世變所由來，故《中庸》歸於無聲臭，《論語》歸於知命，《孟子》歸於無有乎爾皆指束於禮文，而不知自悟言者也。故讀經當玩其真悟，否則《莊子》所謂筌蹄也。焦循謂其說出於老、莊，非儒家所宜言。然其書亦失傳，殆學者因其好異而去之乎？廷治壯年雖治經，然其晚年則專治《莊子》，謂不可一日無此書……劉子曰：吾讀全樹山《鮚埼亭集》，言程雲莊之學雜糅儒佛、兼言名理，未嘗不歆其所學之奇。厥後徵考鄉邦文獻，得廷治事，兼讀其遺著數篇，知廷治之學出於雲莊。夫廷治之說易說莊，固未必盡合本書之旨，然考其所言，仍多得之於佛典。廷治之意，以為世界萬惡皆起於貪，召天下之亂固由於貪，即遂一己之高，亦不得不謂之貪。蓋不能視事物為真空，雖所注之物不同，其玩物喪志則一也。由斯意而推擴之，則必心與事物無希戀，舉外界之境，咸不足以惑吾心，如是而後可謂真學。其所發明，雖以宋明諸巨儒所見之理，誠未能若是之超也。若廷治者，殆可謂窮心理本源者矣。惜遺著失傳，不獲與心齋、卓吾競名，悲夫！

◎蔡廷治，字潤汝，號瞻眠，門人私諡德文先生。安徽休寧人，客於江蘇揚州。壯年治經，晚年專治《莊》。

蔡顯原　讀易述訓　四卷　存

廣東省中山圖書館藏道光二十九年（1849）刻本

奧地利圖書館、北大藏同治八年（1869）蔡氏敦睦堂刻本

◎自序略曰〔註3〕：乾隆甲午，取士猶用專經。先君子以習易補弟子員，故於易功尤深。原垂髫負行笈侍講席者十餘年，所聞者嘗劄而記之，以備遺忘。久之，及十年前所劄記者為及門講授，附以古今之事變、聖賢豪傑之事蹟。此非注經例也，要欲弟子輩知是書為寡過之書，非談元之書云爾。

◎光緒重修《香山縣志》卷二十一《藝文》：《讀易述訓》四卷，國朝蔡顯原撰。

〔註3〕錄自光緒重修《香山縣志》卷二十一《藝文》。

◎蔡顯原，廣東香山人。又著有《銘心書屋詩鈔》。

蔡喧 周易撮要 十二卷 佚

◎民國《獨山縣志》、民國《貴州通志》著錄。

◎民國《獨山縣志》卷二十四：子喧能傳其學，著《周易撮要》十二卷，叩河圖奧義者，造門無虛日。

◎蔡喧，貴州獨山人。父希瑞字相如，康熙中寄府學貢生，性正直，精易理。喧器厚重，勤學問，得其父所傳易理。雍正元年（1723）拔貢，官餘慶訓導。

蔡喧 周易述義 十二卷 佚

◎民國《貴州通志・藝文志》著錄。

曹安國 芝易圖 七卷 存

臺灣藏舊鈔本

◎目錄：第一部講易：卷一至卷五。第二部內編：卷六。第三部外編：卷七。

◎卷一首題：清朝漢芝獻瑞，漢川儒者曹安國東安氏殿邦甫手著《芝易圖》。同學郎城祝人傑、湞川駱知禮、漢浦周繼周、葆璞胡煦、泰西顧鐸澤、龍門祝佐、泰西馬若瑟、湘潭劉述文、維揚曹昌齡、春山喻國人、襄陽蕭良佐、柳亭王德昌、甄山黃濤、龍山高爵、芝麓程宗沅訂。

◎卷六首題：清朝漢芝獻瑞，漢川儒者曹安國東安氏殿邦甫手著《芝易圖》。同學泖山汪國良、文沼魏光國、晴江劉乾學、葆璞胡煦、漢池劉維城、義川汪湘、泰西馬若瑟、泰西顧鐸澤、泰西赫蒼璧、春山喻國人、漢城萬尚友、芝山樊天生、芝城湯鎮、北京高若望、漢浦李焜訂。

◎卷七首題：清朝漢芝獻瑞，漢川儒者曹安國東安氏殿邦甫手著《芝易圖》。同學漢水汪國銓、泰西趙聖修、泰西方希滿、泰西馮秉正、北京高若望、鶴關吳邦治、泰西赫蒼璧、泰西顧鐸澤、泰西馬若瑟、郎城祝人傑、春山喻國人、泰西胡、泰西巴多明、泰西何、葆璞胡煦訂。

◎自序：自雍正戊申，愚蹇病遺佚，奉耊母甘隱漢川采芝山，因母病覓藥，得九莖金芝一本，同類觀者稱慶。愚繪圖恭紀大瑞，割芝茹母，獲瘳。後細玩芝圖，顯有四十五旋紋之象，合大易陰陽五九之數。喜瑞慶關乎學問，

因衍成《芝易圖》，闡明先天一元主宰造化生成之道、后天一元大人拯濟再造之功、吾儒養性立命之學，用以頌揚國家文明化成之徵，報答朝廷三十年廩膳養母之恩耳，越十年而書成。其數則原本乎河圖洛書，其旨則融會乎羲皇卦圖，其意則涵泳乎文周彖象，其理則歸脈乎體一涵三，其德業則推尊乎神聖極功，其學術則專重乎顧諟明命，趨吉而避凶。雖不敢謂發透易蘊，亦合修道之謂教也。

◎曹安國，字東安，號殿邦。湖北漢川人。

曹秉常 易簡象說 一卷 佚

◎光緒《吉水縣志》卷之四十八《書目》：《易簡象說》一卷，曹秉常撰。

◎光緒《江西通志》卷九十九《藝文略》一《國朝》：《易簡象說》一卷，曹秉常撰（《吉水縣志》）。

◎曹秉常，江西吉水人。著有《易簡象說》一卷。

曹伯恩 周易淺說 二卷 存

山東藏清寧陽王恩澍跋鈔本

山東文獻集成第四輯影印山東藏清寧陽王恩澍跋鈔本

◎曹伯恩，字子澤。山東寧陽人。

曹德宇 易注備中 六卷 圖二卷 存

山東藏光緒二十二年（1896）鈔本

曹光詔 補誠齋雜卦傳 一卷 佚

◎光緒《湘潭縣志》卷十《藝文》：《條舉鄭易得失》一卷、《補誠齋雜卦傳》一卷（曹光詔撰）。

◎曹光詔，字識山。湖南湘潭人。道光生員。貧死。又著有《毛詩大小序辨說》四卷、《大學中庸鄭禮義存是》二卷、《高士傳贊》、《補石山房詩集》十四卷、《補石山房文集》四卷、《補石山房駢體文》一卷。

曹光詔 條舉鄭易得失 一卷 佚

◎光緒《湘潭縣志》卷十《藝文》：《條舉鄭易得失》一卷、《補誠齋雜卦傳》一卷（曹光詔撰）。

曹家柏 周易敬義 六卷 首一卷 未見

◎雷夢水《販書偶記續編》著錄原稿本。

◎光緒《衡山縣志》卷三十《人物》一《理學》：學問深邃，著有《求心錄》《周易敬義》待梓。

◎光緒《衡山縣志》卷四十《著述‧國朝》：曹家柏《周易敬義》。

◎曹家柏，號鶴亭。湖南衡山人。道光五年（1825）拔貢，選永綏訓導不任。

曹九錫 曹臻 易隱 八卷 存

光緒十一年（1875）祥麟書屋刻本

中州古籍出版社 1995 年中國古代術數全書本

世界知識出版社 1998 年

中國廣播電視出版社 2007 年本

北京理工大學出版社 2008 年陳明注譯本

世界知識出版社 2011 年大成國學叢書金志文譯注本

華齡出版社 2010 年鄭同點校本

華齡出版社 2018 年閔兆才校本

◎易隱目錄：卷首八卦象例、五行生克、天干所屬、地支所屬、六神所屬、六親生克、劉伯溫先生總斷、張星元先生總斷、海底眼一爻動變斷、周仲高期日捷訣、習卜先讀易說、取易辭斷法、身命凶卦、化墓絕卦、反吟卦、十六變卦、六十四卦名、定六親法、納甲法、安世應法、日辰傷世應卦、安身訣、起月卦身法、定飛伏神法、起六神法、五虎遁法、五鼠遁法、五行納音法、先天八卦序、範圍先天數、河圖五行數、逐月氣候輔卦圖、陰陽升降圖、長生定局、年月日吉凶神煞、時下白虎、進神退神、太歲歌、天中煞、附刃星辨、附貴馬德合辨、刑害破空辨、卦命訣、以錢代蓍法、制太極丸法、八卦方辰圖、占戒。卷一身命占。卷二身命占、僧道占。卷三家宅占。卷四家宅占、遷移占、樹藝占、育蠱占、六畜占、奴婢占、脫禍占、征戰占。卷五墳塋占、晴雨錶占、朝廷占、年時占。卷六婚姻占、胎產占、痘疹占、求嗣占、延師占、覓館占、投師占、小試占、會（鄉）試占、殿試占、武試占、官祿占、文書占、謁貴占。卷七行人占、出行占、舟行占、謀望占、求財占、貿易占、開店占、寄物占。卷八疾病占、訟獄占、逃亡占、遺失占、盜賊占。卜筮之道惟

身命，家宅墳塋婚姻行人疾病數者尤難，故弁之於首，以示所重，非敢顛紊舊目也。

◎易隱序：卜筮者，隱君子之所託也。昔嚴君平賣卜成都市，與人子言依於孝，與人弟言依於順，與人臣言依於忠，君子以為得作者之意，不啻登太皥氏之堂而耳提面命焉。古之聖人，所可與人言者未嘗不竭其辭，而有不可以正告天下者，則必有所託以行之。後之君子，不察其意，而以是為吉凶悔吝之末數，非正道明誼者之所究心，則惑矣，吾友曹橫琴氏，得其家君遊南子之傳，慨群迷之不旦，悼筮法之中衰，於是上究《連》《藏》，下逮京、焦，傍通壬甲，廣采占歌，作為《易隱》凡十萬餘言。噫，可為博矣。夫象數變而理不變，九六殊而旨不殊，一也、四十九也、三百六十也、四千九十六也，由是而之萬億也，一而已矣，即由是而之天地之賾也、萬物之眾也、典墳丘索之浩渺也，亦一而已矣，傳曰：「變化云為，吉事有祥，象事知器，占事知來」，又曰：「天地設位，聖人成能，人謀鬼謀，百姓與能。」夫聖人之所以能若此者，豈有他哉，統之理而已矣。由是觀之，安知李子之樂卜，趙孟之時卜，襄仲之言卜，子遊子夏之威儀卜，沈尹氏之政卜，孔成子之禮卜，不統於橫琴氏之著卜哉，吾於是而知曹氏之為隱君子也，句章老氏謝三寶撰。

◎王昶《春融堂集》卷三十六《顧陶元重刻易隱序》：顧子陶元得《易隱》於藏書家，蓋卜書也。愛其簡而要、曲而盡，衷以迪吉逆凶積慶餘殃之理，而不專於得失趨避以為工，於是使其客問序於余。客曰：「錢卜曷為而仿也？」曰：「本之於著。著繁重，四營而成易，十有八變而成卦。《火珠林》之術出，以金錢代之，為趨於便也。」曰：「以十二支配八卦者何？」曰：「陽主升，乾之子寅辰午申戌故以順行；陰主降，坤之未巳卯丑亥酉故以逆行。乾陽生於子而坤陰不生於午者，陰不敢敵陽，比於陽退一位。《周禮》太師之六律六同、《國語》伶州鳩言六閒古法，皆如此。非如此則不能閒也。」客又曰：「自乾而艮，陽支差一位；自坤而離，陰支差一位。震與乾同，巽與坤異者何？」曰：「震長子，為乾繼體，六支與乾同；巽長女，六支雖與坤同，而內外之卦乃與坤異位，明女適人，不得全與母同體也。坎中男，爻起於寅，比震差一位；艮少男，又差一位，兄弟長幼之序固然。坤自未而巳，直兌少女之初爻；自巳而卯，直離中女之初爻，亦以逆行為長幼之序爾。八純卦初爻父母子孫兄弟各二，而妻財官鬼惟一，如乾金生子水，坎水生寅木，皆子孫；艮土始辰

土，坤土始末土，皆兄弟；震木子水所生，離火卯木所生，皆父母。惟巽木克丑土為妻財，兌金為巳火所克為官鬼。而八純卦於是乎窮。蓋作易者其有憂患也？！」客又曰：「乾，天也，乾宮八卦有坤之卦四；坎，水也，坎宮八卦有離之卦四，他純卦皆然。何也？」曰：「此《繫辭》所云天地定位，山澤通氣，雷風相薄，水火不相射也。」曰：「六沖之卦有十者何？」曰：「八純卦，其地支皆相沖也；雷天大壯、天雷無妄與乾、震同，故有十卦也。」客曰：「善夫夫子之說。蓋卜易之源而《易隱》未之發者，請錄為序焉，其可矣。」遂書而歸之，俾鐫諸首簡。

◎曹九錫，號遊南子。廣東人。

◎曹臻，號橫琴。曹九錫子，自幼隨其父習卜筮之術，盡得其傳。

曹洛禋 大易測 十二卷 佚

◎乾隆《太平府志》卷四十三《藝文志‧郡屬書籍目》：《大易測》《采石山志》《天放集》《萍萬草》《秋蟲語》《醫學管見》（以上翰林院侍讀學士曹洛禋著）。

◎民國《當塗縣志‧藝文志》：《大易測》十二卷（清曹洛禋著。見曹禋《留影雜紀》，今佚。禋事蹟詳《文學》）。

◎民國《當塗縣志‧人物志‧文學》：著有《大易測》《秋蟲語》《蘋寓草》《留影雜紀》《天放集》《醫學管見》《枕中宏秘》《采石山志》及《漁山堂集》若干卷行世。

◎曹洛禋（1672～1762？），字麟（鱗）書，號復園。安徽當塗人。光祿寺卿曹履吉孫，庠生曹臺繁子。雍正四年（1726）舉孝友端方，七年（1729）舉人，八年（1730）舉經學，官國子助教，遂作《古今太學考略》。以年逾八十蒙恩特授司業，旋以經學湛深，奏對稱旨，遷翰林院侍讀學士，復管崇志堂兼繩愆廳事。與袁枚、趙星閣等交善。年九十餘乞假歸里，卒於家。子時斌、廷柱、廷柏、廷松俱庠生，廷梅太醫院院判。

曹昇 周易新解 存

中華文化出版事業委員會1956年排印現代國民基本知識叢書第四輯本

◎目次：（一）易之起源（二）易之意義（三）卦之意義（四）卦之法則（五）治卦之方法（六）易學源流（七）乾卦釋義（八）坤卦釋義（九）六十四卦各論。

◎高越天《中國書綱》：近人曹昇撰。言《周易》原理及變化之法則，並論六十四卦之涵義，以發揚倫理哲學為主。

◎以發生、相繫、世變、升降、消息、相對、正反、相交、相錯、爻體、互體、動爻十二法言象數。

◎曹昇，又著有《禮記選解》。

曹庭棟 蓍測 六卷 佚

◎曹庭棟《永宇溪莊識畧》卷五《識著述》著錄《蓍測》六卷《例說》：《易傳》曰：「幽贊於神明而生蓍」，又曰：「陰陽不測之謂神」，後之人撲蓍求卦所以測之也，然第執爻象之辭占其吉凶悔吝，所謂神而明之者安在乎？原夫以言者尚其辭，以動者尚其變，以制器者尚其象，以卜筮者尚其占。若撲蓍所尚在占，會通於象而取決於變與辭，固合四者而一之者也。余嘗著《易準》於卷末，辯正蓍法。至於占法，未敢妄置一語。誠以易無方體，不得設一成例以相索耳。繼而細繹傳文，而知傳之示人以占法者，亦詳而有要矣。傳不云乎？「聖人設卦觀象繫辭焉而明吉凶」，然則象也者，辭所由繫，即吉凶所由明，其有關於占為最重。惟是象繫定辭，占無定事，故象隨事立，就一卦一爻之中，各有無定之象，旨微義博，遂覺從之而末由。竊為掇拾叢說，分析其條目，薈萃其義類，管蠡所及，詎能詳盡。然使著者循是而觀其變玩其辭，或有所依附以得其占，亦引申觸類之一法也。要而論之，莫非經所已備及傳已言，不過推廣發明，一一援為著者之用。輯錄麤畢，名之曰《蓍測》。神而明之，則仍存乎其人矣。乃於卷末更考《左》、《國》及史傳所載占驗，擇其有當於蓍占者附錄，以備參觀。至蓍法，已詳《易準》，不復贅云。

◎曹庭棟《永宇溪莊識畧》卷六《識閱歷》：「乾隆二十四年（己卯）六十一歲。七月，《易準》告成。慈山下忽生蓍草，採之，恰得五十莖，撰《蓍說》」、「乾隆二十五年（庚辰）六十二歲。是秋著《蓍測》始」。

◎曹庭棟（1699～1785），字楷人、六圃，自號慈山居士。浙江嘉善魏塘鎮人。少嗜學工詩，善書畫。中年後絕意進取。乾隆間舉孝廉不就。又著有《昏禮通考》二十四卷、《孝經通釋》十卷、《逸語》十卷、《琴學內篇》一卷《外篇》一卷、《幽人面目譜》三卷、《述母德詩》一卷、《老老恆言》五卷、《魏塘紀勝》一百條、《續魏塘紀勝》六十二條、《術數辨惑》、《題畫蘭百詠》、《產萑亭詩集》七卷。又輯有《宋百家詩存》一百卷。

曹庭棟 易準 四卷 存

國圖、上海、山東、湖北、中科院藏乾隆二十四年（1759）刻本

◎目次：卷一河圖本始說、河圖、數原篇、中位篇、五位篇、參兩篇、參伍篇、生成篇、氣質篇、運行篇、干支篇（圖附篇內）、合卦篇。卷二洛書本象說、洛書、原象篇、九位篇、八卦得數圖說（圖附）、卦數篇、太少篇、二老篇、八卦成位圖說（圖附）、卦位篇、洛書天包地圖說（圖附）、八方篇、圍徑篇。卷三洛書大衍圖說（圖附）、次序篇、相對篇、定位篇、藏用篇、零數篇、積數篇、總數篇、大衍五行圖說（圖附）、生克篇、大衍重卦圖說（圖附）、無位篇、重卦篇、卦對篇、衍合卦圖總說（圖列以下各篇之前）、圓象篇、方象篇、卦變篇、月卦篇、互卦篇。卷四蓍法正誤說、疑問篇、釋原篇、蓍例篇（圖附篇內）、考異篇、占辯篇。

◎易準例說：天地之道在陰陽，陰陽之象在奇耦。原夫奇耦所由立，有數焉為之紀，所以極陰陽之變而成易之神。故言易者必言河圖洛書，以圖書為天地之數之原。傳謂易與天地準，準此也。顧羲皇世遠，指授無憑，言圖書者固多，而以易按之，圖已非其圖，書已非其書。於是疑之者曰：「圖書自為圖書，何與於易？」岐圖書與易而不求其合，宜乎大衍之數無明徵、揲蓍之法多沿誤。蓋自尼山傳易以來，解者失其意旨之所在，抑又久矣。庭棟少時有志於易，即留意於圖書，冥搜博討，訖無指歸。今年逾周甲，幸而天牖其衷，得識河呈洛負之真。爰為反覆玩索，觀其會通，更參蓍法以達諸用。說似創而實因，圖似新而實故，列為四卷，各以類從。第一卷明河圖。圖出希夷，與世所謂圖者，中位則異。第二卷明洛書。書有本象，與世所謂書者，實數則虛。揭其一得，闡抉務該，閒有前人所已言者，亦撮而並錄。第三卷明大衍圖。大衍有十圖，皆為洛書，傳之者既罕，言之者絕少，則抒獨見以發揮之。第四卷明蓍法。蓍法所由來，見之《易傳》，而疏解舛譌。又不辭研辯，求得卦一歸奇之旨，凡以求合於圖書之數而已。若夫卷分篇，篇又分條，因其一節有兼各義，非區綱別目，不足以致其詳。至復推類旁通，及於干支五行，圖書中有此數，皆易中具此義者也。故是書之作，明圖書即以明易。蓋天地之數，圖書備之，易從而變化之，究其實用，歸於蓍法。所以定吉凶，成亹亹。苟因之而即數觀理，脩齊平治之學不于是乎畢寓也哉？！乾隆二十四年天中節後十日，嘉善曹庭棟書于慈山草廬。

◎曹庭棟《永宇溪莊識畧》卷三《慈山居士自敘傳》：足跡所經，北燕南

閩，山左江右，江南往來，登涉務探其勝。此特壯盛時事。嘗於所居壘土高數丈，環植花木，奉母以娛，命之曰慈山，因自為號。著有《易準》四卷、《孝經通釋》十卷、《逸語》十卷、《昏禮通考》二十四卷、《琴學》內外二十六篇。

◎曹庭棟《永宇溪莊識畧》卷六《識閱歷》：「雍正十年（壬子）三十四歲。是歲與弟分纂經義異同，名曰《析疑》，欲校而刻之。歲終，未成書」、「雍正十一年（癸丑）三十五歲。開歲仍纂經義。適重修邑志，延廂編校。時保舉宏博，長安故人貽書相招，我母促裝就道，纂經義未獲卒業」、「乾隆二十二年（丁丑）五十九歲。居憂杜門，長夏，參河洛，考蓍法，著《易準》始。」「乾隆二十四年（己卯）六十一歲。七月，《易準》告成」、「乾隆三十九年（甲午）七十六歲。閩浙江刊刻《進呈書目》，內採拙著《易準》、《孝經通釋》、《昏禮通考》《琴學》、《產鶴亭詩集》凡五種。」

◎四庫提要：是書為圖學而作，一卷《河圖》，二卷《洛書》，三卷《大衍圖》，四卷《蓍法》。其於《河圖》改中宮十點之舊，於《洛書》信鳳來道士之傳，通洛書、大衍之說於易，更分卦扐揲之法於蓍，又皆圖學中後起之說矣。

◎光緒重修《嘉善縣志》卷三十《藝文志》一：《易準》（萬《志》。國朝曹庭棟撰。四卷。四庫存目。《採集書錄》曰：詳於洛書而略於河圖，推數衍說，凡五十篇）。

◎周按：提要謂庭棟字六吉，嘉善人。然據曹庭棟《永宇溪莊識畧》卷三《慈山居士自敘傳》、卷五《識閱歷》，廷棟字楷人，號六圃。康熙三十八年己卯十一月二十五日亥時生。初名廷，後改為庭，以示終老牖下之意。

曹為霖 易學史鏡 八卷 存

哈佛、南京、廣東、山東藏同治十二年（1873）木筆花館刻本

臺北新文豐出版公司1980年影同治十二年（1873）木筆花館刻本

◎卷首題：南海曹為霖雨村纂述，受業蘇應潮、邵濟宏、黃鼎、鄧朝楨、聶減翎、羅仕樑、鄧葆初、陳士康、楊啟泰、招毓桂、馮祖、麥學程編梓。

◎目錄：序。鄭氏易譜錄要：坎離互根、陰陽消長、世運治亂定局、人間大古今、午會三十運卦、帝王即位年陰陽應驗、推前代帝王國祚長短例、周易次序對卦、易道在人一轉、上繫第八章七卦說、下繫第二章十三卦說、

下繫第五章十卦說、下繫第七章九卦說、雜卦傳末八卦說、十翼說（本康成鄭氏）。八卦逸象附錄。卷一乾坤屯蒙。卷二需訟師比小畜履泰否。卷三同人大有謙豫隨蠱臨觀。卷四噬嗑賁剝復无妄大畜頤大過坎離。卷五咸恆遯大壯晉明夷家人睽蹇解損益。卷六夬姤萃升困井革鼎。卷七震艮漸歸妹豐旅巽兌渙節。卷八中孚小過既濟未濟繫辭上傳繫辭下傳說卦傳序卦傳雜卦傳。跋。

◎易學史鏡序：孔子曰：「作易者其有憂患乎？」世運治少而亂多，事機得少而失多，人類君子少而小人多。自有天地萬物、男女夫婦、父子君臣，而愛惡情偽起焉、吉凶悔吝生焉。聖人設卦觀象繫辭焉以明之，所以成天下之務、濟天下之變，故天地恆多難而聖人使後世隨時變易以從道者，莫妙於易。張天如謂孔子憂時之作，抑損褒諱莫如《春秋》、深切著明莫如易，後人以《春秋》言治亂，不若以易言治亂之尤長。此吾同年曹君雨村《易學史鏡》所為作也。昔人謂孔子作《春秋》皆取材於易，今之詮易亦即取材於史，以事屬爻，以爻比事，舉數千年來理亂安危之跡，畢貫於辭變象占之中，上下古今，吉凶燎如，無假蓍龜。如形在鏡，此其用力勤而著論博，殆體聖人憂世之心而為之者乎？後儒言易，宋世為昭。邵傳羲畫，程演周辭，譔述相承，各存宗尚。言象數者或索於隱，言義理者或涉於虛，而此則徵諸人為之實，凡卦爻出入，莫非君民事物之賾、禮樂刑政之繁，舉乎事實，而象數由此顯、義理由此推，其為深切著明何如也！昔唐文皇謂以古為鑑可識興衰，後之君子思用易道。流覽斯編，而世運之治亂、事機之得失、君子小人之進退消長，皆如示以象焉、告以辭焉、斷以吉凶焉。彰往而察來，按古以證今，由是化裁推行，舉而措之天下之事，後世之憂患庶有豸乎！夫善易者不言易，蓋不言而易自無不在也。今以言史者言易，是言易而仍不言易，不言而易之行乎天地中者益彰，宜其為書亦廣大悉備也哉。同治九年歲次上章敦牂孟春日，年愚弟陸芳培湘蘅拜序。

◎易學史鏡序：易之大要，示人以吉凶悔吝。其言曲而當，其事肆而隱。凡夫國家興衰、事勢成敗、臣庶從違，無不虛涵其中，誠千秋得失之金鏡也。我朝經學昌明，遠軼前古，恭讀御纂《周易折中》、御纂《周易述義》，聖以繼聖而抑羣言，牢籠古今麗暉日月，俾海內多士，藉是考鏡得失，至矣盛矣！此外以注易傳者，百有一十餘家，或闡發精微，或游心象數，或探源消息，類能以心之鏡印易之鏡，而鏡之圓相呈；以易之鏡為事之鏡，而鏡之功用大。惜世俗談易，虛類老、莊，術同爐火，則反用鏡背鉤解穿鑿，象鈔繆

輟，則僅及鏡旁，所由日抱羲、文之鏡而不適於用也。同年曹君雨村，冰鏡羅胸，玉鏡排軸，著《易學史鏡》一書，稿凡四易，刮之磨之，維有歷年。今秋以定本見示，披讀一過，歎其以史證經，句梳字櫛，如鏡之毫髮活現也；比物從類，動輒有合，如鏡之妍媸適判也。其鏡之條式三百八十有四，其鏡之通用一千八百餘年，外涵朝廟，內照宮閨，近懸郡國，遠射蠻貊，上耀秦漢，下燭元明，種種色色，羅列鏡裏。以視胡震《衍義》雜引史事徒傷泛濫者，相去遠甚。書成，壽諸棗梨，惠及後學，將使閱者引鏡以照，對鏡而明，由事之鏡以得易之鏡，由易之鏡以復心之鏡，吉凶悔吝，朗若列眉，相與寡過而躋於仁壽，是則曹君鑄鏡之深心也夫！同治十年歲次辛未八月望日，年愚弟伍蘭徵拜序。

◎跋：《易學史鏡》八卷，吾師雨村先生之悅心研盧於是編也，十有一年於茲矣。藉識月之餘閒，補居稽之靜課，採累朝之實錄，闡往聖之微言，其中半述舊聞，半參新得，意見不無異同，類條舉焉而集其成，以俟窮經者之自擇。由是，數聖人設卦觀象繫辭吉凶悔吝之旨，凡夫世運之升降、國家興衰治亂之轍、吾身進退存亡得失之幾，罔不朗若列眉，瞭如指掌。舉天道之至精至神至變而不可端倪者，悉約而歸諸人事之實，而先王與民同患之教乃日明，而其為君子謀也亦益切，殆易學中之秘府也。書成，未嘗出以示人。夜雨寒牕，挑燈掩卷，蓋猶歉然以為未有當也。師之言曰：「易之書廣大悉備，易之教絜靜精微，吾於四聖人之蘊，何敢復贊一辭以取戾哉！是編之著不過借史以談經，竊效管窺蠡測於萬一，苟有以得夫彰往察來之迹，則識之。吾烏知不異於古所云『聊以所聞乎古者徵之』也？不寧唯是，孔子至聖也，韋編三絕，猶欲假年五十學，求無過。其《繫詞傳》又云：『无咎者，善補過也。』固有生平數十年來愛惡相攻、情欲相感，悔吝多矣。今夫人面垢不忘盥也，衣垢不忘洗也，時有鑒形之鏡辨污潔也。吾身苟有負疚之端，而置罔察覺，可乎？」茲之取義於鏡而鑄之以史也，以人為鑒，以古為鑒，誠能上下千古，以出入於乾坤之門，頫仰興亡，縱觀成敗，則是書之成，將以為吾身補過之藥石，亦未始非同堂寡過之門戶也云爾。夫易，聖人寡過之書也，泰交追隨講帷四離寒暑矣，此皆執經請業時之榘訓也。昔劉屏山先生嘗舉復初爻詞，語朱文公曰：「不遠復者，吾人之三字符也，佩之終身可已。」竊謂是書也傳，尤學者修身之符券也，區區一鏡之用云乎哉？！吾粵前明黎美周先生，曾著《易史》而自序之，張天如稱其所持論匕箸燕笑、床第居處莫不有

易。屈翁山亦云《易史》不可以不作。而美周實未有成書。嘗欲踵而為之，究亦未見翁山之書也。然則是書之傳，又足以補粵中文獻所未備者矣。統計全篇一十七萬書有奇，蕆凡四易矣。同人讀之皆欲各手一編，而力恐劬於鈔胥之腕脫，爰請於師，以問梓人，庶幾二三同志皆有所藉以為修身寡過之歸，相與取益於明鏡不疲之照，不其懿乎？抑又聞之，秦鏡之高懸於咸陽宮也，可以照心，可以照膽，可以照疾病，而易史之鏡一出，併可以照禍福，則是書又不可以不傳。願敬告世之深於易而胸懸金鏡者。癸酉初秋，受業何泰交頓首謹跋。

◎摘錄《八卦逸象附錄》首：本荀九家及虞氏易。荀九家逸象三十有一，見陸氏《釋文》。朱子採入《本義》。虞仲翔傳其家五世孟氏之學，八卦取象十倍於九家。茲備錄之以便觀象玩占之檢對。

◎曹為霖，字雨村。廣東南海大瀝曹邊福田里人。咸豐元年（1851）恩科舉人，無意仕進，隱居著述。嘗應番禺張維屏之邀至羊城書院講學，受業者百餘人。與何又雄、陳璞、霍履初、馮子良、洪日厓等多所酬酢。又著有《木筆在館詩鈔》等書。

曹文岸 讀易記疑講原 不分卷 存

山東藏清鈔本

◎曹文岸，字郁周。安徽貴池人。

曹文徽 易經圖說 佚

◎道光《續修桐城縣志》卷二十一《藝文志》：《易經圖說》（曹文徽撰）。

◎曹文徽，安徽桐城人。

曹文昭 周易集解 佚

◎民國《貴州通志‧人物志》：著有《周易集解》《史鑒錄》《腴愚菴文稿》。

◎曹文昭，字郁軒。貴州廣順人。咸豐辛酉拔貢，朝考一等，歷河南臨潁、商水知縣，升陳州知府，所至有政聲。

曹學詩 易經蠡測 佚

◎道光《徽州府志》卷十一之四《人物志‧文苑》：著有《經史通》《易經

蠡測》《香雪文鈔》《古詩箋意》諸書行世。

　　◎道光《徽州府志》卷十五《藝文志·歙》：曹學詩《易蠡測》。

　　◎民國《歙縣志》卷七《人物志·文苑》：著有《經史通》《易經蠡測》《香雪文鈔》《笠蔭樓詩集》《宦遊集》《古詩箋意》《黃山遊記》等書。

　　◎民國《歙縣志》卷十五《藝文志·書目》：《易蠡測》、《經史通》、《香雪詩文鈔》、《宦游集》、《笠蔭樓詩鈔》十六卷、《黃山紀遊詩》一卷（俱曹學詩）。

　　◎曹學詩，字以南，號震亭。安徽歙縣雄村人。領雍正己酉鄉薦，乾隆戊辰成進士。令麻城，調崇陽，皆有聲。丁憂歸，遂授徒終老。工駢體文。

曹元弼 十四經學開宗 一卷 存

　　北大、山東藏宣統元年（1909）刻周易學本附

　　◎曹元弼（1879～1953），字叔彥（一作彥叔），號敍彥，室名復禮堂，晚號復禮老人。江蘇吳縣人。翰林院編修、湖北存古學堂經學總教。又著有《復禮堂文集》十卷、《復禮堂述學詩》十五卷。

曹元弼 易學源流辨 一卷 存

　　北大藏 1927 年刻本

　　◎葉昌熾《奇觚廎詩集》卷下《和曹叔彥太史韻》：

　　不為良友棄，肯學次公狂。落日頻晞髮，臨風欲斷腸。閒居聊養拙，素位但安常。且喜梁高士，相莊有孟光。

　　遯世君無悶，橫流國若狂。鄭虞傳易髓，夷惠澹詩腸。讖緯甄中候，清齋學太常。冥鴻幾朝士，珍重數同光。

曹元弼 周易集解補釋 十七卷 首一卷 存

　　1920 年刻本

　　北大藏 1937 年刻本

　　山東藏臺北成文出版社 1976 年無求備齋易經集成影印 1937 年刻本

　　臺中文聽閣圖書有限公司 2008 年民國時期經學叢書第一輯本

　　上海人民出版社 2019 年吳小峯整理本

　　◎條例：

　　一、治易必先明易例。例者，易之典常，所以觀其會通。孔子作彖象傳，

後世章句之祖也；作《繫辭》、《說卦傳》，後世釋例之祖也。李氏序云：「別撰《索隱》，錯綜根萌」，蓋發凡起例、提綱挈領之書。余往者撰次《周易學》，薈萃惠松崖《漢易學》《易例》、張茗柯《虞氏消息》、姚仲虞《周易學》建首三篇之義而讚辯之，為《明例篇》。凡伏羲作易生著倚數立卦生爻、文王周公繫辭、孔子作十翼，大經大緯，著在通例。漢師說易各有家法，殊途同歸。及魏晉以來，易學顯於儒林者，論其大要，入別例。李氏此書論撰之法，亦於別例詳之。學者治易，如不棄檮昧，宜先觀《周易學》，次及《箋釋》，而以此書為讀本，庶乎若網在綱，博而有要。

一、此書名稱，《新唐志》作《周易集注》；毛氏汲古閣所藏宋十卷本則題《易傳》。惠校盧氏雅雨堂本每卷第一行題《易傳》卷第幾，第二行題唐資州李鼎祚集解，蓋即據之，惟卷數仍分十七以合《唐志》，稱《易傳》又稱《集解》者，李氏集眾家之解以為傳也。臧氏庸讖惠本一書二名，蓋未深考。朱西亭本首卷首行題《易傳集解》卷第一，次行題資州李鼎祚，以易傳集解四字連稱，似未安；第二卷以下直題《周易集解》。毛氏刊本題《易傳》卷第幾，唐李鼎祚撰。周氏枕經樓本首卷首行題《周易集解》卷第一，次行題《周易上經》，唐李鼎祚集解；李氏序題。則朱盧周本皆稱《周易集解》。今宋本未見，參酌諸本題之，後一行自題銜名，放陳恭甫《五經異義辨證》例。

一、李氏引據諸家，往往相反相成，先後輕重具有微旨，當詳《索隱》中，惜其書久亡。今以意逆志，統同別異，以祛來學之惑。

一、孫氏《周易集解》網羅放失舊聞甚備，今據以為本，參之張氏《易義別錄》，正其誤字，詳其出處，惟刪去王弼術，及《正義》所引褚氏、張氏等申釋王注之語。以注疏見立學官，無待鉤沈也。此外間有刪裁，不過百之一二。孫序謂如其疏釋以待後人，此編即無異為孫書作疏矣。

一、孫氏所集外，博采傳記子史說易古義、引易異文以闡經旨，且為多識畜德之助。

一、各本異文，注當句本字下，依鄭君禮注疊古今文之例，擇善而從。

一、李書引先儒皆舉姓名，所謂各列名義。孫書於鄭君特尊稱字。今遵其例，許君亦然。其但稱某氏者，或不詳其名，或承襲舊稱，不在此例。

一、音讀繫經文當句下，諸家異音，各繫其注下，皆細字書之。其注亡而據音可推義者，即以補音注，大字書之。

一、李遵王《周易集解纂疏》訓釋詳審，今頗採之。

一、離卦以下與《箋釋》並編，亦隨編隨刊。坎以前諸卦論次反在後。校語詳略前後或小有參差，以無關宏旨，業以刊成，不復追改。

一、此書向無離句本，今一一定其句讀，以便初學誦習。

一、釋語務取文約指明。書不盡言，言不盡意，欲見聖人之意，必先明其辭。聖為天之口，賢為聖之譯。欲明聖人之辭，必先通前賢之傳注。今將資州所集羣賢遺言，剖析窮源，俾文從字順，易簡理得。由此博綜元覽，鉤深致遠，則神而明之存乎其人，默而成之存乎德行。崇德廣業，知天地之化育，成天下之亹亹，下學而上達。後之君子，當必有樂乎斯。

◎周易集解補釋序：余既為《周易鄭氏注箋釋》以明開闢以來天經地義聖教王政，人類所以相生相養而不相殺，萬世可使有治無亂，生民可使有吉無凶之至德要道，據象推義，積經沈研。仰維聖人吉凶與民同患之仁，俯念天下無邦、民彝泯亂、率獸食人、人將相食、萬族俱盡、乾坤或息之痛，任重道遠，心惻語長，惟恐義之不明，說之或有流弊，以乖經旨而誤後學，慎思明辨，積將十年。至上經之末，忽轉一念曰：是書也，詳則詳矣，每卦合象象傳，則文累萬言，無乃使學者惝然不能待乎？是非設一易簡之法，以為由淺入深之階梯、由博返約之歸宿不可。於是就唐資州李君鼎祚《集解》校各本異文，擇善而從，定其句讀。又據孫氏星衍所集眾家遺說，更博采《禮記》、《春秋傳》、周秦諸子、《史記》、《漢書》等說易古義補之。而以己意申其疑滯，辨其得失。放張稷若《儀禮鄭注句讀》摘錄賈疏之例，酌取《箋釋》十之三四，俾足以解經注而止，名曰《周易集解補釋》。其生著立卦、生爻繫辭，宏綱細目之詳，與夫探賾索隱極深研幾之神恉，通德類情道濟天下之大用，具詳《箋釋》及余向所為《周易學》。是書惟指說大略，不復繁文。自離卦以下，每卦《箋釋》屬草畢，隨編是書，又於其間寫定乾卦。去年春，《箋釋》成，乃補坤以下二十八卦，至今年四月卒業。溯自宣統辛亥以來，憂患學易，於今十有七年矣。洪水滔天，猛獸咥人，日甚一日。運厄大過，數窮未濟，君子雖悲天憫人，如之何哉！惟恐懼修省，艱貞履道，敬體乾坤大生廣生之德，述先聖之元意，獨抱遺經，究厥終始，盡其言以見其意，傳諸其人，以待天下之清而已。天下不變道亦不變。碩果不食，陽與君子之道不可亡。凡余所謂惓惓不已，博學詳說又反說約，務使學者尋省易了，為此也。是書之異於《箋釋》者凡數事：《箋釋》篇第依《漢志》易十二篇之舊；此據《集解》同王弼本，一也。《箋釋》以鄭為主，經字一依鄭本；此據李氏本，二也。《箋釋》采

荀、虞、陸、宋諸家，間有刪裁，王弼學行以後各家采入箋者尤少；此據《集解》為本，遵其例補之，雖王弼王肅等說，無所遐棄，惟於釋中別其是非，三也。《箋釋》於諸家異文擇要采取；此則備引而釋之，以明聲通義轉、同源分流之故，四也。《箋釋》每卦每爻統論大義，而後逐句疏解；此依李氏分節，當句發揮，其全卦全爻之義，各因文便略著之使貫串，五也。《箋釋》解誼先申鄭而後及諸家；此一依《集解》所列先後，六也。《箋釋》於《集解》引荀、虞注合兩條為一者，多審度文義，分繫經傳；此則一如其舊，而於釋語中識別之，經傳兩注異義則明其以何說為主，七也。《箋釋》於惠、張、姚異義，委曲申明，使一書有眾書之用；此則惟取所主一說著之，餘不及，或略一及之，八也。凡此八者，皆兩書體例當然。至訓釋經義，則同條共理，一以貫之。李氏之序曰：「俾童蒙之流一覽而悟」，然漢師說易，各有家法，猝不易明。《集解》舊本誤字至多，初學每不能絕句。今承惠、張、姚三先生之成訓，積數十年探索之功，又經論撰箋釋知其典要，觀其會通之後，為之發疑正讀，約文敷暢，理其緒而分之，比其類而合之，瞭如指掌，朗若列眉，讀者庶乎可一覽而悟矣。余自光緒戊戌、己亥間始為《周易學》，以舉易之大例大義。宣統辛亥至今，既為《易鄭注箋釋》，以極論天道至教聖人至德人倫王道大經大本。又為此書以便學者循誦。參伍錯綜，分明辛苦，目瞑意倦，精神遐漂，忽忽不知老之已至。日西方暮，吾何求哉！荀子曰：「皇天不復，憂無疆也。千歲必反，古之常也。弟子勉學，天不忘也。」維天常於弗替，存人道於幾希，願與天下後世仁人共勉之。宣統強圉單閼且月，賜進士出身誥授中憲大夫翰林院編修加二級吳縣曹元弼序。

曹元弼　周易學　七卷　存

北大藏宣統元年（1909）刻三經學本

山東藏臺北成文出版社 1976 年無求備齋易經集成影印 1915 年刻本

臺灣文聽閣圖書有限公司 2009 年林慶彰主編民國時期經學叢書本

曹元弼　周易鄭氏注箋釋　十六卷　存

上海藏宣統三年（1911）刻本

山東藏 1936 年刻本（正誤一卷敘錄一卷旁徵一卷）

臺中文聽閣圖書有限公司 2009 年民國時期經學叢書第一輯本

◎目錄：周易上經：卷一上、卷一下、卷二上、卷二下、卷三上、卷三

下。周易下經：卷四上、卷四下、卷五上、卷五下、卷六上、卷六下。周易彖上傳：卷七。周易彖下傳：卷八。周易象上傳：卷九上、卷九下。周易象下傳：卷十上、卷十下。周易繫辭上傳：卷十一上、卷十一下。周易繫辭下傳：卷十二上、卷十二下。周易文言傳：卷十三。周易說卦傳：卷十四。周易序卦傳：卷十五。周易雜卦傳：卷十六。

◎目錄識語：凡易十二篇，鄭氏注以篇為卷，凡十二卷。今箋釋文句，多分上下經為六卷，卷各分上下，彖上下傳各為一卷，象上下傳上傳繫辭上下傳亦篇各為卷卷又各分上下，文言說卦序卦雜卦各一卷，又序例、目錄一卷，鄭注考證一卷，凡二十八卷。嗚呼！易道深矣，惟初太極，道立於一，造分天地，化成萬物。人為物靈，聰明粹精，惟相人偶，乃克相生。皇矣昊羲，先知先覺，立卦垂象，繼天而作。造端夫婦，肇有父子，君臣初建，人倫實始。通神明德，類萬物情，億禩兆民，是訓是行。殷之末世，周之盛德，淵懿聖文，立人臣極。上紹蒼牙，惟神惟幾，吉凶悔吝，正言斷辭。父作子述，黃離元吉，乾坤既濟，太平德洽。洎周之衰，知此者希，亂賊接迹，邪暴猖披。孔演天命，至誠盡性，假年學易，心通前聖。五經導源，十翼用彰，大哉斯文，浩浩洋洋。授商及田，歷秦逮漢，羣儒踵興，鳳雛龍翰。六藝身通，惟鄭司農，曰荀曰虞，別支共宗。輔嗣易行，斯道乃晦，忘象謬說，矯誣千載。直至聖清，乾曜重明，於穆仁皇，天亶神靈。至德至教，建極錫福，日月所照，無思不服。聖德如天，聖化如神，體元制作，同符羲文。凡厥庶民，沐浴膏澤，五行鍾秀，人瑞斯出。爰有通儒，曰惠與張，旌德之姚，繼起彌光。曠代絕學，一旦復續，如彼圖書，重顯河洛。小子不敏，敢涉聖門？總角求道，覃思探原。進脩及時，惓惓微願，如何衰年，竟遭世亂。上愧君親，下哀斯民，守先待後，謹述舊聞。一言舉要，敢告儒林，生生為易，天地之心。參贊化育，人倫是敘，凡百君子，共燭厥離。于時宣統十有八年歲在丙寅月紀孟春。

◎伯兄題辭：《周易鄭氏注箋釋》，叔彥三弟積學四十餘年，論次十餘年，自宣統辛亥六月至丙寅正月而始成。弟之學以忠孝為本，於人無不愛無不敬，視天下之人皆可與為善，而憫其誤入於不善，所著書皆藹然仁義之言。此書深思明辨，窮源竟委，百萬餘言，歸於天地之大德曰生。人之生生於倫，聖人體天地立人倫，使人相愛相敬以相生相養相保而不相殺。人類所以孳生不已，中國所以為普天大地中文明首出之國，六經同歸百世同道，憂深而思遠，心

重而語長。憂患之中忍淚看天，拭涕著書。每自嘆曰：「惠松崖先生有言，聖人贊化育，以天地萬物為坎離。道家養精氣，以一身為坎離。吾治易，無日不言既濟，而忍痛沈思，心血日耗，目力大困，離火愈熾則坎水愈竭，日趨於未濟而不自恤，豈非大愚？然使斯道由吾而粗明，乃吾之既濟也。」此可見其處心之易難明，漢易更難明。此書唯恐人之不明，入理至深而出之至顯。今而後，易不難明矣。嗚呼，辛亥以來，余兄弟偕隱，閉門息影，相顧相憐，文字自遣。弟每成一卦，余與仲弟讀而深善之，謂其有功於聖經甚大，隨時授之梓人。今書成而仲弟已沒數年不及見。悲夫！然此心此理，何間幽明，其必與先人在天之靈同冥慰可知也。弟自少力學，今亦老矣。古人言聖人樂天知命與悲天憫人之意，二者自不相妨。此書既成，弟其閒居安性，與造物者游，濟一身之坎離，以卻病而引年，是則余所深望者。龍集丙寅春王正月，兄元恆書。

◎條例：

一、《周易》經二篇傳十篇，欽遵御纂《周易折中》，復《漢志》易十二篇及《魏志》據鄭本彖象不與經連之舊。

一、書中字體恭遇列聖廟諱、皇上御名，敬謹缺筆。

一、經傳雖各自為篇，而每卦每爻釋語中備引傳文合釋之，所謂以《彖》《象》《繫辭》《文言》解說上下經，使學者尋省易了，用費氏家法即鄭氏家法也。

一、經文字句依據唐石經，參以注疏釋文善本。

一、聖文至重，鄭本異文惟據《釋文》所載，仍於箋中疊出諸家作某今本作某，其晁氏、朱氏所出異字，《文言》《說卦》等篇在《釋文》外者頗多，蓋宋世尚存鄭氏《文言》一卷，兼有《說卦》以下三篇，然審其文義，如君子進德脩業及時兌說、巽伏之等，未必優於今本。深恐轉寫有譌，但於當句下注明，未敢據以改積古相傳之本。惟「乾為首」節「乾為馬」節前似與近取遠取之次合，惠氏據以移置，今從之。

一、唐以前古書閒引鄭本異字確鑿可據者，今亦採之以補《釋文》之闕。

一、鄭注及荀、虞諸家注引見《集解》者，惟於開卷數條注《集解》二字，後不復注。其引見他書者，皆詳注出處。

一、鄭注輯本以丁小疋、張皋文後定本為最善，今多據之。

一、易家皆祖田何、楊叔、丁將軍，大義略同費氏學，必與施、孟諸家同

源，故鄭、荀、宋皆治費易，而鄭注乾用九與郎顗、班固說合，注坤上六、離九四與《說文》合。荀氏說生爻陽升陰降，與虞氏大同。宋氏說天德不可為首，即乾坤二卦成兩既濟之義。此外比類合誼相證益明者，不可枚舉，足徵淵源無二。凡說經之道，審別家法欲其縷析而條分，會通大義欲其同條而共貫，別其異乃能統其同，觀其通乃能知其所以別，或此詳彼畧，或相反相成，所貴乎好學深思，心知其意也。

一、十篇說經易家當同，但費氏不別立章句，惟據傳義口授其說耳。或謂費氏以傳附經，則殊不然。《漢書》稱費直以《彖》、《象》、《繫辭》十篇、《文言》解說上下經，《繫辭》通論大義，豈可散附經下乎？鄭本即費本，魏高貴鄉公據鄭本言象象不與經連而注連之，是連經者注也，非象象也。下博士答云鄭某合象象於經，象象二字必注字之譌，語在《周易學·解紛》。象象合經實自王弼始，但六朝儒者或依王本寫鄭易耳。

一、施、孟、梁丘經或脫去無咎悔亡，惟費氏經與古文同。諸家既有脫文，則於傳義容稍有差池，費氏於此等處立說，當較密合。虞氏注孟易，考之《釋文》，未見無咎悔亡，或有遺脫，蓋仲翔已據費鄭本讀正。

一、十篇說經非如王弼之淺陋，於元亨利貞潛龍勿用但云「《文言》備矣」而已，既濟象傳曰：「利貞剛柔，正而位當也」，實釋全經利貞二字之通例，故虞氏以利貞為成既濟。惠氏據以釋乾卦，舉全經大義。如此融會貫通乃真能以傳解經者。今采取諸家申補鄭義皆以此為準。

一、唐以前易說精善者采入箋中，宋以後說錄入釋語。

一、鄭注殘缺已甚，魏晉以後，鄭學之徒所推說或稍失高密本意。如《六藝論》稱慮義作十言之教已立「消」、「息」，而鄭學之徒以為神農始重卦。《繫》注云「據此以言易，是文王所作可知」，以破易家以中古為包羲之說，而鄭學之徒遂云鄭以卦爻辭並為文王所作。若此之類，皆不同守文之說，語在《解紛》。

一、荀、虞、宋注見《集解》者采錄幾備，間有千慮之失顯然違失經意者，刪之，並於釋中辯正。

一、虞氏駁難諸家得失參半，其譏議鄭君則同門異戶之見，未探碩意，然鄭注之亡實由王弼，無與仲翔。二家注義往往相兼乃具。今深考經傳，推其異同之由，使學者無惑。

一、《禮記》《春秋傳》、周秦漢諸子所載易說及《說文》稱易異文皆采入

箋中，《釋文》所出諸家異字不盡采，采其尤要者釋之。

一、惠氏書自注而自疏之；姚氏書亦有注語。今或分別引之，或參合引之，各隨文便。

一、張氏《周易虞氏義》《易事》《易言》《易禮》等，各自為書，今比合引之，以見指撝，並申其隱義，使讀者一覽而悟。

一、稱引諸家，有刪字無增字。或既刪之後，必增字增句乃成文者，當文下注明某某字某某句，增雖一字之異必謹識之，示傳信也。

一、采取諸家有用賦詩斷章之例，節引其文、稍變易其義者，亦於當文注明。

一、故書雅記之文，有從惠、張、姚轉引者及友朋啟示一言之善，皆表明之，以協毋勦說之義。

一、伏羲畫卦、文王周公繫辭、孔子作十翼通例及諸家說易別例，《周易學・明例》已詳，釋語中亦時有申補。

一、聖人立象以盡意，象從義出，義因象著，言義不本象則義非其義，言象而不推明其義則象徒象，今慎思明辨，精審其象以極推其義，明象像爻效正言斷辭確有依據，日可見之施行，庶於聖人本天道立人倫，極深通志，研幾成務之旨有合。

一、惠、張、姚三家易學直追先漢經師，紹千載墜緒，然猶有參錯。今讚而辯之。此外若焦氏循破壞古義、用心於無用之地，而《原卦》一篇獨得作易要領；李氏富孫釋異文甚精；李氏道平《纂疏》亦平正通達，今頗采之。

一、惠、張求象過密，姚氏變易其法，又或專申己意而舍舊說。今細繹經傳，推尋鄭例，據象說義，先舉其大，乃及諸家異義，各如其說以通之。

一、《繫辭傳》淵淵浩浩，如元氣運行，渾然無迹，而每章每節脈絡次第皦如繹如，今反覆推求，一一詳釋，以補先儒所未備。

一、《集解》所載魏晉以後易說，此書所未采者，異同得失，《補釋》詳之。

◎周易鄭氏注箋釋序（賜進士出身誥授中憲大夫翰林院編修加二級吳縣曹元弼撰）：上古聖人何為而作易也？曰：易者元也，太極元氣函三為一，一陰一陽，壹壹渾淪，中德和氣，純粹至善，包囊萬有，誠一無為，是之謂易。分為天地，乾元統天，坤元順承，二氣交亨，化生萬物，各正性命，保合大和，萬物資始，乾元由坤而生。人為萬物之靈，天地之性莫此為貴。天地之大德曰

生，生人得天地生物之心以為心，莫不有仁義禮智之性以為生生之本，故曰立天之道曰陰與陽，立地之道曰柔與剛，立人之道曰仁與義。又曰：一陰一陽之謂道，太極也，繼之者善，乾元坤元也，成之者性，萬物資始，資生而物得其偏人得其全，故人之性善，此天地所以生人而使人人得以各全其生之本也。然遂古之初，屯蒙未啟，水土荒沈，草木榛榛，鹿豕狉狉，人與禽獸雜處，無爪牙角革之強，茹毛飲血，與絕有力飛走之倫爭一日之命，則其生視萬物為獨難。雖有聰明精粹可以自濟其生之性，而不能自覺天生上聖作之君師。包羲氏出，先知先覺，繼天立極，知人之超絕乎萬物，可參天地而為三才也。其所受乎天之性純體天地生生之德，即其所以各全其生之本。蓋仁，人心也，人不能離人而獨生，必與人以相生。而相生之本由於相愛，相愛之本出於父母之愛其子與子之愛敬其父母。此人心之元，推而行之可以普天地生生之德於無窮者。然民之初生，男女無定偶，人但知其母不知其父，則生之本不立而愛之理易窮。包羲氏知人性之善大異乎禽獸之雌雄牝牡不能以相別也，仰觀象於天俯觀法於地，幽贊神明變化之數，明察日月消息之象，知天地之經民是則之人道之興自別男女始，於是作八卦、垂憲象，畫乾以象天而稱乎父，畫坤以象地而稱乎母。示男女必有定偶以正生生之本，而夫婦之道立矣。乾坤三索成六子，夫婦有別，生生之本正，則父子之道立矣。夫婦別，父子正，則必使天下之為父者皆得子其子，為子者皆得父其父，老有所終幼有所長，無弱肉強食侵陵爭奪之患。於是因父子之道起君臣之義，乾為君坤為臣，父君道子臣道，聖王在上，舉天下之賢人以興利除害保育羣黎，而君臣之道立矣。是謂三綱。有夫婦父子則有昆弟，六子長幼有序，無相奪倫；有君臣則有朋友，陰陽類聚羣分，相求相應。是為五倫。三綱五倫互相經緯，終始相維。八卦重為六十四，類族辯物則人類別於禽獸，而生生之本終古不亂。備物致用則草昧變為文明，而生生之道日進無疆。設卦既備，本日月之行以起消息，發揮旁通，乾元周行，六十四卦三百八十四爻歸於既濟，復太極之體。明王開元建始，以孝治天下，則四海之內，父慈子孝，兄良弟弟，夫義婦聽，長惠幼順，君仁臣忠，朋友相任，合敬同愛以通天下之志，合智同力以成天下之務，致中和，天地位，萬物育矣。此包羲作易之大略。所謂天之經地之義民之行，在天為道，由元而亨亨而利利而貞；得於人為德，生生之謂仁，生生而條理之謂義，條理燦著成體之謂禮，知此之謂智，守此之謂信。聖人因人性固有之德以立道設教，夫婦之愚可以與知，夫婦之不肖可以能行，易知

易能，所謂易也。八卦定吉凶，吉凶生大業，罔罟耒耜等十二蓋取相繼而起，因時制宜以利民用。窮則變，變則通，通則久，所謂變易也。天下之變無窮，而天秩人倫、尊尊親親長長賢賢，男女有別，不可得與民變革。順是為善，反是為惡；順是為吉，反是為凶；順是為息，反是為消；順是為治，反是為亂；順是為君子，反是為小人；順是則相生，反是則相殺。六十四卦變化不同而同歸既濟，所謂不易也。故曰易者所以經天地理人倫而明王道，又曰易者天地之所變化政教之所生。此天開地闢以來第一大經大法，所以開神農黃帝堯舜百世聖人之先，使人類相愛相敬相生相養相保而不相殺，緜緜延延以至今日，可與天地無終極者也。故曰生生之謂易。六十四卦，一太極也；三百八十四爻，一乾元生氣之流行也。包羲時未有文字，畫卦蓋垂象以明示天下，即文字肇端。其開物也簡而明，其成務也大而切。天下之民，傳習其音讀大義。鴻濛一闢，瞭如指掌，家喻戶曉，故曰易者象也。曰天垂象聖人則之，曰法象，曰懸象著明。厥後《書》稱象以典刑，稱予欲觀古人之象。《周禮》正月之吉懸治象、教象、禮象、政象、刑象之法於象魏，本古之遺制遺名也。包羲之卦，歷世奉為治天下之大法，而因時變通之。故神農氏作，就包羲之卦，變其次首民，是謂《連山》。蓋包羲繼天而作，首定人倫。神農時人倫既定，水土漸平，作耒耜以濟罔罟之窮，取以人事成天地之功，故首民。黃帝又更神農之次首坤，是謂《歸藏》。耒耜既興，飲食則有，訟訟則有，眾起黃帝誅蚩尤定天下，取撥亂反正之義，由坤息乾，故首坤。然炎黃卦次雖異，而神農作明堂天子南面而聽天下；黃帝制禮作樂，建萬國，親諸侯，皆體乾元以出治。自黃帝創制九事，迄於唐虞而立成器以利天下之事乃備治，始於伏羲而成於堯。堯之所以治民，體乾道之極；舜之所以事君，體坤道之極。舜為天子五十年，皆以熙帝之載，蓋其無為而治如天，而其德合無疆如地，故曰黃帝堯舜垂衣裳而天下治，蓋取諸乾坤。自唐虞以上，易卦皆有象無辭。禹成二帝之功，以人事平地成天，與神農同，始因《連山》而繫之辭。湯放桀，撥亂興理，與黃帝同，因《歸藏》而繫之辭，孔子所謂「我欲觀殷道得坤乾」者也。及殷之末世，紂為無道，文王以聖德為天命人心所歸，三分天下有其二。撫殷之叛國，命三忠以奉勤於商。羑里之難，致命遂志，困而不失其所享，王臣蹇蹇匪躬之故。哀殷命之將訖而莫之挽也，憂生民之倒懸而莫之解也，日見暴主作威無藝，萬姓離心，諸侯背叛，懼民彝之從此大泯亂也。於是深觀天人之故而演易，上本包羲設卦垂象之意，首乾次坤，以顯天道、正人倫，原始

及中，類序六十四卦，著天下治亂、人事得失、天命靡常、禍福由己必然之驗，推三百八十四爻剛柔而生變化，窮極陰陽消息幽明之故、死生之說、鬼神之情狀以範圍天地之化，曲成萬物，和順於道德而理於義，窮理盡性以至於命。每卦觀其象而繫之辭，以明吉凶悔吝。吉凶者，失得之象也。積善之家有餘慶，積不善之家必有餘殃。出其言善，則千里之外應之；出其言不善，則千里之外違之也。悔吝者，憂虞之象也，言小疵也。惟聖罔念作狂，克念作聖，福生有基，禍生有胎。舜與蹠之分、利與善之間，纖介不正，悔吝為賊，知其神介如石焉。寧用終日，謂識小疵。勿以善小而弗為，勿以惡小而為之。辨之不可不早也。變化者，進退之象也。易道莫大乎贊化育，其次寡過。天地氣化本正，因人而亂。聖人位之，使復於正。人之性本善，因習而惡，聖人育之，使復於善。六十四卦自既濟外各有失位之爻，乾坤用九六則變成兩既濟，凡失位者皆當變而之正，上下無常，進退無恆，歸於各正。雖未濟之六爻失位，反之即成既濟。過無大，能改則復於無過，元亨利貞在天道則變化既成萬物也，在人事則帝王通變神化之治、聖賢變化氣質之功也。天地盈虛，與時消息，日月運行，一寒一暑，所以大明終始，六位時成。天地之道貞觀者也，日月之道貞明者也。惟其進退，是以貞也。剛柔者，晝夜之象也。乾剛為晝，坤柔為夜。晝以喻君夜以喻臣。終日乾乾，以陽動也。夕惕若厲，以陰息也。因日以動，因夜以息。居上位而不驕，在下位而不憂。通乎晝夜之道而知也。自復至乾，由夜而晝；自姤至坤，由晝而夜。君子尚消息盈虛，天行也。六爻之動，三極之道也。天道陰陽，地道柔剛，人道仁義。易備三才，至誠無息，所以參天地。六十四象皆天地之道，而君子以之也，列貴賤者存乎位，天尊地卑，陽升陰降，天地設位，陽正上中，陰正下中。陽居陽陰居陰為得正。君君、臣臣、父父、子子、夫夫、婦婦，不易之定位，得位則吉，失位則凶也。齊小大者存乎卦。陽為大陰為小，泰小往大來，君子道長小人道消；否大往小來，小人道長君子道消。易道泰不使為否，否必使為泰，故大人吉而小人否也。凡此皆包羲立象盡意，設卦盡情偽，以吉凶之教開萬世知覺者。至文王繫辭而大明，既作彖辭以舉六十四卦大義，復於乾坤二卦每畫觀其用事而分繫之辭，明乾元用九而天下治成。既濟定為諸卦變通盡利、鼓舞盡神之準，知周萬物而道濟天下，是謂《周易》。文王之書易也，繫包羲於乾五而自居乾三，曰「君子終日乾乾，夕惕若」，為臣止敬懼以終始也，於坤五曰「黃裳元吉」，明當降乾二忠順之至也。於晉曰「康侯用錫馬蕃庶，晝日三接，順

而麗乎大明」，事暴主與事聖主同也。於明夷曰「利艱貞」，身雖蒙難，猶望箕子之貞之也。雖其道甚大，初不限於一時一事，而惓惓至忠，情見乎辭，欲祈殷命而濟生民，一卦一爻之中三致意焉。故夫子三陳九卦，反覆贊歎，以明聖人人倫之至而稱之為至德。《詩》曰「文王之德之純」，此之謂也。迨成王之初，周公避流言之難，既作《七月》、《鴟鴞》之詩，主意於豳公之事。復本文王憂患生民之意，繼演屯以下爻辭，憂深思遠，探賾索隱，每卦本《彖辭》，依據立卦生爻以斷吉凶之大義，準乾坤十二爻由元而息，由畫而變，變化各正之大例，觀六畫剛柔得中失中、得正失正、有應無應，或以陽據陰，或以陰承陽，或以陰比陽，或兩陰兩陽相比而不相得，各隨卦之時義成卦之由。正象互象所示與夫終始之序、遠近之位、貴賤之等，雜合爻物以論其動之吉凶悔吝。當變不當變歸於遷善改過，去逆效順，思患豫防，濟否貞泰，則身安而國家可保。崇盛德而廣大業，自天右之，吉無不利。其辭約，其旨遠，擬之而後言，議之而後動。夫子《上繫》八爻、《下繫》十一爻，所釋皆其本意推而論之。剝之初二皆曰「蔑，貞凶」，四直曰凶，明剝非一朝一夕之故，禍至而不知蔑貞，故凶也。三不言凶，陰消至三，成否猶望其反泰而不終剝也。五貫魚无不利，剝及天位，君子懼之，望陰之承陽而陽復正也。上碩果不食，明乾元不亡，剝窮於上則復生於下也。復初不遠復辨之早，見天地之心，吉之元也。二至五以比陽、應陽、息陽而復，雖安勉不同，其復一也。上迷復即剝廬之小人，非不能復，迷不知反也。不仁而可與言，則何亡國敗家之有？泰之三曰「艱貞無咎」，憂勤惕厲則泰不反。否其上曰「城復於隍」，今之否者即昔之泰者。殷鑑不遠，在夏后之世也。否之四曰「有命無咎，疇離祉」，損上益下則否可反泰，其上曰傾，否先否後喜，生於憂患也。其論殷周之際，舉文王服事之道；以立人倫極則舉殷紂敗亡之禍以垂萬世深戒。三百八十四爻，天則見，人事浹，王道備，秉文之德以右羲之神，其後攝政致太平，經禮三百曲禮三千，事為之制，曲為之防，天下兵息刑措，成既濟之世，所謂「舉而措之天下之民，謂之事業」。此文王本包羲之卦而作易辭，周公述而成之之大略也。曰：伏羲作十言之教，曰乾坤震巽坎離艮兌消息，謂之易而已，文王又加以周之名，何也？曰：易道周普，無所不備，易者元也，元藏於中而形見於外，天地定位，山澤通氣，雷風相薄，水火不相射，而四時行焉，百物生焉，周也。乾坤，易之門，乾為天為圜，坤為地為布，天圜而地布，布乎其中，天地設位而易行乎其中矣，周也。日月為易，晝夜寒暑晦朔弦望，終而復始，周

也。易變而為一，一變而為七，七變而為九，陰陽相並，二與一俱生，二變而為八，八變而為六，二氣迭變而積，積而交，交而壯，壯而究，究而合，天一地二天三地四天五地六天七地八天九地十而五行生成之數出焉，十日之象著焉，積而為五十五，所以成變化而行鬼神，周也。聖人作易以吉凶之教，開民知覺，幽贊神明，自然之數以生蓍為立卦之本，大衍之數五十，備三才五行，虛一以象太極，分二以象兩儀，揲四以象四時，四營而成易，十有八變而成卦，六十四卦積蓍策萬一千五百二十蓍之德圓而神寂然不動，感而遂通天下之故。所遇而成卦，一卦可變為六十四，一策可引伸至萬一千五百二十，極數知來，萬變不窮，周也。蓍策四營成七八九六之變，觀變於陰陽而立卦，三畫成乾，以坤偶之，交索成六子為八卦，相錯為六十四卦，六十四卦之陰陽皆乾坤之元也，天下之動貞夫一，陰麗陽而生，乾元亨坤而陰陽之物各資天一元氣以生，周也。元為本，卦為體，爻為用，發揮於剛柔而生爻，乾二五之坤成坎離互震艮巽兌覆成八卦，乾坤十二畫剛柔相推成消息十二卦，十二消息剛柔相易覆成六十四卦。息復成乾，消垢成坤，坤又息復，剝復夬姤之間陰陽相摩相蕩，乾元周流，無一息之停，精氣為物，游魂為變，坎離終始，否泰循環，周也。帝出乎震，齊乎巽，相見乎離，致役乎坤，說言乎兌，戰乎乾，勞乎坎，成言乎艮，帝，元也，易之神也，出震齊巽，以至於艮，終則又始，周也。萬物始乎乾終乎坤。而闔戶謂之坤，闢戶謂之乾。先闔後闢，故《歸藏》首坤，由坤而乾也。帝之化育萬物，出乎震，成乎艮，而艮成終即成始，故《連山》首艮，由艮反震也，周也。太極生兩儀，兩儀生四象，四象生八卦，本兼蓍卦言之，傳文相證自明。而就八卦既成觀之，乾即太極也；以坤兩之，即兩儀也。乾坤二五相之成坎離，備陰陽之卦，即四象也。陰陽卦各三合之，乾坤八卦也。以揚子《太玄》準易之法推之，則一而二，二而四，四而八，由是四畫而十六，五畫而三十二，六畫而六十四，自下而上，每加以倍，至四畫而互成十六卦。六十四卦既成，以中四爻互之，仍歸於此十六卦。故孔子《雜卦》以互卦十六錯綜六十四卦。其生卦之次以乾兌離震為陽，巽坎艮坤為陰，與日月在天消息之象合。蓋六十四卦周流皆通，故伏羲立卦生爻，陰陽相變。三易卦序異而理互通，文王序卦以反類為經、旁通為緯，孔子既明其義，更以互卦錯綜之。而大過以下又變其例以明六爻循環可互。後世經師所傳六日七分、八宮卦、世爻辰、兩象易之等，皆象所包而辭所及，廢一不可也，執一不可也，周也。乾元亨坤，周行六十四卦，六十四卦各得乾坤之元

以為元，元發為畫，畫變為爻，爻極乃化，陰陽迭化，互為其根，周也。六十四卦同本乾元，同成既濟，而其所以為既濟者不同，同歸而殊途，一致而百慮，周也。蓋包犧之易本無所不周，故文王以周贊之。乾元託位於五，大人與天地合德，日月合明，四時合序，鬼神合吉凶。先天而天弗違，體太極也；後天而奉天時，成既濟也。周易之謂也。易簡而天下之理得，天下之理得而易成位乎其中，變易不易，一以貫之，周易之謂也。先王有至德要道以順天下，元也，易也；民用和睦，上下無怨，通於神明，光於四海，無所不通，周也。為政以德，如北辰之居其所，易也；無為而天下歸之，如眾星之拱極，周也。人性皆善，易也；擴而充之，人皆可以為堯舜，推恩足以保四海，周也。易無所不周，周所以為易。而說者不察，徒以周之字與岐陽地名同，遂專以代號解之，亦淺之乎測易矣。曰：《周禮》太卜兼掌三易，禮筮人書卦以三易，旅占夫子稱乾坤之義以觀殷道，則《歸藏》必湯與伊尹所制，推之《連山》亦必出自禹皋，夫子置不贊，而獨於《周易》讀之韋編三絕，傳之文累十篇，何也？曰：《連山》首艮，《歸藏》首坤，因時垂象，一代之書也。《周易》復包犧之次，首乾次坤，象天法地，陽倡陰和，君親以尊，臣子以順，人道之大本在是，萬世之書也。《繫》曰「天尊地卑，乾坤定矣」、《序卦》曰「有天地然後有萬物」，因歷說男女、夫婦、父子、君臣、上下禮義有所錯，此犧、文立教之本意，天地之常經，古今之通義也。且《連山》、《歸藏》占象，《周易》占變，《春秋傳》其卦遇蠱、其卦遇復，辭不見《周易》，必夏殷易文。其於《周易》則皆曰遇某之某，蓋夏殷易有象辭而已，變化之道猶待後聖引而伸之。《周易》有象復有爻，則天地萬物之情見而天下之能事畢矣。《繫》曰「聖人有以見天下之賾，而擬諸其形容，象其物宜，是故謂之象」，包犧所以開易道之宗也。又曰「聖人有以見天下之動而觀其會通，以行其典禮」，《繫辭》焉以斷其吉凶？是故謂之爻。文王所以集易道之成也。周公監二代而制禮，文王亦監二代而作易。二易大義俱在《周易》中，觀十翼可見。禹抑洪水而成既濟，湯除暴救民而成既濟，彖爻辭多利涉大川、利用行師之文，亦《周易》兼包二代而制禮之見端，孔子贊《周易》而《連山》、《歸藏》在其中矣。自生民以來，聖人得位，吉凶與民同患，立政施教，以措天下於既濟者，始於包犧而極盛於堯舜。聖人遭亂，憂患生民，立言垂教以開後世之既濟者，始於文王而極盛於孔子。天下有治必有亂，人情愛惡相攻，遠近相取，情偽相感而天下從此多故矣。包犧豫見之，而文王親歷之，至孔子時王者之迹熄而邪說暴

行作，臣弒君子弒父，諸侯亡絕奔走不得保其社稷者不可勝數，生民糜爛，岌岌乎將成戰國暴秦積血暴骨之敗。夫子體天地之大德，欲以文王、周公之道救之，故曰「文王既沒，文不在茲」乎？又以不復夢見周公感嘆年衰。《春秋》書元年春王正月，王者孰謂？謂文王也。周道所自始也。既刪詩書定禮樂，又以易為天地剖判以來人倫聖教王道之本，因文周之辭推包羲之卦，窮極性命之理，知天地之化育，神遊皇古，如或見之，故繫蓍卦之德而深歎之曰「神以知來，知以藏往」，其孰能與於此哉？古之聰明睿智神武而不殺者夫？又曰「聖人以此齋戒，以神明其德」，夫何慨慕若斯之至也？又論文王事殷之道，深切著明，低徊往復，長言詠歎而不能已，蓋包羲之義盡於象，惟文王能見之；文王之情見乎辭，惟孔子能知之。荀子曰「文武之道同伏羲」，揚子曰「仲尼嘗潛心於文王矣，達之。」而班孟堅之賦《幽通》以昊、孔合言，皆與聞易道，知先聖後聖之一揆者。《繫》曰「神而明之，存乎其人。默而成之，不言而信，存乎德行。苟非其人，道不虛行。」鄭君曰：「惟聖人能知聖人也。」凡人不知文王、周公據羲畫而作易，布在方策，施之筮占，以前民用。《春秋》內外傳筮史占辭，於未來之吉凶非不灼然先見也，然止於據爻象推休咎而已。其於聖人作易大義大例，咸幽冥而莫知其原。獨魯號秉禮，頗傳舊聞。故韓宣子來聘，見《易象》與魯《春秋》曰「周禮盡在魯矣。吾乃今知周公之德與周之所以王。」而元亨利貞黃裳元吉之辭，賢者不賢者皆能述古訓，然亦知其當然而未知其所以然。蓋包羲之易至精至變至神，文王之經旨遠而辭文、言曲而事隱，一卦一爻之中具有天下古今之大。祝史陳數而失義，學徒誦言而不能深造，故曰書不盡言言不盡意。然則聖人之意其不可見乎？又當時邪說流行，彝倫顛倒，天淵反覆，聖法殄殘，易道用是晦盲否塞，故曰乾坤毀則無以見易。易不可見則乾坤或幾乎息矣。夫子以天縱之聖，達天德，知天命，假年學易，探元極賾，精義入神，窮神知化而極贊之，憫易之不明於天下也久，反覆提撕以曉萬世，故曰「夫易何為者也？夫易開物成務，冒天下之道如斯而已者也」，又曰「夫易聖人之所以崇德而廣業也」，又曰「夫易聖人之所以極深而研幾也」，明易之為易，廣大精微，乃上古聖神體天地之撰，通神明之德，至誠盡性以盡人性盡物性，濟天下生民，開萬世治法者，道義之門，事業之本，非晚近卜筮佔畢之徒所說而已。《彖傳》每卦推本重卦生爻以明觀象繫辭之旨，而後包羲之卦準天地類萬物，消息吉凶包含萬變，可得而見，《象傳》舉六十四象準以人事，而後萬世之天下可得而治，每爻辨其時位得

失，明其義吉其義凶其義無咎，而後趨吉避凶，不失其正，以範天下之動，成德行而率典常。君子舉動皆易，則時止時行，其道光明，天人交助，吉無不利。《繫辭傳》發凡起例，推著卦爻之本，極辭象變占之用，自太極未分，一陰一陽之道，陰陽不測之神，天地設位，日月懸象，消息變化屈信之理，動靜闔闢生生之幾，聖人象天法地，通德類情，因性立教，制法利用，明憂患，知險阻，定吉凶，成亹亹，仁覆天下，導濟無窮，與夫人事得失國家治亂安危之故，一以貫之，洋洋乎發育萬物，峻極於天。六十四卦三百八十四爻，象之所示，辭之所告，吉凶之所斷，大經大緯胥在乎是。《文言傳》詳說乾坤二卦，明天道聖學王教之極致，為六十二卦舉例。《說卦傳》提作易綱領，昭若揭日月而行。《序卦》《雜卦》古今治亂循環禍福倚伏、危者使平、易者使傾之理粲然分明，終於夬君子道長以息乾，而易道周、羲、文之旨無餘縕矣。夫易道至深，羲之畫，人但見其陰陽奇耦，而孰知其縕乃如文之辭；文之辭，或舉人事一端，而孰知其縕乃如夫子之傳。夫子必通前聖之意而闡明之。豫之辭曰「利建侯行師」，而傳推其意至於天地聖人以順動。頤之辭曰「觀頤自求口實」，而傳推其意至於天地養萬物化生，聖人感人心而天下和平，此咸亨利貞之大義也。恆彖曰「天地之道恆久而不已」、「聖人久於其道而天下化成」，此恆亨無咎利貞之大義也。乾坤《文言》及上下《繫辭》所說諸爻，皆擬議動賾成變化之本意，《彖》《象》《繫》所舉大例曰陰陽、曰消息、曰剛柔、曰當位、曰應、曰時行、曰旁通、曰互、曰中、曰正、曰往來上下、曰變化，以及八卦之德、三才之道、元亨利貞吉凶悔吝之通義，求之經文觸處皆是，如弦應矩如水逢源。然當夫子未作傳之先，則微言奧義曠絕不傳，人亡政息簡測無聲，不啻皎日蔽乎蒙氣四塞之中，天球隱於積石千仞之內，苟非聰明聖智之極、好古敏求之至，安能就至深至微至精至簡之文，沿流溯源，貫徹本末，章往察來，顯微闡幽，如斯之昭炳光明哉？易為普天大地中道德倫理政教之始，五經之原，人類生生之本，得夫子之傳，而羲、文利濟萬世之功乃與天地無終極。《中庸》曰「惟天下至誠為能經綸天下之大經，肫肫其仁，淵淵其淵，浩浩其天」，天道至教、聖人至德，此其大原也。子貢曰「夫子之言性與天道，不可得而聞」。當時惟顏子體此道，夫子擬之復之初九，十翼既成，七十子身通六藝者，蓋備聞之。曾子、子游、子夏傳述大義，《禮運》、《樂記》《孔子閒居》《天圓》等篇多與《易傳》相表裏。《大學》誠意、正心之訓尤揭綱要，子思本之作《中庸》，明性道教之，原至誠無息、致中和、贊化育之能事，實《繫

辭》義疏。孟子傳其學，道性善，稱仁義，明人倫，息邪說，卓乎大易微言，聖學正傳。而專經授受之學，自商子子木受易於孔子以授橋庇子庸，子庸授馯臂子弓，子弓授周醜子家，子家授孫虞子乘，子乘授田何子莊所謂淄川田生者也。秦焚書，易以卜筮之書不禁，故傳授不絕。漢興，田先生以易授王同子中、周王孫、丁寬子襄及伏生，皆著《易傳》。子中授楊何叔元，丁將軍授田王孫，王孫授施讎、孟喜、梁丘賀，三家各為章句，立學官。傳至後漢，並有達者。焦延壽從孟喜問易，以授京房，既撰次《章句》，又有《易傳》、《積算》等書，為京氏學。費直治易，以《彖》《象》《文言》《繫辭》等十篇解說上下經，無章句，口授其義，為費氏學。此外又有高氏及韓太傅嬰治易。韓氏自傳之，師承原委，兩漢《儒林傳》章矣。劉子政稱易家皆祖田何、楊叔、丁將軍，大義略同，惟京氏為異。倘焦延壽得隱士之說託之孟氏，史又稱孟喜得易家候陰陽災異書，託言田生所傳。夫易之為道也屢遷，不可以一端盡。羣言淆亂折諸聖，苟於經傳有合則皆道之所存，而爻象之所取，焉用援白而嘲黑乎？孟氏所傳卦氣、坎離、震兌、方伯之位與《說卦》合；六日七分之法明見復卦經文，而《上繫》諸爻中首中孚，《下繫》諸爻首咸，中孚至復、咸至姤皆六日七分，其為古法章章甚明。孟氏說易本於氣，而以人事明之。八卦六十四象、七十二候，諸儒祖述之，莫能具。以揚子雲之博極羣書好深湛之思，而其作《太玄》，依孟氏卦氣以準易，明長卿之學具有本末，不可得而訾也。京氏世應、游歸之說，荀氏用以解經。乾起坎終，離坤起，終坎。故乾遊歸用離，坤游歸用坎，消息至理存焉。且孟、京章句與災異之說各自為書，張皋文謂君明自以易說災異，未嘗以災異說易，斯為通論。子政所謂京氏獨異者，蓋《易傳》、《積算》言之耳。費長翁之學，班書不詳其所自來，惟云劉向以中古文校施、孟、梁丘經，或脫去無咎、悔亡，惟費氏經與古文同。則與《書》孔氏、《詩》毛氏、《春秋》左氏並為古學，其說上下經依據十篇，實為治易定法。以鄭、荀、宋易注及鄭《乾鑿度》注推之，當與諸易家大義略同，以十翼為折衷云。後漢許君叔重作《說文解字》，易稱孟氏、鄭仲師、馬季長、荀慈明、宋仲子，皆治費氏易；我先師鄭君康成，先通京氏，後注費氏，又注《易乾鑿度》等篇，蓋田楊以來舊說盡在其中，虞仲翔世傳孟氏易，陸公紀治京氏易。三國以後，孟學有姚氏、翟氏、蜀才氏，京學有干氏，費學有董氏，而劉子珪說易多遵鄭義，九家集解以荀為主，別有子夏傳。蓋六朝易家采會古說而成，自孔子授商瞿以後，易學相傳系聯，不絕師說。於今可考見

者如此。當漢之季，天下分崩，將有數百年大亂，天為斯文篤生明德鄭君，隱修經業，清風亮節，師表人倫，與大易樂天知命、安土敦仁之道合。晚為袁譚所逼，至元城不進，從容注易以終，可謂素患難行乎患難無入而不自得，守死善道，造次顛沛必於是者，其注原太極中和之德、乾坤易簡之理、五行生成之位以定陰陽，象變七八九六之數，依據卦象爻互三才六位得失應據承乘卦氣消息，參諸爻辰，準乾坤十二畫成兩既濟之位，明陰陽六爻上下，約以禮象，著人事善不善之應，明貴賤之等，辨大小之序，正不易之倫，經綸制作，與詩書禮樂相表裏。後有王者，監儀在時（以上七句用張氏語），惜殘缺已甚，消息變化之用不可得而聞。然卦辭之注猶多存者，皆光明正大為修身正家治天下之典則，易教本意莫此為著。荀君承令德之後，篤學勵行，所謂八龍無雙、大直若屈，就徵為司空，圖誅董卓，幾振國命，其注推乾坤之本合於一元，六爻升降，雲行雨施，陰陽和均而得其正，乾坤二卦成兩既濟六十二卦，皆準此位，卓乎得易之大義。九家本其說，謂夫子三陳九卦，明文王事殷之道，尤見聖人之心有功名教。虞君習經於枹鼓之閒，講論於戎馬之上，既注易奏上之獻帝，曹操欲引致之，叱曰：「盜跖欲以餘財污良家邪？」其注考日月之行以正乾元，原七九之氣以定六位，運始終之紀以敘六十四卦，要變化之居以明吉凶悔吝。六爻發揮，旁通乾元，用九則天下治，以則四德（「考日月」以下，張氏語）。蓋因荀注而益加精，又每於陰消之卦著弒父與君之戒，蓋目擊天下大亂，欲防微杜漸，深塞逆源也。三家之學於易道思過半矣。此外宋陸姚諸家亦多精義，干令升推論人事，取象雖少，駁雜而崇論閎義維持世教之功甚大。自王弼借老、莊以虛辭說易，創忘象之說，盡破古經師家法，至顯背聖人立象盡意之訓而不顧，雖用舊義，深沒其本，閒有名言，得不償失，浸淫不已，遂啟清談誤國廢禮壞坊之禍。夫老子本《歸藏》之學，莊子得子夏之傳，如仲翔所引自知者明、自勝者強、善建者不拔之等，固與易相表裏，但仲翔取老子精義以證易，王弼則穿鑿易文以附合老、莊，飾虛逞臆，並非老、莊本旨。初時猶與鄭學並行。未濟之世，君子道消，風會遷流，是非無正，《桑》《濮》亂雅，紅紫奪朱，《折楊》《黃華》嗑然而笑，鄭學由是浸微。六朝諸儒說易，每出入鄭與王弼閒，朋於王者多。唐興，天下一治而俗學習染既深，雖陸元朗、孔沖遠之洪雅博聞，而《釋文》、《正義》猶以王為主，然鄭、荀、虞諸家舊義頗賴以存。且沖遠解經，平實說理，似多因鄭義而推衍之。余嘗愛《文言》「聖人作而萬物覩」、《正義》「聖人有生養之德，萬物有生

養之情」二語，以為深得生生為易、乾元顯仁之意。蓋王弼緣飾老、莊，孔氏始返之於儒，其功不可沒也。厥後李鼎祚為絕學，於舉世不為之日，集虞荀等三十餘家，刊輔嗣之野文，補康成之逸象，漢師遺說墜緒茫茫百世之下得有所考，惟此書是賴。可謂豪傑之士扶弱輔微、干城大道者。李君本治虞學，且其序云「王鄭相沿，頗行於代」，則當時鄭易雖不立學，猶有好古之士傳習此書意在表微，故引荀、虞注視鄭為多。又消息變化之意，鄭與荀、虞大同而虞氏逸象特多，故以虞補鄭，則輔嗣野文自不得而淆亂。曰刊曰補，從違之意昭然可知。且鄭注藉以存者亦復不少，惜其所撰《索隱》不傳，故綱領條目去取先後體例猝難究詳。宋濂溪周子、明道程子、橫渠張子通論易義，旨深言大，伊川程子因孔氏《正義》而實以精理，用功至深，多與漢儒暗合。如云凡一陽五陰之卦以一陽為主，一陰五陽之卦則不以一陰為主；及說蹇往得中，晉睽鼎柔進而上行之等，皆妙合神怡；履訓踐又訓藉，履物為踐，履於物為藉；姤言防小人即言求君子。按之經傳及漢師說，渙然冰釋，怡然理順，精言至論，皆致用崇德之要，鄭易而後斷推此書。康節邵子究極理數，所傳河洛先天之說，後儒或力攻之，然河圖即天地五十有五之數，為生蓍立卦之本；洛書即《易緯》太一行九宮之法，與「帝出乎震」一節用異而位同。北周盧僕射說明堂已目此數為龜文，先天加一倍法與《太玄》合、八卦分陰陽與《參同契》合。蓋立卦已備，比六十四卦陰陽之畫而觀之，以起消息、推剛柔之事，與虞氏之法同源而分流。要之，河洛先後之名不必深求，其法則確有所由來也。晁以道始考《周易》古本，東萊呂氏為之音訓，而《漢志》易十二篇、《魏志》稱鄭本象象不與經連而注連者，至是乃復其舊。此三者窮理極數考文之事，朱子兼之，作《本義》《啟蒙》，嘗曰易之為象必有所自來，顧今不可考則姑闕之。蓋自王弼以來古學盡亡，師傳歇滅，且千年欲一旦而叢棘盡闢谿成大塗，斯固難也。他若朱子發考古義、王伯厚輯鄭注、楊誠齋論政治，及諸有道名儒篤學精研，歷元迄明，撰述益多，各有心得。然漢儒絕學猶未能續，羲象文言、孔門大義猶偏而未舉。我朝列聖體乾坤大生廣生之德，茂育萬物保民無疆。聖祖仁皇帝欽明文思，稽古同天，以乾元之德處乾五之位，先天弗違，後天奉時；龍德而學，天下文明，萬國咸寧，成既濟定。當是時也，純儒滿朝廷，循吏徧垓埏；太平德洽，和氣彌綸；三光全，寒暑平，風雨時，五穀熟；人民不疫，庶類咸若；孝弟仁讓，化行陬澨；風俗茂美，比戶可封；立我烝民，莫非爾極；四海之內，幾無一人之麗於刑；遠出漢文斷獄四

百之上；德厚同覆載，美利利天下。嗚呼聖哉嗚呼仁哉！羲矣夫！農矣夫！
黃帝堯舜矣夫！御纂《周易折中》顯道神德，窮高極厚，自天地消息神明變
化，聖學誠敬之要、王道中正之極、人倫忠孝之則，知人安民，仁智之大用，
與夫人事言動進退得失古今治亂之故，一兼綜而條貫之，由程朱傳義旁羅百
家，自漢以來囊括靡遺，折衷睿斷，精發經義，一字一句，剖析窮源，文理密
察，宏義奧旨，與前聖相酬酢，發千古所未發，而易知簡能，適得乎人心之所
同然。隨在見位天地、育萬物之氣象淵懿，如文王明備，如周公集大成，如孔
子聖治之，所以超越漢唐而與唐虞三代同風者，皆於此可見焉。聖聖相承，
重熙累洽，五行秀氣，儲精萃靈，蔚為人瑞，篤生通儒，向聖學所指興廢繼
絕、闡揚道真，以光大化。惠徵士棟，承累世易學，沈研鑽極，探索旁通，作
《易漢學》敘述漢經師家法，明辨以晢。作《周易述》融會荀、虞，參酌鄭、
宋，其大要在正乾元以立中和之本，乾坤相通，以陰從陽，成兩既濟。六爻和
會，剛柔位當，是謂元亨利貞。依據既濟彖傳，創通義例，提契綱維，六十四
卦陽息陰消，往來上下，變通趨時，歸於各正。乾元一以貫之，雲行雨施而天
下平。全經言四德之義，有相合無相離，所謂至誠贊天地之化育，易備三才，
六十四象皆稱君子。時有否泰，位有失得，君子因時以處中，閑邪以正己正
人，故學易無大過，其書融貫羣經網羅載籍，古訓是式，理博辭純，足以明道
立教。蓋自魏晉以後易道榛塞，唐宋大儒復古未逮，至是而微言大義絕者始
續乖者始合，此豈惠氏一人心思才識之獨優？乃聖人在上金聲而玉振之。如
乾元之始萬物有以迪民哲於無窮也。自是達才繼起，張編修惠言因惠氏學而
加精，成《虞氏義》《虞氏消息》，推本太極氣變一陰一陽，列乾坤六位以正八
卦，考日月進退審察消息，陽盈陰虛，坎離交會，剛柔相摩，屈信往來，以敘
六十四卦，每卦據消息以明爻象，變動吉凶之由息卦成既濟，消卦取息陽，
泰反復道則息乾，否上益初則反泰，始於復終於坤，坤又出復，積善餘慶，乾
元周流不息，文約理該，斯為絜靜精微。《虞氏易禮》推禮象至確，《易事》
《易言》通達治體，辯君子小人消長之幾、國家安危存亡之故，足為從政者
蓍蔡。《鄭荀義》《易義別錄》《易緯略義》亦多精言。惠、張易學皆主虞氏，
兼及鄭、荀。姚明經配中始由虞荀以通鄭，本《乾鑿度注》以推鄭君注易大
例，作《周易學》，以為易者元也，乾元坤元交成六十四卦，卦各有元，皆本
乾坤，元者一一，元發為畫，六畫成體，陰陽氣著，是謂七八；卦變成爻，動
而用事，是謂九六；爻極乃化，九六又變，則陰陽易。元起於初終於上而藏於

中，故乾元位五，坤元位二，六爻皆元所為亦皆元所用，乾元用九坤元承乾，則陰陽各正六十四卦之爻。得位者皆不可化，失位者當化之正，一如乾元之用既濟之位，是謂典禮。君臣父子夫婦昆弟朋友各行其所當行，典禮行則得失著，得則吉失則凶，吉人動而為吉事吉報焉，凶人動而為凶事凶報焉。若凶人而變為善，吉人而反為不善，則皆化矣。易者易也，易簡之善，乾坤合於一元也；變易也，元之發動而為畫爻也；不易也，六十四卦皆化成既濟也。其書博采羣籍，據象說義，能見其大。又推論文王忠敬之心，著明確當，可謂智足知聖、明於大誼者。三家之學直追先漢，上紹孔門，非聖治之隆經緯天地、是彝是訓、重明麗正、化成天下，曷克臻此。於文，日中視絲謂之㬎，此其象乎？元弼之生，當同治之初大亂削平、文治重光之日，憶三歲時先祖考雲洲公示以八卦，奇耦頗能辨別（公博稽六藝，承曾祖考敬堂公之學，以醫濟人，宅心至仁，全活無算。祖妣陶太夫人仁孝恭儉，好禮樂善，生平行事及先世德行俱詳行述）。四歲識方名畢，先考錦濤府君教以《易本義》前卦歌，乃授讀四子書以及羣經，朝夕趨承庭訓依奉慈規（先府君秉性正直光明，嘗以羈旅一身拯數千人於顛沛倉猝間。先妣倪太夫人至孝篤慈，宗族鄉黨翕然歸仁。事蹟俱詳行述）。又從先舅氏師倪聽松先生受學，講明切究誼理，文辭至精且詳。少長補博士弟子，承座主黃漱蘭先生指示，不揆檮昧，篤志經術，由《詩》及《禮》，繼而中拔萃，舉孝廉，成進士，官閣部，獲觀乎在位通人、處逸大儒，見海內故書雅記益多，前後十四五年覃精研思，專力在禮。以其閒成《禮經校釋》，每日夙興必莊誦《孝經》《論語》，餘功兼及諸經，而於易用功較多。沈潛既久，豁然悟大道一貫之旨蓋六經同歸，其指在禮。聖人生養天下，萬世之道在愛敬，而愛敬之本在人倫。天下之達道五，自伏羲作易，繼天而定之；堯舜禹湯文武《詩》《書》所述，政教皆由此出；周公制禮，其極則也。孔子作《春秋》，其大法也；作《孝經》，其大本也；《論語》《孟子》，其微言也。自伏羲至孔子，歷年之久，不盡可得而記聞，而道之若合符節如此，所謂天不變道亦不變，雖百世可知也。光緒丁酉、戊戌閒，應閣部張文襄公聘，主講兩湖書院經學，與執友梁文忠公同編《經學文鈔》，先成《周易》二冊，皆發明大義，通貫源流之文。講授之暇，恭讀《周易折中》，每卦以《注疏》《集解》、惠張姚三家之書及其他易說之善者比次觀之，欲為《周易鄭氏義》，先作序文、定義例，甫屬草而文襄師以世道衰微、人心陷溺、邪說橫行、敗綱斁綸，作《勸學篇》以拯世心，內有《守約》一章立治經提要鈎元之法，約以《明例》《要旨》

《圖表》《會通》《解紛》《闕疑》《流別》七目，冀事少功多，人人有經義數千條在心，則終身可無離經叛道之患，屬元弼依類撰集《十四經學》，自《周易》始。積年沈思，確知聖人作易，次第說卦，至明《繫辭》「易有太極」一節，兼生著生卦言，而立卦生爻劃然二事：重卦為立卦之事，法天地之道；消息為生爻之事，法日月之道。彌縫惠、張之闕以破焦氏循變亂古義之惑，語在《明例》。又因治易得治《春秋》之法，灼然如晦見明，語在《會通》。歷十年餘成《周易／三禮／孝經／論語／孟子學》，餘經猶未及寫定而文襄以湖北存古學堂教事相屬，我蘇諸大吏亦繼立存古屬主持其事，陳伯平中丞又以《禮經校釋》進呈德宗景皇帝御覽，蒙特授清秩，元弼感激天恩，不知何以仰酬高厚於萬一，慨念世變橫議放恣、日甚一日，怵然有載胥及溺之憂，日以綱常大義與學者苦口討論。譽髦斯士，翕然感發，而滄海橫流，非一葦所能障，一傅眾咻，惡其害己而去其籍，勢所必至。宣統辛亥之夏，存古竟廢，嗚呼！告朔餼羊，聖人猶愛其禮；被髮祭野，識者知其為戎。人心如此，大亂必起。豈獨國家之厄，實萬萬生靈之大憂。橫覽中原，禍機四伏，念天地之悠悠，獨滄然而涕下，吾不忍斯人之遂淪於禽獸而莫之覺也。殺機日熾，人將相食而莫之救，遂泯泯以俱盡也。閑先聖之道以待後之學者，不敢不引為己任。於是深念洪荒初闢以來，中國聖教王道所自始、人類所以孳生不絕之由，反本復始，潛心學易，以前儒之說猶有未盡，更定體例，以鄭注為主，采荀、虞諸家及古易說為之箋，而以己意貫穿惠、張、姚氏及各家說釋之。論次方及坤之六四，而禍水滔天孽火燎原，三綱絕紐大陸遂沈，天地閉，賢人隱，流離轉徙，潛伏海濱，上維主憂臣辱主辱臣死之義，下念周餘黎民靡有孑遺之慘，痛哭呼天，拭涕著書，新都飾詐，不義相洊，矢死靡慝，龔鮑與期，天之方蹶，亂靡有定，拂頤凶悖，十年愈甚，目駭赤眉，足避鐵脛，憂心如焚，百病交攻，痾無可養，學不敢廢，吾生靡樂，我道非邪，天實為之，謂之何哉？其閒又遭先兄文愨公之喪及從兄君直閣讀學鄒雲巢、葉鞠裳兩前輩，梁節盦少保、張聞遠同年相繼而逝，回念往日天下承平，講藝鄉黨，觀光京師，設教江漢，懿德大雅文公儒師，相與啟發篇章稽合同異，磨礱仁義發揚道德，極一時師友之盛，彬彬乎有乾嘉遺風。一轉瞬間不但人往風微，竟爾海枯石爛。我生之初尚無為，我生之後逢此百罹。不自我先不自我後，而戰國之楊墨交亂殺人盈野、嫚秦之焚書坑儒，竟於我身親見之，而禍又烈焉。傷今思古，萬感交乘，於此而欲專一精誠、旁搜遠紹，求無毫髮之憾，雖賢者難之，而況駑

下乎？然君子之學不為則已，為則必竭其心力，以至誠出之，仁以為己任，死而後已，上可對先聖，下可對後學。是以每卦每爻薈萃眾說，慎思明辨以求至當，精審其象，以定義之確據，推其義以達象之大用，歸於順性命之理，本天道，明人倫，使天下萬世有治無亂，人類尊尊親親、相愛相敬、相生相養相保而不相殺，履信思順，自天右之，吉無不利之大義，由先儒之說以通聖經聖傳，據聖經聖傳以定先儒之異同得失，苟義有不慊，十易其稿而猶未已，必心安理得而後寫定，往往潛思累日，忽然得之於夢寐恍惚之間。憂深故言之也切，心重故語之也長。反覆申詳，不敢一字苟且一語艱深。先儒說錯綜者讚辯之，隱署者表明之，又恐文句繁多，學者尋省不易瞭。釋至離卦，又別為《周易集解補釋》，約舉大要，以便初學。兩書並編，益費日力。是以前後出入十六年，自宣統辛亥六月直至丙寅正月，而《周易鄭氏注箋釋》始成。此十數年中，明夷旅人之困，獨證聖文；匪風下泉之悲，無復生趣。惟宣統壬戌蒙我皇上特賜御書「言合雅謨」匾額，喜躍感悚，仰惟殿幽近雅，敘典陳謨，亂極望治，顧名思義，私自奮勉。古易象本掌於太史，實臣職所在，江湖魏闕，夙興匪懈。而年力衰耗，卷帙繁重，幸當時草創，甫寫成一卷，伯兄智涵先生即命授梓，隨作雖刊，故書成而工亦竣。鄭氏《易注》，漢魏間即立學官。自王弼注行而寖微，以至於亡。今推其義例，每卦每爻必先舉經之大義而後辨析諸家異聞，庶乎高密解經本旨十得八九矣。曰：鄭、荀、虞三君並漢易大師，今獨以鄭注配經，何也？曰：鄭君最得作易垂教本旨。如於乾坤舉堯舜周公以明君臣之義；於離六二舉文王之子發旦以明父子之道，而九四特言不孝之罪，五刑莫大，所謂孝德以知逆惡；於恆明夫婦之義；於姤嚴淫僻之防；於隨著人心從違之由；於臨昭國家興亡之鑒；於賁、鼎明人君合剛柔仁義之道以施政教。推此以言，易之用乃大。曰：鄭、荀、虞家法不同，今以荀、虞等箋鄭，何也？曰：其不同者各舉一端，師說有詳略而未嘗有偏廢也。合之，經義乃備。余向作《鄭氏義序》，言之詳矣。昔鄭君以三家說箋《毛詩》，今正用其例。注文闕佚而箋又采輯古注不易明，故詳釋之。嗚呼，惠張二先生當乾嘉全盛之日，故其言和平而渾厚；姚先生當道光時，君德雖至隆而世運漸替，外患內憂，稍稍萌蘗，其書已多見微知著危懼之辭。況今日世禍為自有天地以來未經見之奇變，實逼處此未知所底乎？人窮則反本，疾痛慘怛，未嘗不呼天也；勞苦困倦，未嘗不呼父母也。張子有言：「乾吾父坤吾母，大君者吾宗子也。」凡天下疲癃殘疾鰥寡孤獨皆吾昆弟之顛連而無告者

也。孟子曰：「今人乍見孺子將入於井，皆有怵惕惻隱之心」，況數萬萬生民將盡入水深火熱罟擭陷阱之中，而能無悲動於中、情發於聲乎？明明上天，哀哀斯人，生也何恩，殺之何罪？尤可痛者，今日非聖無法之說，視暴秦焚書為尤酷。秦所焚者簡冊之書，不過如螟螣蟊賊害我田穉而已，今所焚者人心之書，是欲絕天下之穀種，使斯民皆飢而死也。余不勝大願籲皇天后土好生之人，牖人心之善以存書種以存人種，以弭殺運而遂生機。生生之謂易，願與天下萬世戴天履地好生惡殺之同類共齋戒讀之。謹以此書培剝果之壞，導蒙泉之源，溉無妄大旱之苗，秉未濟月晦之燭，行遠登高，挽狂養正，或有一助。夫人資始乾元本性皆善，皇天無親惟仁是親。《書》曰「天作孽猶可違，自作孽不可活」，又曰：「民之所欲，天必縱之」，今天下之禍烈矣，民之生也難矣，然苟人人遇災而懼悔禍之延，自變易其惡以歸於不易之正道。子思孝，臣思忠，弟思悌，友思信，體信達順，尚辭讓，去爭奪，善氣所積，物從而化，自然災害不生，禍亂不作，道不遠人，其事至簡至易。易一名而函三義，盡人可用，隨處皆是，還至而立有效，蓋易者元也，元者人心之仁也。人心正則天地之心見而生民之命立，所謂吾心正而天地之心亦正，吾氣順而天地之氣亦順，人人親其親長其長而天下平。學易改過遷善即贊化育之本，欲仁仁至，易知易能，充一念之善，消弭天匝地之患氣殺機，而返之元氣春生，吾知凡有血氣之倫必皆有樂乎？此耿耿此心，惓惓殷望，諄諄苦口，豈得已哉？！

◎周易鄭氏注箋釋稿本書後：余憂患中潛心學易十餘年，藉沈研鑽極之思以寫離憂散孤憤，當天常反易、滄海橫流之際，上念皇極，下顧蒼生，耿耿此心，鬱鬱誰語？有與天為徒與古為徒已耳。余之為此書，竊取屈靈均《天問》之意。而說經慎重，戰戰兢兢，惟恐違失本旨，則與摛藻奇文、大放厥辭者不同。此十數年中，每日屬草，稿屢易始定，審詳無憾乃授士友繕寫正楷。自乾卦至坤之六四，倪賓門茂才明揚書，而金濟臣上舍汝霖亦書兩葉；坤六五至小畜，金智詮廣文俊書；自履卦以下直至卷末皆嚴鹿苹貳、尹邦楨書，而智詮、賓門亦書十餘葉。每書數葉畢，余即與之逐字對校互勘至於三四周。雖目瞑意倦，不敢一字疏略致乖經義而誤後人。其刊本則金和羹譅、尹汝礪、智詮分而校之。余又與智詮對共統校一周。孫企道明經傳驊、程芸青明經紀侯亦相助校字。余精力消耗，舊所讀故書雅記間有記憶不審，諸君並為覆檢原書以省余目力，良可感也。濟臣、和羹、智詮與余為從母昆弟；賓門，先舅

氏師聽松先生孫也；孫、程兩明經，家兄延課從孫輩；而芸青為余掌教存古所得士；鹿莘從余遊二十年，寫余所論撰各種及古書甚多，非獨此書而已。嗚呼，風雨如晦，雞鳴不已。數子並砥礪廉隅，不從流俗，與余氣類相得。獨醒獨清之時，猶有朋好若如人相與，辨言匿名，不改厥度；碩果不食，朋來無咎。意在斯乎？意在斯乎？惜濟臣、芸青、賓門往矣。刊校既竟，以余全書手稿二十八卷及諸君分寫本、初印詳校本合藏之而書其後，著為之之勤，與善士類聚之不易，以諗來者。宣統柔兆攝提格孟陬，復禮老人曹元弼記。

曹佐熙 庖棲氏易大義述 一卷 未見

◎1919年鉛印本曹祖熙等輯《湖南三峰曹氏通譜·著述志》著錄。

◎曹佐熙（1867～1921），字擄（書）滄，號毅庵，又號怡廬老人。湖南益陽人。師事杜貴墀。民國初省議會議員。著有《毅庵史學叢書》、《農政》、《譜系學》二卷、《義理辭章書》、《毅庵類稿》一卷、《庖棲氏易大義述》一卷、《毅庵日記》、《史學通論》二卷、《岑南詩草》一卷、《虞書釋例》一卷、《讀毛詩》一卷、《讀周官》一卷、《周官六史補注》二卷、《夏小正釋例》一卷、《周史通義》二卷、《帝系釋例》一卷、《春秋公羊傳義述》二卷、《春秋穀梁傳義述》二卷、《國語釋例》一卷、《論語類證》四卷、《讀史記》六卷、《史記釋例》六卷、《史記義法徵》一卷、《史記詳錄孔子說》一卷、《史記述春秋義》一卷、《史記貨殖列傳發微》一卷、《史記雜考》十六卷、《讀漢書》六卷、《漢書地理志釋例》二卷、《漢書藝文志釋例》一卷、《通鑒紀事本末補》一卷、《讀通志》一卷、《軒轅氏史官志》一卷、《唐史館會要》一卷、《五代史館會要》一卷、《宋史官志》一卷、《漢書藝文志述義》一卷、《漢書藝文志源流考》二卷、《漢書藝文志拾遺》一卷、《漢書藝文志識小》一卷、《王氏漢書補注校補》一卷、《文氏補晉書藝文志校補》一卷、《讀五代史記》一卷、《戰國策釋例》一卷、《法政綱要》一卷、《良史傳》四卷、《山經釋例》一卷、《海經釋例》一卷、《大荒經釋例》一卷、《方志例》二卷、《譜例》二卷、《上古三代藝文志》二卷、《軒轅氏藝文志》一卷、《史通述義》二卷、《史通補正》一卷、《文史通義補正》一卷、《校仇通義補正》一卷、《劉章史學異同表》一卷、《原史》八卷、《史釋名》一卷、《古史鉤沈》六卷、《讀史法》一卷、《梁氏清史商例質疑》一卷、《外史通》一卷、《斯賓塞爾論史》一卷、《傳習錄別鈔》一卷、《船山要旨》二卷、《曾文正公語錄》一卷、《蒙訓》一卷、《毅庵雜記》

十卷、《嶺南日記》一卷、《海東日記》一卷、《管子釋例》一卷、《省會記言》一卷、《湖南益陽三峰曹氏通譜》、《益陽縣議會第一次報告書》二卷、《實業協會第一次報告書》二卷（輯）、《湘上農言》一卷、《毅庵文》一卷、《毅庵詩》一卷、《欽州書牘》一卷、《文章流別釋名》一卷、《駢文通義》一卷、《文論》一卷、《河南高等學堂文學講義》一卷、《文學啟蒙》一卷、《縣志編目》、《湖南續修方志議案》。嘗倡修《湖南通志》。

曹佐熙 易傳義述 一卷 未見

◎1919年鉛印本曹祖熙等輯《湖南三峰曹氏通譜・著述志》著錄。

曹佐熙 周易義述 一卷 未見

◎1919年鉛印本曹祖熙等輯《湖南三峰曹氏通譜・著述志》著錄。

萇仕周 易經講義 八卷 存

乾隆五十四年（1789）刻本

◎四庫提要：是書以《程傳》及《本義》為宗，不用象數之說，於卦變辨之尤力。大旨謂：「凡卦有二體，即有內外上下，有內外上下即有上下往來。凡《彖傳》言上下往來者，皆虛象耳，大概在內卦曰來，在外卦則曰往也」云云，其說與魏樞《東易問》同。今按賁言「柔來而文剛」、「分剛上而文柔」，噬嗑、渙俱言「剛柔分」，分者，是合而分也。不用卦變自泰、否之說，亦當用卦本乾、坤之說，方於「分」字之解有合，以泰、否即乾、坤也。今但云柔在下為來，剛在上為往，三陰三陽為平分，恐可以解上下往來，而不可解分合也。

◎萇仕周，字姬臣，號穆亭〔註4〕。河南汜水人。萇乃周兄。乾隆七年（1742）進士，官宜君縣知縣。

陳寶泉 周易廣義 三十二卷 佚

◎道光《涇縣續志》卷三《文苑》：著有《毛詩述聞》三十卷、《周易廣義》三十二卷、《禮書旁通》十二卷、《路史補箋》十二卷、《粹經堂叢書》六十種二百五十六卷，洪太史亮吉題曰《閒窗日課》，名流題詞甚夥。又《孟子時事考徵》四卷，歙邑凌廷堪、同邑趙良澍序而行之（《採訪冊》）。

〔註4〕《提要》謂字穆亭，誤。

◎陳寶泉，字鳳石。安徽涇縣上連都人。乾隆己酉舉人。篤志好學，自《十三經注疏》以及史傳百家皆手錄成帙。嘉慶丙辰會試，總裁賞其文，擬置前列，以額滿見遺，深為惋惜。講授朱氏培風閣，從遊多知名士。進士朱楣、舉人朱份等皆其弟子。任淮安訓導，後復任石埭教諭。年六十卒於官。

陳寶箴 讀易小記 未見

◎陳三立《散原精舍文集》卷五《皇授光祿大夫頭品頂戴賞戴花翎原任兵部侍郎都察院右副都御史湖南巡撫先府君行狀》：所著奏議若干卷、批牘若干卷、書牘若干卷、文集若干卷、詩集若干卷，待刊行世。《讀易小記》未成書，日記若干冊，藏於家。

◎陳寶箴（1831～1900），派名觀善，字相真，號右銘，晚自號四覺老人。江西義寧（今修水）桃里竹塅人。與許仙屏號為江西二雄。咸豐十年（1860）會試落第，留京與易佩紳、羅亨奎交遊切磋，有三君子之譽。同治三年（1864）赴南京投奔曾國藩，深受器重。同治八年（1869）入京覲見，外簡湖南候補知府。後以功擢升道員，充營務處。光緒元年（1875），署理湖南辰永源靖道事，治鳳凰廳。光緒六年（1880）改官河南省之河北道，創致用精舍。光緒九年（1883），升任浙江按察使，被劾免歸。光緒十二年（1886）調廣州。光緒十六年（1890）授湖北按察使，視事三日，改授布政使。光緒十九年（1893）調直隸布政使。戊戌新政時任湖南巡撫，多所革新建立。光緒二十四年（1898）與子陳三立並遭革職，光緒二十六年（1900）賜自盡。

陳本淦 易藝舉隅 六卷 存

北大、山東、湖南、湖北、天津藏道光十九年（1839）天香閣刻本

貴州藏咸豐二年（1852）刻本

◎光緒《湖南通志・藝文志》經部著錄為四卷。

◎凡例：

一、易有五家，有漢易，有魏易，有晉易，有唐易，有宋易。惟漢易近古，用師法，獨得其傳。故茲編雖博採羣書，而總以表彰漢學為主。

一、漢易自魏晉沉淪，篇章殘闕，學者鮮所師承。茲編就宋元以來之書擇其發明漢學者錄之簡端，非關濫收，深期昭晰。

一、說易諸家不無見解各別，是編剪除駁雜，以歸畫一，而亦間存異同，以備一解。明眼人當別白觀之。

一、是編闡發易理，獨於爻辰、卦氣、變互、錯綜、旁通、反對、納甲、納音，不惜反覆詳說者，以象數之中精理寓焉，亦以從時尚也。

一、是編論說易藝，則凡有關徵引者不得不錄，如十二律、十二星及二十八宿皆爻辰所列，茲特附刻，以備參考。

一、卷末附刊易藝若干首，逐一批掇，以資參證。

一、校字之難，昔人比之風中掃葉，是編迫於開雕，恐精神或有照料不及，別風淮雨，敢謂全無？然於圖式及數目字樣，不惜再三精校，不敢以鹵莽誤人也。

彥吾氏再識。

◎敘：從古說易之家，大抵務為元渺。求其師法近古，實有當於聖人觀象繫辭之意者，厥惟漢易為足以法事。然漢易之失傳久矣，自魏王弼以空言惑世，於是辭象變占方體之教十亡八九。經李鼎祚搜羅於唐、朱漢上振興於宋，墜緒僅延一線，所幸展室主、緘天地之精英終不以泯滅。元明而降，代有傳人。若朱升、何楷、來知德，於錯綜變化推衍至盡。迨我朝文運加隆，鴻儒輩出，說易之書汗牛充棟，其最善者如毛仲氏昆季、張氏、惠氏，諸儒率皆祖述漢經，啟其祕鑰，經學亦稱盛矣哉！惟是卷帙浩繁，學者耳目有限，恐未能徧觀。而有識者在窮鄉僻壤，購之亦復不易。淹於讀易之下，竊願網羅眾說，提其要領，公諸同好。既放漢初田何、焦贛、費直，別戶分門。後說易家如宋衷、干寶、虞翻、荀爽、陸績、侯果、蜀才、葉景君、鄭康成等，各守師說，或主爻辰，或主卦變，或主世應飛伏，或主納甲納音，或主旁通，或主正變，或以乾坤為父母，或以否泰為胚胎，或兼宗六子，或專主十辟，眾說紛紛，各有精旨，不容偏廢。爰採輯各家，參以圖說，俾閱者瞭如指掌，觸類引伸，不煩目力而驪珠在握。即以是為易藝之一助云。肇道光十九年歲在屠維大淵獻天中前一日，長沙陳本淦書于省垣之香雪艸堂。

◎同治《長沙縣志》卷三十五《藝文》：《易藝舉隅》四卷，陳本淦著。本淦……專精易學，匯覽古今解易象數諸書，編纂成卷。

◎劉咸炘《推十書》：附制藝數編，采輯漢例，蓋為科舉設也。漢學家始明漢例，嘉道間遂以干祿。大人先生提倡，固宜有此。

◎周按：是書甄錄漢代鄭、虞、荀、陸諸家之遺說及毛奇齡、惠棟、焦循、張惠言諸氏書之要義，並兼及唐代李鼎祚、宋代朱震、明代來知德諸家之易說，尤留意歷代象數家所謂爻辰、卦氣、變互、錯綜、旁反對、納甲、納

音諸說。

　　◎陳本淦，字念吾。湖南長沙人。諸生。以經術友教四方，兼精醫術。曾掌陝西橫渠、古莘兩書院。工詩賦，所輯《律賦搜程》四卷刊行。博學多聞，治易尤有名兼精醫理，求治者應手輒效。著有《經驗良方》，湘陰李概為梓行世。

陳本禮 易林考正 六十四卷 存

北大藏稿本

　　◎李兆洛《養一齋文集》卷三《陳素村先生易林考正序》：《漢書‧儒林傳》：「焦延壽嘗從孟喜問易，而為孟氏學者不肯仞。」劉向謂延壽獨得隱士之說，託之孟氏，不與相同。然孟氏得易家候陰陽災變書言，師田生；且死時枕喜膝，獨傳喜。梁邱賀曰：田生絕於施讐手中。時喜歸東海，安得此事乎？予謂孟喜既得陰陽災變書，託之田生，則延壽之得於孟喜似可信。秦之禁學，以《易》為卜筮之書獨不禁，故傳受者不絕。則當時卜筮之法必有口授指傳者。迨既立博士以隆其名，而專求之于義理。孟氏、焦氏偶得卜筮家遞相承傳之法，遂附田、孟以自重焉耳。顧予以為卜筮尚占，易之本也，孟、焦之獲傳天下之不亡易也。漢治易諸博士，明章句、說義理者，其書皆亡，獨焦氏、京氏存。今之治易者，或推本田氏、費氏，而其書無存，特從荀請鄭康成之遺文約略推傳耳。焦、京之法，術家承用，學者乃往往不肯道，何耶？京氏衝合世應飛伏之說傳自焦氏，而焦氏之說所傳惟《易林》，則以京氏之法推焦氏之繇，必有其確然不可易者。此素村先生《易林考正》之所為作也。夫人謀鬼謀，問焉以言，設詞摸方，惟變所適，陰陽消長之理具於三百八十四爻之中，演而為四千九十六，以窮三百八十四爻之動。則其象益備，其變益賅，其理亦益顯著，此參互錯綜、極天下至神之大端也。先生所注釋者僅十之三四，蓋起其端而舉其隅云耳。有志之士，推而明之，則所謂剛柔襍居，吉凶可識，以彌綸天地，極諸幽明，死生鬼神，情狀曲成，萬物歸諸易簡，當有異于虛言義理而不別其實，鑿言象數而不衷諸變者，亦治是經者未闢之康莊也。

　　◎光緒九年《江都縣續志》：著有《屈辭精義》《漢樂府三歌註》《協律鈎元》《急就探奇》，名《瓠室四種》。又著有《焦氏易林考正》《揚雄太元靈曜》。曾立詩社於城南角里莊地，即古通化里，唐清平坊也。一時名流多所酬唱，

本禮編為《南村鼓吹集》。

◎陳本禮（1739～1818），字嘉會，號素村，自號邗江逸叟，別號耕心野老。江蘇江都人。監生。幼好學詩文，吐棄一切。家多藏書，有別業名瓠室，收儲宏富，與玲瓏山館馬氏、石研齋秦氏埒。勤於考訂，丹黃不釋手。或得宋本精槧，尤珍襲藏之。又編有《全漢詩》二十卷、《瓠室詩鈔》等。

陳本中 周易纂象 六卷 佚

◎光緒《黃州府志》卷三十二《藝文志》：《周易纂象》六卷，蘄州陳本中撰（《州志》）。

◎陳本中，湖北蘄州人。著《周易纂象》六卷。

陳燦如 易傳新注 二卷 存

新鄉藏光緒二十年（1894）周南書院刻本

◎自序略曰：光緒乙酉冬始注《易傳》，越明年丙戌始成之。厥後陸續改正，又兩易寒暑，前人所未發發之，所已發更為推衍，不厭其詳。理究其真，象究其實，數為究其所從來，於是始見天人性命之精、修齊治平之準皆具於此傳，實與《學》《庸》相表裏，其廣博精妙尤過之。

◎邵松年序略謂：得陳子燦如所注《易傳新注》，玩其圖說，剛柔相摩，八卦相蕩，數實本於河圖，而洛書之數乃所以示後天八卦之位，又別為《三才太極》《八卦指掌》兩圖。雖皆未子《本義》所未發，然其言理精，言數甚確。星山易學，有所傳授，且潛心圖書有年，確有所得，存之可備言易家采擇焉。

◎陳燦如，字星山。河南嵩縣人。光緒十二年（1886）歲貢。生平喜讀易，沉潛反復幾三十年。

陳昌言 周易家訓 三卷 佚

◎同治《永新縣志》卷二十一《藝文志》：《周易家訓》三卷，陳昌言撰（見《吉安盧志》）。

◎光緒《江西通志》卷九十九《藝文略》一《國朝》：《周易家訓》三卷，陳昌言撰（《吉安府志》）。

◎陳昌言（1598～1655），字禹前，號泉山，斗築居、中道莊主人。江西永新人。崇禎庚午（1630）舉人、甲戌（1634）進士。初授樂亭知縣，後升御

史，直言無避。清初，以原官視學江南，慧眼識才，稱知人。與弟陳昌期友愛，家無分財。終養奉母，至孝。著有《先草集》《山中集》《斗築居集》若干卷。

陳朝棟 三易露牋 十卷 佚

◎康熙《桐城縣志》卷四《理學》、道光《續修桐城縣志》卷十四《人物志・理學》：所著有《清越樓目錄》《三易露牋》各十卷。

◎康熙《安慶府志》卷十六《鄉賢》：所著有《清越樓目錄》《三易露牋》各十卷藏於家。

◎道光《續修桐城縣志》卷第二十一《藝文志》：《三易露牋》（陳朝棟撰，見《江南通志》）。

◎陳朝棟，號磻石。安徽桐城人。萬曆邑諸生。少工制藝，長而殫精宋儒理學諸書，以為大道務在躬行，苟操履弗篤，不但象山慈湖之徒流為禪趨，即得程朱正傳，亦未免文多實少也。年七十三卒，里人稱為孝醇先生。

陳赤 周易解 無卷數 佚

◎光緒《鳳臺縣志》卷十九《藝文志・載籍》：陳赤《周易解》（無卷數。《江南通志・藝文》），未見。

◎光緒《鳳陽府志》卷十七《藝文考》上：國朝陳赤《周易解》（《江南通志》）。

◎光緒《壽州志》卷二十三《人物志》、光緒《鳳陽府志》卷十八上之上《儒林》：所著有《周易解》及詩文集（《江南通志》）。

◎光緒《壽州志》卷三十《藝文志》：陳赤《周易解》（無卷數。見《江南通志・藝文》。壽州人）。

◎陳赤，字懷丹。安徽壽州人。事親盡孝，力學篤行。又著有《醉竹吟》三卷。

陳綽 周易錄疑 無卷數 未見

◎四庫提要：是編用注疏本而不載經文，上下經但標卦名，《繫辭》、《說卦》標章次，《序卦》、《雜卦》則但標篇名而已。所解皆循文生義罕所考證。每條之下多有標「湜附」二字者。湜字亦徵，綽之子也。

◎陳綽，字文裕。福建福安人。又著《四書錄疑》三十九卷。

陳大韶 易史參同 二卷 佚

◎光緒《江西通志》卷九十九《藝文略》一《國朝》：《易史參同》二卷，陳大韶撰（《寧都州志》）。

◎陳大韶，字石諧。江西寧都人。

陳大文 周易淺解 三卷 首一卷 存

南京、湖北、江西、山東大學藏光緒十八年（1892）陳大文一得齋刻本

◎陳大文（1742～1815），字簡亭，號研齋。河南杞縣人，原籍浙江會稽。乾隆三十七年（1772）進士。任吏部主事，後升任郎中，歷官雲南迤東道臺、貴州按察使、安徽按察使、江寧布政使、廣東布政使、廣東巡撫、山東巡撫、直隸總督、工部尚書、兩江總督、兵部尚書等職，後因失察革職。

陳大訓 陰陽理氣說 佚

◎民國《宿松縣志》卷三十三上《藝文志》三：《陰陽理氣說》，陳大訓著（同治《志稿》本傳。石編《書目》闕載）。雜出於儒與道德家、術數家之學，宗旨言二氣歸於一理，仍以周子「無極而太極」、《易繫傳》「太極生兩儀」為歸，而偶參以魏伯陽《周易參同契》「《周易》五形相類」之旨，不專屬儒家言。

◎民國《宿松縣志》卷三十九《文苑》：著有《秦中文集》《樂尉文稿》《言川詩集》《行見錄》《歸田錄》《經文別異》《陰陽理氣說》。

◎陳大訓，字藏書，號言川。安徽宿松人。天性豪邁，家貧好讀書，博聞強記，兼曉孫吳兵法。授樂清縣典史。

陳旦華 易經析義 四卷 存

常熟藏清鈔本（清殷霱恩跋）

◎王紹曾先生《清史稿・藝文志》易類拾遺：《易經折義》四卷，陳旦華撰，稿本，《善目》。

陳德容 易經卦頌 佚

◎民國《蕪湖縣志》卷四十八《人物志・宦績》：著有《易經卦頌》及詩古文詞藏於家。

◎民國《蕪湖縣志》卷五十六《藝文志・經部》：《易經卦頌》（清陳德容著）。

◎陳德容，字潤中，號錫齋。先世浙江餘姚，後遷安徽蕪湖。生穎異，讀書目數行下。乾隆戊辰進士，己亥選江西永新令。補瀏陽，知河南永寧。

陳棟 易經示兒編 佚

◎孫葆田《山東通志》卷百二十七《藝文志》第十：是書見《州志》。

◎陳棟，字大木，號漳川。山東臨清人。雍正戊申拔貢。又著有《古文才調集》。

陳法 易箋 八卷 首一卷 圖說一卷 存

北大、南京、山東、湖北藏乾隆二十七年（1762）陳弘謀刻本

國圖、北大、北師大、上海、湖北、齊齊哈爾、四川藏乾隆二十七年（1762）陳弘謀刻三十年（1765）敬和堂修光緒十四年（1888）陳鶴翻補刻本（莫友芝跋）

四庫本（無圖）

民國貴陽文通書局鉛印任可澄等輯黔南叢書本（三卷卷首一卷）

山東藏臺北商務印書館 1983 年景印文淵閣四庫全書影印國立故宮博物院藏本

山東藏臺灣新文豐出版公司 1983 年大易類聚初集影印文淵閣四庫全書本

貴州人民出版社黔南叢書 2009 年顧久點校本

◎一名《定齋易箋》。

◎目錄：首卷：圖說：河圖、八卦方位圖、洛書圖、文王卦位圖、太極遞生圖、六十四卦圓圖、橫圖、方圖、來氏圓圖、高氏采圖；易論：論河圖、論河圖中數、論洛書、論文王卦位、論作易本源、論象數、論往來上下、論筮、論筮法、論占法。論彖爻並傳、論四圖、讀易大旨、解易管見，附要略。卷一上經上。卷二上經下。卷三下經上。卷四下經下。卷五大傳上。卷六大傳下。卷七文言。卷八說卦、序卦、雜卦，附今考定雜卦傳。

◎易箋序：易之難明久矣。自漢以來，解易者無慮數百家，乃昔人之言曰：「九師興而易微」，然則易終不可解乎？夫聖人吉凶與民同患，乃故艱深其詞，使人讀之而不可曉，豈覺世牖民之意乎？朱子謂易為卜筮作，蓋以吉凶悔吝皆占辭，聖人假之以立教焉耳，故不僅曰吉凶而兼言悔吝。《大傳》亦曰：「辨是與非」，豈有聖人竭其心思知慮以垂教萬世，而斤斤焉為郭璞、京房之術炫其神奇乎？余之疑此久矣。歲庚申，余為津門監司，吾宗定齋先生

亦為監司於任城，有會勘之役，相聚於聊攝間。因言及易。先生曰：「易本非難解。解者汩之也。彖爻之辭，未嘗言天地雷風諸象，亦並不言陰陽。其所言者，人事耳。人倫日用之間，一言一動之際，有能外於易者乎？聖人讀之，韋編三絕，特揭中正之極。用剛用柔，或過或不及，而吉凶悔吝生焉。豈待卜筮乎？彖傳推說天道以明義理源頭，無非明人事也。」余乃恍然於先儒所謂易之言天、易道陰陽者為未得其本旨也。嗣余撫關中，會舉經學，遂以先生應詔，然猶未見其全書也。戊寅，余駐節吳門，聞先生來游湖湘，因邀至使院。出其所著《易箋》以示余。公餘輒往復辨論，愈歎其說心研慮用力之深，蓋數十年於此矣。其於四圖，於《啟蒙》之外別有會心。其以人事言易，已居其切要。其言象，必根諸卦而不外卦以言象。其言爻，必根諸象而不外象以言爻，而又必明乎爻之序。其言象，必根乎卦義。有是義乃取是象，擬諸其形容，但取其大意而參活象，故不掃象而亦不泥象。其於義、象有難明者，尤必反復闡發，不肯一字含糊。解《大傳》者多分段句解，或文義不屬。必首尾會通，使義理融貫。其分別羲易、文易，視舊說另有發明，使人讀之心開目朗。於是《記》所謂精微者，但覺其顯明；昌黎所謂奇者，但覺其平易。則是書之為功于易，不少也。乃世之論者，以易理精微，故聖人假年學易，不在雅言之數。夫見淺見深，存乎其人。四子之書，童而習之，終身不能盡。易所言者人事，遠之在乎天下國家，近之及於旅訟家人，大之關乎窮通得喪，而小之不外日用飲食。即是卦之義與象以明乎是卦之理，此道之不可須臾離也。是易較之他經更為深切著明矣。先生將歸黔，因留其稿付之剞劂，以公同好。學者本是說以求之，乃知無人不可學易，無日不宜讀易，所謂日進無疆、其益無方者，當自領之矣。乾隆二十七年天中節前三日，桂林弟弘謀拜撰。屬吏江恂謹書。

　　◎自序：易之為教，雖曰精微，然道不外人倫日用。易所言者人事耳，術數之家支離破碎，非聖人之本意。故其言簡嚴，又因象數難明，諸家因文解義，未能犁然有當于人心。余之病此久矣。閒中無事，究心數十年，時有劄記，不忍棄去，因加決擇，薈衍為說。程子云：「解經不妨不同」。朱子尊信程子，而《本義》多與《傳》異。故今所解，與傳義異者頗多，同者亦敷暢厥旨，凡以明易耳。若如漢儒株守師法，黨同伐異，又豈昔賢之所許也乎？鄭康成為《毛詩箋》，張茂先謂其不敢言經，只箋釋其不明者耳。故余于易亦云。黔中安平陳法定齋序。

◎李國釗跋：定齋先生遺著，此篇《四庫》著錄則謂切實明晰，陳文恭敘則謂顯明平易，莫氏《經眼錄》則謂小疵不掩大醇，唐氏《清儒學案》、李氏《先正事略》均見推重。久經前賢論定，何容更贊一辭。壬戌之秋，續修《通志》，總理任志清先生創始彙輯《黔南叢書》，《前集》刊成，上述先覺，下開來哲，甚盛心也。首《易譚》、次《易箋》，命釗坿書《易箋》之末，豈讓薄可測高深？顧觀《論作易源流》，謂古人之書因事立言，箸書非徒託空言，然則箋易其學易乎？《自序》言究心數十年，蓋以心發明，以身體驗，積久有得，而後一言蔽之曰「易所言者人事耳」。故篇中云藉天道以明人事，理明則象愈確，象明則理愈顯而辭愈著。及解乾卦天人一理而歸宿於自彊不息、終日乾乾。解咸卦為心學，較艮復尤要舉慎獨，主靜主敬皆一以貫之。非自道所學，何能言之親切若此？夫羲畫何以名象教孔子天行地勢之象？何以六十四卦皆後與先王、大人、君子之用？抑可證明非徒託空言矣！陳氏《續黔詩紀略》傳證言先生身體力行，出處斬然，不愧純儒，亦得進退不失其正之旨。然則箋易其學易乎！竊讀聖泉之易而知其學朱學之切於身心也，猶澈淮海之易而知其學王學之光明其心也。而要皆學易以學孔，此所以其人傳其書亦傳也。後之君子觀覽之餘，知著書之難而知聖經之切於人事，庶不至以空言議古人。綜古今而崇實學，斯則總理彙編茲集之盛心也。夫此篇《四庫》所錄，未行世，惟陳文恭公刻於吳門，凡六冊，今僅存孤本。黎尊齋先生前三十餘年欲刻此書，以重值求精善本未獲，中止，殆未見此本。今幸得重印，快何如也！《續修通志》分纂貴陽李國釗謹跋。

◎何焜彥《易經遵孔八晢類稿》卷十二《集晢》：陳氏法《易箋》以易為專明人事，駁來知德錯綜之說，最為明晢。論筮法雖亦具有理解，然而未當也。

◎莫友芝《宋元舊本書經眼錄・附錄》：安平陳定齋先生箋易，論象數則駁來瞿塘錯綜其象、顛倒陰陽剛柔之實之非，明辨以晢。論筮法「卦一及再扐後卦」為前一變卦一，後二變不卦。而卦一之策，不入歸奇中，三變皆以四八為奇偶，不用九五借象。雖異朱、郭，猶有發明於經義。二條久見於《四庫提要》所稱。道光戊戌禮闈，始得其書琉璃廠肆。觀其全而繹其旨，蓋病術數言易之支離破碎，故專就人事立說。以愚夫愚婦之知能見天地鬼神之奧，以省身寡過之學問揭盡性至命之微，更事燭理觸物、會象不侈統同之理，使象為虛器，不求穿鑿之象，使理無據依。欲學者於身心體驗之中，得涵泳從容

之味，不徒句釋字解以為工，強探力索而無當，持平蹈質，粹然儒者言矣。頗敷暢程《傳》、朱《義》，而與《傳》《義》異者甚多。自謂如康成之箋《毛詩》，故名曰《箋》。於研易家，其在虛齋《蒙引》、安溪《觀象》間乎？唯其六十四卦經文，於半簡之中橫分四截，首象辭、次象傳、次爻辭、次爻傳，而《大象》別為一條於後；《繫辭》上下，據《史》《漢》引，改為《大傳》上下。非鄭非王，不今不古。其於《雜卦》，謂筮人纂便記誦，聖人存見反對之義耳，而傳寫多誤，不必協韻，以韻正末數卦者未為得。首乾坤三十卦而咸恆，則首乾坤宜終坎離、首咸恆宜終既／未濟，一一更正。按其次顛倒亂，非《序》非《雜》，且通篇反對，頤、大過獨不相連，莫解其故。又以困脫「不」字，「柔遇剛，剛決柔，君子道長，小人道憂」，皆誤添入，悉增刪之。改「親寡旅」為「旅寡親信」，意武斷不可為訓。其酷信宋人圖書，不服王禕、歸震川、毛際可、李穆堂之辨，所申說嫌於浮游，然固不可以掩其大醇也。黔中前輩說易，知者清平孫山甫先生《淮海易譚》、麻哈艾鳳岩先生《易注》，及是書而三耳。《易譚》聞有行本，未之覯；《易注》未授梓；唯是書有榕門刻本頗行於世。維桑與梓，必恭敬止，是之恭敬奉持益當何如耶！

◎《黔詩紀略後編》卷七：吾黔理學，有明以孫文恭、李同野為開先。孫、李之學時有出入，惟先生祈嚮紫陽，粹然一出於正。主講貴山書院二十年，申明學約，於科舉俗學之弊諄諄致戒。年七十五卒。祀鄉賢。所著有《易箋》八卷，《四庫》著錄《明辨錄》一卷、《河干問答》一卷、《猶存集》八卷、《內心齋詩稿》十一卷。

◎咸豐《安順府志》卷三十八：所著《易箋》八卷，采入《四庫全書》。大旨以易為專明人事而作，其駁來知德錯綜之說最為明晰，其論筮亦有理解。又有《明辨錄》辨錄象山與朱子不同處，荊如棠為刻其書於鳳陽。《河干問答》作於治河之時。《敬和堂文稿》二百餘篇則課諸生時所作也。又有《醒心集》三十餘篇，陳文恭公並《易箋》同刻於吳門，後再刻於湖北。鮑覺山桂星、宛平陳預、蕭山湯金釗各有序論。又有《內心齋詩稿》二卷，鮑覺山謂其溫柔敦厚，原本風雅而不流於擊壤派。

◎唐鑑《安平陳定齋先生學案》（《學案小識》）：所箸《易箋》辨來易錯綜之非是，謂先儒雖言卦變，未有易其陰陽剛柔之實、顛倒其上下之位者，今以乾為坤、以水為火、以上為下，混淆汩沒，而易象至此亡矣。其辨至為明晰。又箸有《河干問答》《制義》《醒心集》《內心齋詩稿》。

◎四庫提要：其書大旨以為易專言人事，故象爻之辭未嘗言天地雷風諸象亦並不言陰陽。考震彖言「震驚百里」即象震雷，諸卦象言「利涉大川」即象坎水，法所云象詞不言象者未為盡合，然其持論之大旨則切實不支。至來知德以伏卦為錯，反對之卦為綜，法則謂：「《大傳》所云錯綜者以揲蓍而言，錯綜其七、八、九、六之數，遂定諸卦之象。今以錯綜諸卦定象，是先錯綜其象也，又以錯綜言數，是錯綜其象以定數也。先儒雖言卦變，未有易其陰陽剛柔之實，顛倒其上下之位者。今以乾為坤，以水為火，以上為下，混淆泪沒，而易象反自此亡矣。」其辨最為明晰。又論筮法云：「傳所謂卦者，懸之四揲之外，原以象三，而非與奇數同歸於扐，以象閏也。其曰『再扐而後卦』，是三變之中有不卦者矣，夫一變之中初扐之卦不待言矣，惟再扐不卦，故曰『再扐而後卦』。故知再扐為指第二變、第三變而言也。」其說與郭、朱迥異，而前一變卦一，後二變不卦，其卦一之策不久歸奇之中，則三變皆以四、八為奇偶，不用五、九借象，與經義似有發明，固亦可備一解也。

◎陳法（1692～1766），字世垂，一字聖泉，晚號定齋。貴州安平（今平壩縣）人。康熙五十二年（1713）舉人，同年進士。改翰林院庶吉士。歷任刑部河南司郎中、順德知府、登州知府、山東運河道、江南廬鳳道、淮揚道、大名道。為官清廉。乾隆十年（1745）革職貶新疆，後遇赦歸里，潛心治學。善書畫。主講貴山書院廿餘年。著有《易箋》《明辯錄》《醒心集》《猶存集》《敬和堂文集》《內心齋詩稿》《河干問答》諸書。

陳方皋 周易圖解 三卷 佚

◎同治《永新縣志》卷二十一《藝文志》：《周易圖解》三卷，陳方皋撰。

◎光緒《江西通志》卷九十九《藝文略》一《國朝》：《周易圖解》三卷，陳方皋撰（《吉安府志》）。

◎陳方皋，江西永新人。

陳方愷 周易原書 佚

◎光緒《衡山縣志》卷四十《著述·國朝》：陳方愷《周易原書》《禹貢彙考》。

◎自序〔註5〕：《易》之為書，廣大悉備。孔子天縱之聖，嘗韋編三絕，

〔註5〕錄自《湖南文徵》卷六十一。

猶願假年以卒業，《易》固不易學也。先天四圖傳自邵子，而《啟蒙》《本義》
倡明於程朱。其他一知半解，或釋經而反以亂經，如揚子雲《太元》者，尤為
易外之易也。韓昌黎謂易奇而法，蓋天地間萬事萬物變化不測，非易之奇不
足以擬議其變。至於吉凶消長之理、進退存亡之道，又如規矩誠設、繩墨誠
陳，示人有成法不可易。往者有西川之役，天下山水莫奇於蜀，凡道途所經，
見夫峙者流者，其奇特處成形成象，皆可於卦圖而擬諸其形容。居蜀四載，
地僻民馴，無案牘之擾，日惟焚香讀易，研慮悅心於先天後天之秘。洎告病
還里，醫治罔效，因戒勿藥，獨手執易卷不釋，若不知沉疴之在身者。夫易原
於圖書，闡於四聖，冒天下之道，百物不廢。人不學易，即一言一行貞悔莫
審，一出一入動靜失時，或趨利而不知害、求福爾反得禍，如迷於岐途、昏於
暗室，終身瞶瞶，動輒得咎。彼古來履盛滿、處危難而不令終者，亦由不學易
之過也。雖然，學易有道矣。先天八卦惟坎離得乾坤之中，乾虛其心即離，坤
實其腹即坎，乃千古傳心之要，在虞廷曰精一，在孔門曰明誠，方外羽士，盜
襲坎離之義，猶自有得力處。自古君相師儒，紹道統之傳，無非明以擇善、誠
以篤行，惟精惟一，以求天人合一之道。此《易》之為書，大本以立，達道以
行，聖學王道，舉莫之能外也。雖管窺蠡測，不足以盡其精微，而求之一心，
證之諸儒，每有所說，必反覆詳明，期於經義之原無敢差謬而已。時乾隆十
年歲次乙丑中秋之旦。

◎陳方愷，字際虞。湖南衡山人。康熙五十六年舉人，知四川威遠縣。
有文名。著《周易原書》諸書。

陳孚 繫辭傳考 二卷 首一卷末一卷 存

哈佛藏乾隆六十年（1795）堯山刻本
◎陳孚，河南夏邑人。

陳孚 周易考 四卷 存

哈佛藏乾隆六十年（1795）堯山刻本
◎目錄：第一首卷為易考緒言七十條、易圖及考。第二上經一。第三上
經二。第四下經三。第五下經四。第六末卷。
◎周易考序：《易》者性命之書，孔子韋編三絕而假年以寡過，蓋易難言
矣。或曰：「先後天方位不同者，何也？」余曰：「洪荒之世，混沌初闢，風氣
未開，包羲氏則圖畫卦，示象而已，義則無所不包。中古以還，世故日增，文

王、周公當殷之末世，孔子生春秋之杪，嬴豕蹢躅，非金柅所能繫矣。堅氷之至，漸由履霜；童牛之牿，貴閑于初。易因憂患而作，其辭危，蓋傷下民之迷復，而培養剝後未絕之微陽，以見天地之心。此人禽之介，宇宙之大防也。讀書尚友，在乎知人論世。周之盛德懼以終始，履虎尾不咥人，享文王之小心翼翼也。莧陸夬夬，周公之相武東征也。樂則行之，憂則違之，孔子之疏水曲肱也。易之用，時為大。八卦方位，先天自其生處言，後天自其旺處言。《周易》大旨，主于扶陽抑陰，六位時成，上下內外迭為倚伏否泰。彖辭特于大小往來分別君子小人之消長，古今來平陂往復氣運之盛衰、道統之興廢、風俗之醇漓，胥由乎此。聖人即卦象以示後人，為世道人心慮至深遠也。儒者言易，或談理而遺數，矯其弊者流於方技之學。孔子於乾言進德修業，坤言直內方外。君子日新其德，玩亢龍有悔之占，矢用六永貞之戒，皆下學事，端木氏所謂文章之可得而聞者。至於知終終之窮理盡性以至於命，乃上達之極功，非天下至聖，其孰能知之。」問者唯唯而退。爰書以弁於簡端。乾隆六十年九月穀旦，中州陳孚易堂甫沐手敬題。

◎摘錄卷一首：《易考》者，考先後天之異同也。河圖之奧得伏羲畫而顯，彖爻之義賴十翼以傳。讀易不考先天，不知天道流行之序；不考後天，不知六子對待進退往來吉凶悔吝之幾。句解字釋，徒膚末耳。談理者略於天道，言數者遺於人事，皆偏見也。參互考證，不過以經解經，絕非自闢門戶，故曰考。

陳漢章 易古訓 未見

◎《近代四明人物傳・陳漢章先生傳》[註6]：遺著已刊者有《周書後案》《論語微知錄》《禮書通故識語》《後漢書補表校錄》《遼史索隱》《南田志略》《崇文總目輯譯補正》《綴學堂初稿》等十餘種，未刊者有《十三經疏中疏孔賈經疏考異》《易古訓》《讀禮通考續考》《五禮通考續考》《儀禮圖刊誤》《史記六國表校正》等，都六十七種，皆翼經鋤史之作。

◎陳漢章（1864～1938），譜名得聞，字雲從，號悼雲，又號伯弢。浙江象山人。光緒十四年舉人，初執業德清俞樾門下，續問業定海黃以周，專研經史，於漢學考據、宋學理義，兩所不棄。續鑒國家多故，取東西邦格致、算術兵農、外交諸譯書，加以研討，溫故知新，而治學仍經史為本。曾赴考職，得廣東候選直隸州州同，不赴。宣統元年（1909）肄經於京師大學。民初改入

史學門，卒業後，任北京大學教授十餘年，又出中央大學教授三年，以衰老堅辭，遂歸。杜門著書，膠州柯劭，閩縣陳行，桐城馬其昶、姚永樸，餘杭章炳麟，皆以作家許之。自奉儉約，而酷嗜藏書。居鄉時於地方慈善教育事業多所盡力，年七十五卒。

陳翰 讀易管窺 佚

◎陳翰，字仲丹，號瓊庵。安徽壽縣人。廩生。又著有《讀書管論》《南旋紀畧》等書。

陳亨造 雲園易義 佚

◎光緒《漳州府志》卷四十一《藝文》一著錄。

◎陳亨造，字偕德。福建漳州南靖縣人。康熙三十八年（1699）舉人。性閒雅，工吟詠，嘗與弟亨通及青州名士為詩文會於即墨。又著有《雲園詩集》。

陳宏猷 周易疏義 佚

◎彭兆蓀《小謨觴館文集》卷二《周易疏義序》：易自鄭宗費學，析傳附經。魏王晉韓重復鼇定分篇，舊牒體貌遂更。宋董楷既截朱以合程，明胡廣爰踵訛而並帙。荏苒百禩，循誦習傳。甚至試官發策，題聯爻象；塾師釋訓，義屢姬孔。不知三聖淵奧，遞加引伸；十翼發揮，漸臻彰顯。畛判軌別，絕弗容淆。我聖祖仁皇帝御纂《周易折中》衡鑑卓越，悉遵古第。至於課士，仍襲《正義》，用便學林佔畢，生徒人有。疏解陳因，坊刻多於泥沙，要宜如紫陽所云，卦辭略舉大綱，《彖傳》乃宣疑滯。俗說凌亂，複衍繁蕪；駢拇枝指，識者為病。嘉定陳君宏猷，高恪寡素，殫心道真，嘗輯《疏義》一書，抑黜蔓言，演暢微旨。健順明詁，不侵乾坤之繫辭；通固詳詮，不溷亨貞之占義。於經傳之界，如氾畫塗，如錐印泥。章句研今，申析契古，允俾區霿小儒闇然而服已。念夫鼎祚《集解》派列卅五，審權《義海》說綜百家；漢唐遺文，千載未墜；眇茲講說，誠難上方。顧近儒攻經，類崇漢學；閩洛名理，轉趁窺研。斯編雖微，要亦《本義》別子也。陳君尚有《四書就正錄》及《析疑》二書，其弟子王定山將彙刊問世，屬予弁端。或冀里黨由此以上尋祖本，不狃俗傳。撮壤崇山，涓流益海，是豈宜以簡略廢乎？

◎陳宏猷，嘉定（今屬上海）人。

陳洪道 天文易貫 十卷 佚

◎善化孫鼎臣序〔註7〕：此書有九善焉：一則元亨利貞從畫卦明其旨，此千古所未經明辨者，一善也。一則伏羲畫卦即立卦名，是編必先明伏羲立名之意，於卦名不略，二善也。一則彖辭爻辭各因義發明，若使於述彖辭處先將彖傳語意釋之、於述爻辭處先即小象語意釋之，則有彖辭不必有彖傳、有爻辭不必有小象矣，此書於敘卦名敘彖辭敘彖傳敘爻辭敘爻辭暨小象，無相奪倫，三善也。一則六十四卦原是陰陽道理，此書能於天象地象闡明，如言望、言歲、言朢食，歷歷證據，四善也。一則伏羲是先天易、文王係後天易，先後天各處據理證明，五善也。一則虛神實理皆即往聖之意而宣明之，六善也。一則《繫辭》上下傳每段註於起結揭明，令其上下相承一氣貫注，七善也。一則《說卦傳》之乾為天坤為地八節以十字連貫，令煩雜者皆成一定之章，八善也。一則全易終以《雜卦傳》，聖人自有深意，是篇能發明當日扶陽抑陰之意，九善也。夫讀書貴體會實義，自漢至今，註易者不一家，無如是書之簡確顯明者。蓋由於數聖人之精神相接，洞徹大原，即交易變易而得不易之理，故能綜攝羣言、獨抒己見而開易學之鴻濛也。故特謹書數語以明是書之九善。

◎光緒《湘陰縣圖志》卷三十三《人物傳》下：著有《天文易貫》十卷、《易義補解》三卷、《全史駢語》二十卷。

◎陳洪道，字二階。嘉慶二十四年舉人。選授保靖縣訓導，兼攝永綏廳訓導，後擢永順府教授，以老致仕歸里。

陳洪道 易義解補 十卷 存

湖南省中山圖書館藏咸豐十一年（1861）陳氏家刻本

◎自序〔註8〕：憶昔弱齡時，師事舅父巢魯菴先生，一日呼余前曰：「知易義乎？」對曰：「未也。」先生曰：「易有數例，卦象之義四：卦象也、卦德也、變卦也、時義；六爻之義十一：陰也、陽也、剛也、柔也、位也、應也、中也、正也、承也、乘及比也。而不觀卦主，亦不明各爻之理；不知畫卦筮法，亦不知陰陽老少之分。余由是統而觀之，乃知六十四卦皆此道理，雖易道精微，要必先知有此數端，始可與論易也。」歲丙申守保靖學，日以讀易為

〔註7〕錄自光緒《湘陰縣圖志》卷三十《藝文志》。
〔註8〕錄自光緒《湘陰縣圖志》卷三十《藝文志》。

業。至歲癸卯，仇生星階為余課幼孫讀。星階固精心於經學者，一日與論及易，生曰：「余於易有未明之旨數端，先生其明示之。」徐徐言曰：「圖書皆繪成之數，然不知水何以生於一、土何以生於五？又天生者何以地成、地生者何以天成？且不知何以為生、何以為成也。河圖有折補四隅之說，何以於折一折二、折三折四之外不論其餘？且不言諸卦之何以各宜位彼與此？至書與圖何以必西南易位，且書何以有五數無十數？先天既設，有員圖，而以乾坤屬子午，以離對坎艮之間屬春秋分，何以析求諸卦於各節氣，若不相合？至後天何以必置乾坤於不用之地，豈開闢之後天地為閑物耶？而必一位西北一位西南者，諒必有說。上下篇九卦首履謙復而終於巽，以上篇四卦對下篇八卦，其必去首尾之三卦，意必有在。乾為天節八卦之屬天屬地，皆切畫象言之，其中之為玉為金等，可分類別之，與《雜卦傳》義取互卦，其義至精。然易多條，聖人之終以斯編而始言剛柔、終言剛柔。剛柔二字，其中有循次意義與？若夫復言七日、剝言八日，先賢以辟卦為釋，在先天員圖必有正義。巽言庚、蠱言甲，何以奪取庚甲？革之巳日乃革之，或取納甲圖說作巳日，謂離為納巳義，果是否？又易言天象者多，如天行健及四時變化、日中昃月盈食暨日月寒暑往來等義，非明於天道者，不知其入門之旨。」余曰：「子欲於《太極圖說》《正蒙》諸書之外別尋蹊徑與？此非可一言辯也。」因退而箸為《解補》以授生。後月餘，生復命曰：「是書不獨能發註釋之義，且能發以前所未發，盍急付梓以公同好乎？」今仇生作古已數年矣，余記其起我之益，且追溯吾師誨我之始，深為寄慨。夫易道精微，而余論止此數端，良足貽笑，然魯拙如余，亦得因前賢之旨而有所發明，則易義之見淺見深，其足耐人尋繹也豈有窮哉！

陳洪冠 周易象義集成 三卷 存

上海、南京、山東藏咸豐八年（1858）湖南羣玉書屋刻本
四川藏光緒成都翻刻湖南羣玉書屋本
山東藏鈔本（佚名批點）
◎同治《長沙縣志》卷三十五《藝文》：《易象義集成》三卷（陳洪冠輯）。

陳洪綬 筮儀象解 不分卷 存

浙江藏清初稿本
◎陳洪綬（1599～1652），幼名蓮子，一名胥岸，字章侯，號老蓮、老

遲、悔遲、小淨名。浙江諸暨楓橋陳家村人。少師劉宗周。崇禎間召入內廷供奉。明亡後出家，後還俗。工詩善書，畫稱一絕。又著有《寶綸堂集》。

陳鴻倬 周易易簡 四卷 存

光緒二十七年（1901）刻本

陳瑚 周易傳義合闡 十二卷 存

國圖、湖北、南京藏 1924 年理學社刻本

上海藏 1926 年太倉圖書館刻本

◎陳溥《安道公年譜》卷下康熙七年戊申：公五十六歲，始出《周易傳義合闡》示學者。

◎陳瑚（1613～1675），字言夏，號確庵、無悶道人、七十二潭漁父，門人私諡安道先生。嘗居江蘇太倉小北門外。崇禎十六年（1643）舉人。其父邃於經學，家教有法。瑚少與同里陸世儀、江士韶、盛敬齊名，合稱「太倉四先生」，論學相辯駁，貫通五經，務為實學。又善橫槊、舞劍、彎弓、注矢，其擊刺妙天下。明亡，絕意仕進，奉父居昆山之蔚洲村，閉戶著述，留心理學。康熙八年舉隱逸，力辭乃已。遊其門者多英俊之士。又著有《聖學入門書》三卷、《灘憂集》二卷、《確庵文稿》四十卷。

陳畫 筮考 佚

◎《江西通志》卷八十二《人物》十七：別有《易備》《易謀》《筮考》諸書數十卷。

◎陳畫，字惟易。江西金谿人。

陳畫 象占測驗 佚

◎同治《金谿縣志》卷三十二《藝文志》一：《天在山中詩集》、《尋樂草堂集》、《周易意》十二卷、《易謀》、《易備》、《象占測驗》、《筮考》（陳畫撰。按《周易意》見《江西志》）。

陳畫 易備 佚

◎《江西通志》卷八十二《人物》十七：別有《易備》、《易謀》、《筮考》諸書數十卷。

陳畫 易謀 佚

◎《江西通志》卷八十二《人物》十七：別有《易備》、《易謀》、《筮考》諸書數十卷。

陳畫 周易意 十二卷 圖一卷 存

國圖、上海、浙江藏道光金溪陳玕刻義門家塾印本

國圖、山東藏清浦城官署刻本

◎《江西通志》卷八十二《人物》十七：讀書躬行其學，尤邃於易。謂程子言易象變占備乎辭，由辭以得意，為知易之大義；而邵朱或有異同也；蔡虛齋至謂文王、周公狹於邵子朱子、密於孔子，語尤不倫，作《周易意》十二卷，循孔子之傳以測文周之辭，從文周之辭以測伏羲之卦，庶幾得之。又著雜言百五十章，別有《易備》、《易謀》、《筮考》諸書數十卷。

陳徽典 周易正宗 六卷 存

新鄉藏光緒二十三年（1897）稿本

◎自序略云：學易本於母氏之訓，本朱《義》而參以程《傳》，佐以諸家而附以己意，取準於御案而筆之於書，因命之曰《正宗》。又質之萬子擴之、劉子呈五、蘇子光甫，共相校閱。皆云辭象變占明白清晰，瞭若指掌，其於朱子所言「簡易平實」四字殆幾乎？洵可為啟蒙之一助矣。

◎是書歷六寒暑四易其稿而成。痛詆來知德錯綜互變五行之說，尊崇《周易折中》，以為窺見月窟天根之奧。

◎陳徽典，河南鄧州人。光緒諸生。

陳際泰 羣經輔易說 一卷 佚

◎光緒《江西通志》卷九十九《藝文略》一：《易經說意》七卷、《周易翼簡捷解》十六卷附《羣經輔易說》一卷，陳際泰撰。

◎陳際泰，字大士。江西臨川人。崇禎進士。授行人，奉使道卒。

陳際泰 易經說意 七卷 存

山東藏明末刻本

陳際泰 周易翼簡捷解 十六卷 佚

◎光緒《江西通志》卷九十九《藝文略》一：《易經說意》七卷、《周易翼

簡捷解》十六卷附《壘經輔易說》一卷，陳際泰撰。

陳跡 大易述言 不分卷 存

山東藏民國鈔本

陳堅 周易虞氏大義釋 五卷 存

手稿本

陳劍慈 周易發蒙 佚

◎光緒《江西通志》卷九十九《藝文略》一《國朝》：《周易發蒙》，陳劍
慈撰（《臨川縣志》）。

◎陳劍慈，字光遠。江西臨川人。

陳介祺 先天橫圖讀說 一卷 存

臺灣藏同治清稿本

◎扉葉有同治十一年介祺壬申手書題記。附《雜文》一卷，有《讀東撫
辦理積穀大概章程記》、《附擬舉行朱子社倉法要規》、祭文一、事略一。

◎陳介祺，字壽卿，號簠齋。山東濰縣（今濰坊）人。由進士授翰林院編
修。酷嗜金石之學，收藏甲海內，築簠齋以珍弄之。又著有《簠齋金石文考
釋》。

陳金盤 三易發蒙 三卷 佚

◎光緒《武陽志餘》卷七《經籍》：《三易發蒙》三卷、《圖書一得》一卷
（存），國朝諸生陳金盤撰。大恉以《本義》為主而益以諸家，間附己說。
鮑源深序謂其所益多《周易折衷》所未採者，說多精義，可以補《本義》之
闕遺。

陳金盤 圖書一得 一卷 佚

◎光緒《武陽志餘》卷七《經籍》：《圖書一得》於河圖洛書研究造微，自
抒心得，多前人所未發，可以補《易學啟蒙》之未備。

陳錦襄 易論 易說 易約 易響 佚

◎光緒《貴池縣志》卷二十七《人物志‧文苑》：著有《四書貫解》《易

論》《易說》《易約》《易響》諸書、《名山大川記序》《藝遊集》《隱求篇》《隨意錄》《情至語》《先甲詠》《感素吟》(《採訪冊》)。

◎陳錦襄，安徽貴池人。文生。明末避寇皖之萬山下，課徒講學。

陳經清 周易臆說 不分卷 佚

◎自序：予生平好易，而作輟之身常恨不能淹貫。後讀胡公《函書》，而活潑傾動之機時隱躍於胸臆。涵詠之下，或因此而悟彼，或即小以擬大，其間偶有會心，恍若奇峰自天外來者，日積月累，彙成一帙，名曰《臆說》。非敢爭奇於古，特以指迷於家塾，以伸其學易之素志也。於河圖洛書及大圓圖、天方圖皆注有說，以兵燹之餘率多散佚，燼餘《周易說》稿本而已。

◎陳經清，字蘊亭。河南裕州（今方城）人。光緒歲貢。

陳鈞 讀易觀象 佚

◎民國《濟寧直隸州續志》卷十二《人物志》：尤精於易，著有《讀易觀象》。

◎民國《濟寧直隸州續志》卷十二《人物志》：李仁榮字少桓，號末村。光緒九年歲貢。精研經學，手不釋卷。於小學、音韻俱能闚其門徑。晚年尤邃於易，而旁及於六壬。嘗襄校孫寶忠《讀易知新》，又專校陳持平《讀易觀象》，凡三易寒暑始蕆事。

◎民國《濟寧直隸州續志》卷十八《藝文》：陳鈞《讀易觀象》(州人李仁榮校勘，凡三易寒暑，其缺者補之。今已梓行)。

◎陳鈞，字持平。山東濟寧人。陳世良子。嘉慶九年舉人。受知於翁方綱、劉鳳誥。官湖北鄖西縣知縣，以積勞病卒。又著有《四書講習錄》。

陳濬 易理蒙訓 二卷 存

同治十三年（1874）賜葛堂刻求在我齋全集本

◎民國《閩侯縣志》卷六十八《列傳》五上：著有《論語話解》《易義蒙訓》《易義纂釋》《諫史集覽》《養性齋經訓》《性理闡說》《求在我齋詩文集》、奏議若干卷。

◎陳濬，原名霖，字華喆，號心泉。福建閩侯人。道光丁未進士，入翰林院，散館授編修，充國史館協修。咸豐丙辰，保送御史，考取第一名，補山東道監察御史，轉掌京畿道。歷署吏科、禮科給事中，後簡放外任。

陳澧 易說摘存 三卷 存

上海藏咸豐林氏刻本

同治十三年（1874）賜葛堂刻求在我齋全集本

陳澧 易義纂釋 五卷 存

上海、南京、建甌藏咸豐八年（1858）刻本（有圈點）

同治十三年（1874）賜葛堂刻求在我齋全集本

陳克雋 易經淺說 佚

◎民國《重修新城縣志·藝文》及本傳著錄。

◎民國《重修新城縣志·藝文》載是書自序略稱：分四層：曰取義、曰取象、曰做事、曰字畫。皆確鑿言之，使閱者無不了然於心目。庶幾古聖人之精思妙義、奧語微言，如日月往來，著明於天地之間爾。

◎陳克雋，字伯英，號鷺邦。山東新城人。道光十七年舉人。任冠縣教諭。

陳克緒 讀易錄 十八卷 存

國圖、山東、天津、中科院藏同治三年（1864）傅天秩霸州城東外郎城孝友堂刻本

◎卷首題：文安陳克緒註，益昌後學傅天秩、益津受業陳紱麟校刊，男鈴編輯。

◎目錄：卷一河圖、河圖卦位、洛書、大衍篇、河圖續義、洛書續義。卷二伏羲八卦橫圖、伏羲八卦圓圖、伏羲八卦大橫圖、伏羲大圓圖、伏羲大方圖。卷三文王八卦橫圖、文王八卦圓圖、上經卦序圖、下經卦序圖、讀法、蓍法。卷四乾、坤。卷五屯、蒙、需、訟、師、比、小畜。卷六履、泰、否、同人、大有、謙、豫。卷七隨、蠱、臨、觀、噬嗑、賁、剝。卷八復、無妄、大畜、頤、大過、坎、離。卷九咸、恆、遁、大壯、晉、明夷、家人。卷十睽、蹇、解、損、益、夬、姤。卷十一萃、升、困、井、革、鼎、震。卷十二艮、漸、歸妹、豐、旅、巽、兌。卷十三渙、節、中孚、小過、既濟未濟。卷十四繫辭上傳。卷十五繫辭下傳。卷十六說卦傳。卷十七序卦傳。卷十八雜卦傳。

◎讀易錄敘〔註9〕：易菴陳先生深於易，積數十年之功著《讀易錄》一書，至乙酉甫脫稿而即逝世，蓋平生精力在是也〔註10〕。今歲其門下士陳君盛符欲梓以行世，持其書見示。披而讀之，書凡若干〔註11〕卷，前數卷闡發圖書精蘊與諸卦位次先後之所以然，具有心得，發前人所未發。後數卷就原書註釋，每卦有分註有總論，皆與前賢之意合，間參己見。蓋於此道三折肱矣。夫註易者不下百餘家，皆主數；程子《大傳》、朱子《本義》則主理。蓋理可賅數，數不能外理也。余於易夙未究心，且性鈍不能澈悟。聞之古人緒論，前聖作易，後聖繫易，要旨惟在示人寡過，居則觀象參消息之幾，動則觀變識進退之道。由履卦之非禮弗履，馴而至於《繫辭》之樂天知命，周子《易通》一篇精微深粹，而終之以君子修之吉小人悖之凶。修悖為理而吉凶則數，故曰理可賅數也。此錄發揮生成參兩之旨，言數詳矣，而理即此寓。讀者當領會於筆墨之外，即爻象之微，返身體認實驗之日用之間，禁其行險妄取之心，以歸於易之非禮弗履，庶無負是書之苦心。不然，縱七八九六分析精詳，皆末也。吁，經學之荒久矣，終日記誦，皆為弋取功名計。求如此書之涵詠聖涯紬繹妙蘊，蓋鮮見焉。然則學者觀《讀易錄》一書，可以愧厲而興起矣。同治甲子中秋後十日，安次邵占鰲敘〔註12〕。

◎先師《讀易錄》序：文邑陳易菴夫子，丁卯副貢生也。承家學淵源，讀書求體驗身心，領會神理，經傳多批註，而於易尤致意焉。紱自辛巳受業門下，每課功畢，博覽周、邵、程、朱諸先儒講義，貫澈前四聖作易繫易之深思。理數河洛闡其奧祕，卦爻象象究其精微。變化生成，通其妙用。位次名義，抉其本原。或從先儒以折中，或由心得以註疏。其出自己見，乃發洩前賢未盡之精蘊也。日讀之不倦，即錄之不違。至乙酉，三四易稿而始成帙，謂紱曰：「《易》之為書，開物成務，原始要終者也。物極必反，易簡可久可大。聖人仰觀俯察，知消長之機，範圍而曲成之。順性命之理，明進退存亡之道，貞則吉，厲無咎，悖之凶。可見易也者，所以平險安危，示人趨吉避凶之道也。凡凶皆生於剛柔失德，苟順乎中正，訟亦可吉，困亦能亨，蹇非

〔註9〕又見於民國二十五年增修《安次縣志》卷八《藝文志內編》，與此小異。

〔註10〕民國二十五年增修《安次縣志》卷八《藝文志內編》「至乙酉甫脫稿而即逝世，蓋平生精力在是也」作「至乙酉甫脫稿即逝世」。

〔註11〕民國二十五年增修《安次縣志》卷八《藝文志內編》「若干」作「十八」。

〔註12〕民國二十五年增修《安次縣志》卷八《藝文志內編》「同治甲子中秋後十日安次邵占鰲敘」作小字「同治甲子秋日」。

不利，睽亦得合。若失其中正，大有元亨猶有無交之害，鼎之元亨猶有公餗之覆矣。讀者即理以推數，按數以驗理，觀象以玩辭，觀變以玩占，可以決從違，定猶豫，即可以寡過，漸進於知命樂天。余讀易卅餘載，未暇及功名，不為一時一身計也。今此錄雖成，未知可行世否。余所教授諸生，唯汝是望，汝其勉之！」不意當年，屬望雖切而親炙無多，吾夫子即逝世。然竊念夫子平生何以不暇計功求名，夫子沒世何以又若朝聞夕死？蓋以其生也，為註此易而始生；其死也，必成此錄而後死。此經學之關係非淺，豈漫然已哉。紱愧不敏，固未能領受師傳所當為者，惟有梓行以待來學已爾，而亦未能獨任其責。四十載積慮難忘，今已年逾六旬，時無容緩矣。菊齋世兄又心誠懇切，義更不容辭矣。雖獨力難支，不得不首倡此舉，白諸知己，求諸知己，求諸同人，各量力行之。並將淑起太老夫子所著《簠墅說書》付梓行世，以待來學，以畢四十載之心願焉。同治三年甲子復月甲子日，益津門人陳紱麟頓首敬敘。

◎先君讀易錄敘：先君易菴公幼從叔祖簠墅先生遊，時聆說書教誨。後以硯田為業，教授生徒。暨鈴兄弟亦以說書為訓迪，朝夕好讀易，手不釋卷，參考諸名家講義輒有心得則輯而錄之。三十餘載，至乙酉三月始成《讀易錄》一書，是歲先君即見背。嗟乎！自古註易者不乏名詁，而闡陰陽之祕、發天地之藏者，鮮有若此錄之明且盡者。我先君之力學、畢生之心血胥於是乎在矣。一則幸天假之年而成帙，一則歎余小子不才，未能讀父書以遂先君之志也。及鈴餬口四方，求《說書》者手錄之不違，而《讀易錄》未行於世，心竊憂之。客歲又染病危極，伏思兄鉤鑿逝世，鈴若再有不虞，先人之遺澤付之東流矣。為人子者，情何以堪？奈限於遭際，才力不及，實有無可如何者。欲求助以付梓，惟族姪少韓略可資助，未能總其成。窗兄陳菊溪先生有素志，乃家計稍窘，欲緩以待時始自任。但菊翁素具一為仁不富之資，鈴恐以殘年難待耳。或勸以諄懇菊翁，好義，人信服，若得首倡，即可因再謁之。話積愫，懇為首善，刊《讀易錄》與《說書》並行於世。先生喟然歎曰：「日復一日年復一年，余亦知時之無可待也。借人以遂我之素願，即以成汝之孝心已耳。力雖不足，可先輸金數十，然後達知同人隨意贊襄。如不贍，再為補葺以總其成。」今果集腋成裘，梓以告竣，因泐數語以誌此兩書之傳，賴諸同人之贊襄，實菊溪先生之鼎力云。同治三年歲次甲子嘉平月上澣，男鈴薰沐頓首敬識。

◎跋：文安陳菊齋號魯柏，山人舊相識也。時過余，好談忠孝節義事，心重之。壬戌歲，余寓硯靜海子牙鎮，迄冬，山人沖風踏雪來，訝其不憚寒威突至此，慰藉之，山人曰：「弟為先父《讀易錄》來也。先父易菴公學易三十年，歷取諸家說折衷之，心有得輒註，為《讀易錄》，三四易稿而後成，一生精力全在於此，實不忍泯沒無傳也。今將謀梓，恐有魯魚亥豕之訛，祈閱之。」余維《易》之為書，廣大悉備，自漢唐以及國朝，註易者不下百家，彼此異同，紛如聚訟，要之，各有理趣，頭頭是道。易之精蘊，本無所不包，未可偏執，有所是非，亦惟會而通之，自有所得已耳。迺取而讀之，訓詁詳明，提要鈎元，靡不深切，此可以見生平詣力矣。陳為文邑巨族，代有偉人，著作甚富，而易菴先生獨專門學易，自成一家言，必傳無疑。且以山人之來，不忍先人精力泯沒無傳，此孝子之心，大可嘉也。爰綴簡末以誌景仰云。同治二年歲次癸亥春三月，平舒任聯第跋。

◎校讎姓氏：庠生紀爾穀（善舟）文安縣人，庠生陳雎麟（雅南）霸州人，歲貢生王尋（無奇）霸州人，廩生馬溪清（碧山）東安縣人。

◎校閱姓氏：（候選）政廳王俶（樂亭）文安縣人，庠生劉元捃（容川）武清縣人，恩貢生韓冠賢（玉樵）永清縣人，增生陳廷楫（曉帆）霸州人，庠生陳廷柱（曉峯），童生陳廷樞（星垣），童生解光炬（蓮堂）東安縣人。

◎助刊姓氏：（盛京）奉天府世襲騎都尉壬戌科舉人（戶部）主事陳玉章，（江南）江寧府上元縣世襲雲騎尉（湖北候選縣丞）楊正櫺，江寧府上元縣己酉科舉人候選教諭陶桂芳，江寧府縣己未科進士刑部主事蔡琳，（江蘇）揚州府甘泉縣候補三四品京堂汪承元，（安徽）寧國府旌德縣丙午科舉人東安縣知縣呂嘉端（蓮舫），（山東）曹州府菏澤縣霸州知府陳如瑤（廷珍），青州府樂安縣監生趙錦章，（山西）平陽府曲沃縣監生張石盤，（直隸）廣平府永年縣丙午科舉人霸州學正王勳（竹書），永平府遷安縣恩貢生東安縣教諭裴維智（愚齋），灤州甲辰科舉人候選教諭馬際清（心齋），正定府正定縣壬辰科舉人東安縣訓導何德金（義賓），保定府安州廩貢生霸州訓導朱世錕（琛吾），布政司理問朱爾爽（厚田），新城縣戊戌科會元候選知縣王振綱（重三），庠生祖寶善（璞齋），庠生田東橋（清溪），容城縣辛酉科拔貢曹本一（子清），安肅縣廩生劉玉澤（盃箴），雄縣增生楊連魁（子芳）、庠生張品端、監生梁玉聲（雅音），河間府任邱縣李鐸（振宣）、廩生宗樹桐（華國），肅寧縣監生張元龍（清泰），天津府天津縣候選守備趙振甲（品五）、己酉科舉人李錫朋，（山西）介休縣

（甲辰科舉人，南皮縣知縣）候補同知馬淮，天津府青縣己酉科舉人文安縣教諭張鶴齡（鳴臬），丁酉科（拔貢舉人）國子監助教記名同知陳世紱（佩之），候選鹽大使陳世華（祝三），增貢生雞澤縣教諭陳仁麟（名閣），庠生吳采三、監生董連山（海樓），靜海縣（雲南）鹽課提舉司提舉閻毓珍（聘廷），貢生閻開文（煥彩）、監生閻毓溶（麗江）、監生閻毓楨（幹國）、貢生閻毓琳（紫峯）、庠生曹廣濤（映塘）、監生閻夢麟（漢閣）、九品鄭文選（鳳樓）、庠生閻孝愷（袖瀛）、廩生岳鑄元（句農）、監生岳汝翔（翊卿）、朱元桂（秉陽）、朱衣錦（鶴洲）、朱福景（介亭）、張儒林（雅亭）、李茂林（竹軒）、李書賢（希之）、張之楨（幹廷）、王玉如（藍坡）、王士達（慧生），順天府武清縣（己酉科拔貢咸安宮教習）候選教諭陳元浩（雨泉）、庠生張振淇（右泉）、實錄館教習候選通判高士柏（亞棠）、庠生楊夢齡（錫九）、戊午科舉人蕭國耀（利賓）、庠生劉德昌（孟修）、壬戌科武舉劉宗武（奉丹）、監生劉哲（知人）、候選訓導曹開第（仲升）、監生安鎔（耀齋）、六品銜曹生成（性恬）、監生安季春（寅仲）、歲貢生蕭開第（燕軒）、庠生蕭開筵（秩庭）、庠生蕭廣陵、太醫院吏目李寶齡（愛圃）、（壬辰科舉人署保安州學正）曹貢齡（禹門）、歲貢生曹書齡（芸橋）、童生曹如齡（孟嵛）、庠生曹夢齡（瑞徵）、貢生曹晉齡（嶧西）、附貢生曹延世（壽民）、辛亥恩科舉人河南候補知縣曹星煥（子慰）、監生吳象臣（又章）、附貢生吳寶潢（子源）、增生王夢祥（禎甫）、處士劉振奎（冠西）、庠生孫毓柏（秀巖）、己未恩科舉人陳希恕（心如）、庠生趙克剛（子乾）、附貢生張薪傳（悅農）、庠生王者棣（萼聯）、廩生陳自超（蘇臺）、廩生王雲溪（午橋）、庠生李繼緒（紹庭）、庠生張際隆（香山）、庠生王克勤（禹績）、監生傅天魁（俊英）、候選巡政廳嚴文蔚（茂林）、監生曹開蔚（雨香）、（馳封武德騎尉、賞戴花翎）監生楊振鐸（警予）、貢生李世榮（蔭莊）、庠生安靜（孟廉）、監生劉雙甲（美常）、監生李玉衡（平軒）、庠生劉際春（芳圃），寶坻縣（候選）州同（廩生）周立山（蓉峯）、廩生李德雍（夢書）、廩生張廷桂（馨山）、庠生張瑢（玉堂）、庠生楊振鈞（子衡）、庠生李榮春（蕉林）、（候選）訓導（廩生）劉青選（寵循）、從九品王維祺（恆春），固安縣癸卯科舉人（趙州）學正劉牲（鹿賓）、庠生姚壽山（眉峯）、己亥科副榜柏為霖（心泉）、監生馬獻圖（德純）、增生張兆亨（吉齋）、庠生袁學燦（篤鄰）、庠生呂廷琳（夢濱）；東安縣：丁未科進士張國士（少韓）、庠生張國霖（夢巖）、庠生馬鐏（穎君）、增貢生馬慶連（近三）、廩生馬慶恩（蔭軒）、附貢生馬濟清（鴻舟）、候選同知馬沈清（子剛）、廩貢生馬丕籙（右銘）、庠生

馬丕徑（念軒）、候選州同馬丕彰（揚庭）、附貢生馬丕琛（潤圃）、廩生馬馥亭（伯蘇）、貢生孫樹榕（廣蔭）、庠生孫樹楹（子丹）、庠生李廣謨（丕顯）、庠生王恂（墨莊）、附貢生趙繼先（紹曾）、監生孟嘉槐（庭三）、增生孟雄文（健菴）、監生孟寶文、增貢生李振清（伯澄）、貢生張書堂（寶森）、誥授奉政大夫（附貢生、候選訓導）王鵬翥（靜軒）、監生王魁第（蓉舫）、貤封奉政大夫（候選運政）廳王邦慶（啟庭）、監生王恩慶（墨軒）、翰林院筆帖式貢生王福堂（子範）、監生馮銓、六品銜陳永齡（夢哉）、童生張象新（小亭）、山東曹州府濮州州判解兆柏、增生解兆章（豫生）、童生解兆珊（秀澤）、增生趙琛（獻廷）、監生王鳴泰（瑞峯）、庠生邢開甲、庠生胡開運（還青）、童生王慎（雨樵）、童生于兆鳳（鳴岐）、童生林蔚之（松坡）、童生張九賓、廩生劉元士（小墀）、八品銜邵占熊（夢巖）、庠生岳國翰（良甫）、增生岳宗源（一峯）、庠生史振鐸、庠生岳步雲（漢亭）、增生解承昆（友山）、庠生解光哲（仲明）、增生田瑞年（笠雲）、庠生田耕九（餘齋）、童生劉鍾嶽（小山）、劉鐘奇（雲峯）、童生李鉦、庠生劉溪橋（晴浦）、監生王棣（郁亭）、庠生萬方泰（聲遠）、九品劉位、恩授九品劉吉昌（乃邦）、童生孫玉璞、九品郭克勤、監生孫樹楨、增生孫樹堂（蔭亭）、庠生謝鍔（廉夫）、增生孫炳垣（拱辰）、庠生劉毓棠（蔭南）、庠生王寶善（楚珍）、庠生趙廷柱。大城縣：己未恩科舉人王植桂（馨山）、己卯恩科舉人王召金（品三）、庠生梁鳴鸞（上儀）、戊子科舉人、寧津縣教諭劉煦（春甫）、庠生劉青鴻（竹湘）、兵部郎中鄧天符（贊元）、庠生劉元鎮（式金）、刑部郎中趙蕙田（香圃）、八品銜齊俊（錦鍾）、誥授五品銜王振宗（椿林）、庠生郝傳第（蓉鏡）、庠生郝觀國（利賓）、庠生馬學詩（雅軒）、童生郝席珍（品齋）、庠生孟開基（厚田）、監生孟邦興（弱軒）、庠生王卓如（立齋）、監生馬蕙（室馨）。保定縣：甲子科副榜田翼承。文安縣：甲辰科舉人（前護理安鄉鄖荊兵備道，現任襄陽府知府）王璐（鞠邨）、灤州訓導張濟（作舟）、附貢生何璐（蔭穀）、布政司理問（陝西）候補府經歷張溥（博齋）、附貢生董樹勳（濟時）、山西汾州府孝義縣知縣薛向辰（明軒）、增生董汝臨（子容）、辛酉科舉人馬恩榮（芸生）、貢生葉俊生（舉言）、甲子科副榜賀家駿（適聲）、貢生王信中（守謙）、候選衛千總張光璧（燦庭）、貢生王于蕃（价堂）、千總職李謹（慎齋）、貢生馬邁羣（軼萬）、增生齊占鰲（瀛洲）、庠生楊紹唐、庠生何道平（靜邨）、庠生王潘昌（子源）、庠生王寶書（玉堂）、庠生王應斗（星橋）、庠生高重廉（靜齋）、庠生高錦雲（仙圃）、監生白鵬翔（南池）、童生蔡光潤、童生高步蟾、童生王澍森（渭春）、戊

寅科副榜劉文平（泰階）、庠生穆方華（時煦）、候選訓導劉賜錦（黼堂）、監生靳岱（魯瞻）、監生楊東懷（實藩）、庠生趙景嶸（一峯）、庠生何大勇（仁菴）、增生宮煥章（黼庭）、處士宮維屏（紫藩）、恩授都司職王太然（化南）、庠生王錫九（夢齡）、庠生夏鼎新（兆祥）、庠生楊步武（凌閣）、己酉科拔貢候選知縣紀昶（悟樵）、貢生劉文溶（春橋）、壬子科武進士林恩科（清元）、庠生徐鳴珂（潤珊）、辛酉科拔貢正藍旗教習靳作霖（澤生）、廩生紀協鑾（韻坡）、正黃旗教習候選訓導紀朋陵（祝三）、廩生劉士廉（介儒）、庠生繳儼（肅齋）、庠生常恩慶（澤軒）、監生劉思敬（慎修）、監生曹士元、童生史永清（惠泉）、童生任應書（綸閣）、童生盧清廉（靜安）、壬戌恩科舉人王錫命、廩生王肯堂（晴溪）、鴻臚寺序班薛玉樵（蘊齋）、庠生王炳文（虎臣）、庠生劉體乾（穆齋）、庠生宋筆（麟書）、貢生薛寶樹（澍亨）、童生李蓬山（仙洲）、邢桂榮（小山）、庠生邢鶴圖（松軒）、白化成（小香）、科武舉吳江嶺（鎮南）、廩生閻毓珍（聘章）、壬辰科舉人陳青雲（子雨）、童生劉元勳、庠生王引（簡庭）、庠生王汝霖（皡臣）、童生董庚坦、庠生陳鍔（劍鋒）、監生陳錡（少文）、庠生陳映書（雪窗）、陳繩祖（恆舟）、陳念祖（茂春）、童生陳桂蔭（靜軒）。永清縣：辛丑科進士湖北荊州兵備道張建基（涑山）、刑部安徽司員外郎劉祖榮（實君）、增廣生朱琮錦（獻廷）、丙辰科聯捷進士、刑部貴州司主事楊澤山（子通）、歲貢生葉詠棠（存之）、布政司理問庠生劉玉瑾（韞齋）、附貢生咎炳、乙未恩科舉人劉嶙（曉山）、庠生王鳳岡（藎臣）、國史館謄錄廩生司文楷（煥儀）、庠生鄥殿招（晉旃）、庠生劉登雲（漢升）、庠生趙學海（冠山）、庠生廖凌雲（步青）、庠生朱希武（桓夫）、恩授七品銜姜志學、監生張湘（曉洲）、九品銜劉殿魁、監生劉文俊（曉亭）、九品銜鄭旺、吏員韓步奎（射斗）、庠生韓殿臣（廉泉）、廩生寇庶同（象吉）、增生吳紹素（麟書）、貢生吳掄元（書升）、貢生吳春元（杏圃）、庠生萬青選（顓夫）、監生劉仲篪（癡雲）、恩授九品鄭國泰、童生張自新、守尉所千總趙連玉（璞生）、庠生王言絲、庠生王言芳（潤齋）、庠生王言徵（子孚）、庠生張登甲（雲史）、庠生賈鐸（秉芝）、貢生賈文魁（星槎）、廩生馮壽祺（眉邨）、歲貢生侯顯揚（耀先）、庠生劉毓模、監生賈文鎔（化南）、監生李夢蘭、監生王言綸、楊鈞（重權）、營千總銜王言昌（虞廷）、庠生李廷楫（蘭舫）、貢生王緒（繩武）、王棠（蔭圃）、庠生司文中（執齋）、附貢生李玉鎔（虹橋）、議敘九品李玉銘（省三）、監生李玉錡（重三）、附貢生傅為霖（雨蒼）、業儒傅承霖、霸州丁酉科舉人天津縣教諭張震（雷門）、丙午科舉人四川候補知縣梁元翰（仲藩）、增廣生

張佩銘（西齋）、壬子科舉人候選教諭崔僩（毅泉）、附貢生吳調元（燮臣）、誥授五品銜候選訓導邱均（垣齋）、貢生梁瑨（國樞）、誥授五品銜候選訓導邱墉（石齋）、庠生鄧炳（南鍼）、己酉科拔貢候選教諭鄧鈞（秉衡）、庠生郝培厚（象坤）、九品司庫張中禮（奉儀）、庠生張立昇、監生楊世芬（馥菴）、監生張雲淩（問騫）、庠生張汝明（奉彩）、庠生盧雲漢（天章）、廩生孟國屏（建侯）、廩生梁枚（雪園）、布政司理問董士奎、監生李祥（國興）、庠生韓曾楷（幼嵋）、監生韓代曾（繼之）、貢生張樞（星伯）、貢生劉際唐（襄臣）、庠生胡玉峯（仲素）、廩生劉曾培（蘭生）、庠生梁元瑛（華璞）、庠生宋邦喆（了翁）、六品銜閻彤（廷錫）、庠生張鑄（冶軒）、廩貢生王紹祖（念曾）、監生郭運豐（慶農）、監生孔照林（顯銜）、監生徐鎮（萬里）、監生田繼盛（利生）、六品銜賈永和（春臺）、庠生田植蘭（畹卿）、童生宋邦瓚（玉卿）、童生李向榮、廩生徐錫庶（晉三）、廩生劉士廉（介儒）、童生王懷恩、童生慶升（允南）、誥授武署騎尉正黃旗漢軍內務府筆帖式（文生）鄧雲閣（漢庭）、戊午科舉人鄧煊（耀山）、貢生亓鳳鳴（叶吉）、庠生鄧玉輪（香谷）、庠生榮鳳瑞（和鳴）、庠生王松林（鏡泉）、庠生馮翊（于翔）、庠生高步亭、監生謝廷弼（柳村）、監生榮觀、榮平、蔡芩、庠生翟炳寰（仙圃）、庠生陳廷榕（蔭堂）、業儒陳廷瑚（寶樹）、業儒陳紹武（繩齋）。

◎民國《文安縣志》卷五《人民部・人物志》：陳克緒（著有《讀易錄》行世）。

◎民國《安次縣志》卷六《流寓》〔註 13〕：陳紱麟字聖符，號菊溪。原籍霸州人，世居外郎城。咸豐壬子恩貢生。家素封，樂善好施，周急恤鄰，不遺餘力，一切義舉，必為之倡。文安陳震著有《篡墅說書》，學者重之，多年未刊。其族人陳鈐勸捐數載，未有任其事者。紱麟慨然捐巨資，並醵金付梓，兼刻陳儀《大中口義》、陳克緒《讀易錄》諸書，嘉惠後學。

◎陳克緒，河北廊坊文安人。

陳林翔 周易貫解 佚

◎嘉慶《涇縣志》卷二十六《藝文》：陳林翔《周易貫解》（《採訪冊》。林翔叔麟書有序）。

◎陳林翔，安徽涇縣人。著有《周易貫解》。

〔註 13〕民國《霸縣新志》卷五上《人物》所載略同。

陳遜 周易習本 佚

◎光緒《永嘉縣志》卷二十五《藝文志》一：《周易習本》(《乾隆府志》)，國朝陳遜撰。

◎陳遜，字儀節。浙江永嘉人。

陳龍標 易經精華 六卷 存

江西藏同治二年（1863）刻本

◎陳龍標，字惟盤，號虛舟。乾隆壬子舉人。又著有《周禮精華》。嘉慶十七年任建甌教諭，二十一年任漳州府訓導。

陳懋侯 古周易二經十傳闡注 一卷 存

福建藏閩縣陳氏修改稿本

◎陳懋侯，字伯雙。福建閩縣人。

陳懋侯 古周易二經十傳闡注解 存

福建藏閩縣陳氏修改稿本

陳懋侯 知非齋易釋 三卷 存

國圖、北大、上海、南京、山東、湖北藏光緒十四年（1888）陳懋侯刻本

續四庫影印湖北藏光緒十四年（1888）陳懋侯刻本

◎卷上釋象、釋辭、釋位、釋名、釋義、釋得、釋失。卷中釋天、釋地、釋人。卷下釋身、釋物、釋鳥獸、釋草木。

陳懋侯 知非齋易注 三卷 首一卷 末一卷 存

國圖、北大、上海、南京、山東、湖北藏光緒十四年（1888）陳懋侯刻本

續四庫影印湖北藏光緒十四年（1888）陳懋侯刻本

◎各卷卷末題：長男尚賢校。

◎卷首自序、綱領。卷一上經。卷二下經。卷三繫辭上傳、繫辭下傳、說卦傳、序卦傳、雜卦傳。卷末後序。

◎知非齋易注自序：易有大極，實始於一。陽以君之，陰為之匹。民無二王，天無二日。陰統於陽，其道乃壹。在昔包羲，苞符初剖。體備剛柔，用分奇耦。迺作八卦，陽先陰後。通德類情，何物不有。連山始艮，歸藏始坤。

厥惟《周易》，實首乾元。當名辨物，斷辭正言。六位時成，惟五獨尊。剛柔雜居，有得有失。用六則凶，用九則吉。元亨利貞，聖人特筆。往來變化，皆從此出。三畫成卦，重則為六。卦言其綱，爻言其目。吉凶悔吝，不厭反覆。六爻發揮，其義則獨。人非聖賢，過孰能無。變易從道，勿吝勿需。見惡則避，見善則趨。要其無咎，斯為令圖。惟此《周易》，道繫綱常。憂深終日，辯謹履霜。尊卑貴賤，秩然有章。世無尼山，孰發其藏。藐藐小子，生也苦晚。絕學久湮，去古已遠。仰企前途，既疲且蹇。敢期四聖，鑑厥誠悃。同治辛未，于役安州。偕仲及季，韋編是求。遺經獨抱，累歲不休。幾忘寢食，安知春秋。商瞿失傳，子夏近偽。漢魏以降，言人心異。汗牛充棟，不可勝記。豈無心得，莫歸一致。經說愈繁，經旨彌晦。穿鑿附會，支離破碎。如夜無燭，行焉益昧。勞精敝神，久漸知悔。乃屏羣說，折衷繫辭。擬言議動，以聖為師。銖積寸累，急起直追。其有不合，癙寐求職。如是有年，默然心會。由淺入深，即小見大。得失進退，出入內外。率辭揆方，歷歷可繪。爰為之注，以待來者。義觀其通，辭尚乎寡。匪侈異文，務崇大雅。凡非聖言，皆在所舍。光緒戊子仲春，翰林院編修國史館協修記名御史前蜀學使者閩縣陳懋侯自序於京師宣武門外之寓齋。

◎後序：光緒辛巳懋侯視學蜀中，丁母丘太夫人艱回里，閉門謝客，成《易注》三卷，命長女闓瑜正書分注失得於句下，名其書曰《周易明報》，蓋取《繫辭》「因貳以濟民行，以明失得之報」語意。以《易》之為書，固為五位失得而發，孔子所謂吉凶者，失得之象也。板既鋟，或有慮經注過簡，急索解人不得，且恐學者誤會明報二字以為類於佛氏因果之說。服闋入都，乃取舊注略加刪潤，擇精語詳，期於發明聖人之道而止。丁亥季冬，驟得仲弟建侯商丘噩耗，手足暴摧，肝腸寸裂。憶自四歲從先君子受易，七歲失怙，越二十七年乃與仲弟及季弟毅侯講易安州，季弟旋卒，今仲弟復馳驅王事以歿，均不及見是書之成。懋侯年五十有二，鬚髮皤然，歲月不淹，憂患交迫，深懼聖經大義湮沒不傳，無以仰副廷訓及兩弟切磋之意，因亟為編定，改名《知非齋易注》，重付手民。而以《易釋》三卷附焉。刻既竣，爰書數語以誌顛末。是為序。光緒十四年四月廿四日，玉堂髯客伯雙書後。

陳懋侯 周易明報 三卷 卷首一卷 卷末一卷 存

山東藏光緒八年（1882）家刻本

四庫未收書輯刊影印光緒八年（1882）家刻本

◎篇目：卷首自序。卷一上經。卷二下經。卷三繫辭上傳、繫辭下傳、說卦傳、序卦傳、雜卦傳。卷末易義節錄、讀易要言。

◎周易明報自序：自惠迪從逆之報不明於天下，論吉凶者往往委諸時數之適。然不究人事之得失，為善無所勸，為惡不知懲，其或偶蹈愆尤，則以為一朝失足畢生莫贖，無復轉禍為福之望，而自棄之念益堅，自新之途遂絕。此作善所以日少，不善所以日多也。昔者聖人明於天之道與民之故，知夫婦之愚不肖非帝王法令所能徧喻也，獨有假神道以設教，使知天人之理息息相通，報應之機昭昭不爽，庶幾遏其邪念而奮其善心。於是仰觀俯察，體天地之撰，通神明之德，設六位以立易之體，施六爻以神易之用，又慮其繁而無當散而無紀也，於是區初上為本末，別三四為多凶多懼，獨於外卦取五之剛中、內卦取二之柔中。又慮尊卑不明上下無別，陰敵陽、小加大之漸將由此而開也，於是貴五而賤二，黜六而用九，當名辨物，正言斷辭，其別白九五而定一尊者，以為大中至正之道，於是乎在當位則得，得則必吉；不當位則失，失則必凶。失得之報，捷於影響。而又慮不幸有過者之欲改末由也，則又示以變化之方，開其補過之路，俾知剛柔動靜承順逆之際，不利進者退則無咎，不利退者進則無咎，失能變得，則凶可化吉，蓋聖人望人改過之心至親切矣。夫人知得之必吉則為善有喜心，知失之必凶則為惡有懼心，知由失變得之可免咎，則遷善改過有冀心。善乎《繫辭》之言曰：「吉凶者言乎其失得也，悔吝者言乎其小疵也，無咎者善補過也」。懋侯不敏，顧念年四歲即受易於先君子，同治辛未與弟建侯、毅侯講易安州，自是以後昕夕不輟，越十二寒暑，始於小過象傳悟上下順逆之理，繼於《繫辭上傳》得進退變化之義，最後乃知吉凶失得與無咎補過之故，恍然於《周易》一書專為五位而發，其上下各爻惟二為柔中，間或及之，餘則不置一辭。後世穿鑿支離，正坐逐爻求義耳。玩索既久，竊恐聖人之意久而愈失其傳也，爰為之注，而分繫失得於句下，使讀者兼正句讀，即取《繫辭》「明報」二字為是書之名，明敬述聖言，非敢臆為之說也。書既成，命長女閨瑜書付手民，而謹序其大略以俟有道者正焉。光緒壬午夏，前蜀學使者翰林院編脩閩陳懋侯序。

陳枚 周易直解 十二卷 存

浙江藏順治文治堂刻本

湖北藏清刻本

日本元祿年間（1688～1703）刻本（十卷。題易經直解）

◎文治堂本為兩節本，題《文治堂訂易經衷旨直解》。上節為《易經衷旨》，下節為《周易直解》。封面題曰：先賢易講幾於充棟，非識論幽玄趨於筮卜，即文辭繁蕪揜其本真，於聖人微旨愈闡愈晦。茲購得張太師原訂《易經直解》，一字一句，討究最明。上復加汪先生《衷旨》，一章一節，洗發機精，誠義經之合璧也。

◎文治堂本卷一卷首題江陵張泰嶽先生訂定，武林陳枚簡侯甫輯、繆樹胤德深甫參。卷五、卷九卷首題江陵張泰嶽先生訂定，武林陳枚簡侯甫輯、張國泰履安甫參。卷十卷首題江陵張泰嶽先生訂定，武林陳枚簡侯甫輯、繆樹訓次典甫參。餘卷未題。

◎目次：一卷乾坤屯蒙。二卷需訟師比小畜履泰否。三卷同人大有謙豫隨蠱臨觀噬嗑。四卷賁剝復無妄大畜頤大過坎離。五卷咸恒遯大壯晉明夷家人睽蹇。六卷解損益夬姤萃升困井。七卷革鼎震艮漸歸妹豐旅。八卷巽兌渙節中孚小過既濟未濟。九卷繫辭上傳。十卷繫辭下傳。十一卷說卦傳。十二卷序卦傳雜卦傳。

◎史大成序：易易學乎哉？昔聖人讀羲、文諸索，而慨然以思曰：「書不盡言，言不盡意」，則十翼固為三聖人解經也。乃為三聖解者，復多不盡之旨。又煩後之人取聖人所不得盡，竊聖人之意而以其意解之，是十翼所未見者，既將創聖人之所無、十翼所既見者，又將述聖人之所有，其于不盡之旨未知有當焉否也。易果易學乎哉？顧其書雖憂患實繁，詞旨深隱，要其本不出於乾坤，其理不外乎易簡，故曰易簡而天下之理得，亦可知解理者之通乎易簡而足也。乃易道甚全，而用易者又不可以全用古英雄臨大事、決大幾，以至高賢潛退、志士成仁，皆守一卦一爻之用。而乘時應變，積于不窮，則理在易簡明矣。然而得其意者蓋鮮，惟張江陵以經術為帝者師，神宗時直解經書以進。世傳其書久，而吾謂直之一字於易猶有當焉。以其直者必易、直者必簡，誠得四聖人不盡之旨，而通之於書者也。執此為學易者訓，易又安往而不易也哉！峕順治庚子歲秋八月，四明史大成書。

◎陳枚（1638～1708），字簡侯（簡庵），一字爰立，號東阜、補庵。浙江武林（今杭州）人。輯有《留青新集》《寫心集》《寫心二集》。

陳夢雷 周易彙考 四卷 存

古今圖書集成本（雍正銅活字印、光緒石印）

山東藏臺北成文出版社 1976 年無求備齋易經集成影印光緒圖書集成局鉛印古今圖書集成本

◎陳夢雷《西曹坐繫書懷兼寄兩弟詩》：生來傲骨太鱗峋，天遣鄒鐺試此身。長歎《楚詞》聊當哭，靜探《周易》已忘辛。清涼入夢呼明主，瀟灑題詩慰老親。吾弟幼期文信國，勤思忠孝莫傷神。

◎陳夢雷（1650～1741），字則震，號省齋〔註14〕，又號天一道人，晚號松鶴老人。福建侯官（今閩侯）人。康熙九年（1670）進士，選庶吉士，散館後授翰林院編修。四十年（1701），受命主編《古今圖書集成》。雍正元年流放黑龍江，乾隆六年卒於戍所。又著有《閒止書堂集鈔》二卷、《松鶴山房詩集》九卷《文集》二十卷、《日省堂文集》。

陳夢雷 周易淺述 八卷 圖一卷 存

四庫本

山東藏 1983 年臺北商務印書館景印文淵閣四庫全書影印國立故宮博物院藏本

山東藏臺灣新文豐出版公司 1983 年大易類聚初集影印文淵閣四庫全書本

九州出版社 2004 年易學叢刊整理本

◎周易淺述凡例：

一、《易》之為書，義蘊雖多，大抵理數象占四者盡之。有是理乃有是數，有是數即有是理。六經皆言理，獨易兼言數。顧數不可顯，理不可窮，故但寄之于象。夫子謂立象以盡意，而全象六爻之傳皆稱「象曰」，則理數之備于象可知。故今所註釋，多即其取象之由釋之。蓋知象則理數在其中，且可隨類旁通，不拘于一隅之見。不獨先儒精義有可融洽，即時解所稱君臣政教，亦不妨借為設象之觀矣。

一、有象即有占。本義分龍馬日月之辭為象，吉凶悔吝之辭為占。然占即在象中。蓋龍馬日月之辭，象也，即占也。吉凶悔吝之辭，占也，亦卦爻中有此象也。《繫辭傳》謂居則觀其象而玩其辭，動則觀其變而玩其占。然必平日審于象，既筮乃明于占。蓋觀象貴能變通，臨筮乃以我所問之事合之所占，

〔註14〕《四庫提要》謂字省齋，誤。

自能分其義類，以定可否矣。

一、是書雖參《註疏》《大全》及蘇氏、來氏之解，而要以《本義》為主。亦有《本義》所云，《大全》中朱子又存疑義者，則《本義》尚有朱子未定之解，自宜參之他家，以求其歸也。間有《注疏》《大全》所無，妄附臆見者，必明言與《本義》異同之故。非敢立異，正以心有未安，又不敢以己見托之先儒，故明言附一知半解，以待高明指摘耳。

一、解易數千餘家，未能廣覽。來氏獨于取象最詳。然一卦之中，內卦、外卦、二互卦、六爻變卦、變卦中互卦，取象已博，若再錯綜卦取象，亦太泛矣。愚意謂互變猶未卦也，錯綜則已屬意求之。如震為龍，乾亦言龍，正不必過拘也。

一、易之有圖，原列于經首，蓋卦畫在未有經之先也。今所附楊子道聲圖說，則有先後天配合，及方圓卦分合之圖，多後人之論矣。不知圖者固不得經之原，然不讀全經亦未能究圖之蘊。故附圖說于後，使人先從誦讀，求其文義，然後探其本原也。

一、是書義蘊本之先儒，圖說本之楊子，間皆附以臆見，獨于卦變有疑。凡彖傳言卦變者，《程傳》《本義》多異同，朱子亦多存疑義。三覆再三究，未得其不易之解。今凡彖傳言卦變者，俱照來氏綜卦言之，于理甚順。故闕卦變之圖，以待異日。

一、《易》之為書，雖理數象占所包者廣，大旨無非扶陽而抑陰，隨時而守正，教人遷善改過，憂勤惕厲，以終其身。學易者苟不悟此，則詮理雖精，探數雖微，觀象雖審，決占雖神，總于身心無當。故所解多于前後總論一卦大意，及逐《爻／象傳》之下發明聖人言外示人大意。雖未敢謂神明默成之道盡是，然借一二言自儆身心，庶克道聽途說之咎云。

◎所附楊道聲《周易淺述圖》一卷圖目：河圖圖說、洛書圖說、八卦小成圖說、六十四卦衡圖說、楊道聲先天卦配河河圖說、楊道聲後天卦配河圖圖說、楊道聲先天卦配洛書圖說、楊道聲後天卦配洛書圖說、先天主生後天主尅圖說、楊道聲圓圖左旋配節氣圖說、楊道聲圓圖右轉以生六十四卦圖說、楊道聲圓圖陰陽對待圖說、楊道聲圓圖卦次圖說、楊道聲圓圖初爻圖說、楊道聲圓圖二爻圖說、楊道聲圓圖三爻圖說、楊道聲圓圖四爻圖說、楊道聲圓圖五爻圖說、楊道聲圓圖上爻圖說、楊道聲圓圖雜撰圖說、楊道聲方圖總論、方圖縱橫八卦圖說、方圖經緯圖說、楊道聲方圖六十四卦相交圖說、方圖縱

衡貞悔圖說、方圖陽貞陰悔圖說、方圖分內外圖說、方圖天地相交之圖說、
楊道聲方圖合圖說、三十六卦錯綜圖說。

◎周易淺述序〔註15〕：昔夫子刪定六經，獨於學易必曰假年，而其功至
于韋編三絕，甚矣易之難言也。然漢晉以來言易者無慮數千家，其支離卦漏
者固多，而有功經傳者亦不少。蓋易道廣矣大矣，微獨薦紳先生探賾索隱，
得一望其津涯，即百氏異學，下至藝術者流，凡言之托於易者，亦不無一知
半解，有當於爻象之緒餘。蓋唯其理無所不包，故各以所見言之，亦或間有
所合，所謂仁者見之謂之仁，知者見之謂之知，百姓日用而不知者也。考亭
夫子訓詁諸經，斷《易》為卜筮之書，後世操戈入室之士，或從而病之。嗚
呼，通天下之志，定天下之業，斷天下之疑；又曰定天下之吉凶，成天下之亹
亹。夫子之言備矣。易之為卜筮，豈顧問哉？！其聖人之設為卜筮也，固將
以探吉凶悔吝之微，因之窮理盡性以至于命，非後世之以米鹽凌雜叩之瞽
史，以遂其計功謀利之私而已。然則執卜筮以言易，固有所未該。若輕而小
之，又豈聖人興神物以前民用之意哉。夢雷不敏，自總角讀書以來，竊以為
《易》之為書，夫子所言性與天道，及所謂一貫之旨不外焉，非一無以貫
多，非博亦無以反約。少年不自揣量，思博涉諸史，總攬百家之餘。而後乃潛
心于易，百氏之言，凡有近於易者，彙第可否，合成一書，而洊經多難，投竄
邊城，披閱既艱，見聞日錮，乃留都，貴介子弟執經從遊者不一，姑合《大
全》、《註疏》，掇其菁華，參附己見，遂妄據皋比，隨問以應。然精力衰憊之
餘，掩卷亦復茫然不自知其可否矣。大宗伯顧公，學究天人，淹貫六籍，漸庵
先生以家學淵源，英敏博贍，自講筵出歷留都西曹，公餘之暇，專意易學，
虛懷諮訪，以余講授有年，叩其所得，余殊茫然，深愧無以酬長者之問也。值
歲大比，諸生先後入都，乃據平日所見以應對諸生者，取紙書之，為期倉
卒，未及有所思索考訂，遂成一帙，分為八卷，而附吾友楊子道深《河洛圖
說》於後。雖兼取《註疏》、《大全》，而以《本義》為主，大意歸於卜筮而詳
於象占，以質漸庵先生，名之曰《淺述》。蓋古今傳註諸家皆自命有作，余所
言一本儒先，作易聖人言不盡意，先儒所解意亦不必盡言，則余所述，祇能
述其淺者而已。其于聖賢精義，不啻微塵涓滴，無當於泰岱溟渤之高深。先
生異日者參酌百家勒成一書，以羽翼經傳，聊以余言備藝術者流見聞之萬
一，使余得免于謬妄之咎，是余之幸也夫（得一道人曰：命意極平易，卻極的確

〔註15〕錄自陳夢雷《松鶴山房文集》卷十。

不可易。今人讀易，不能得一知半解而好語神奇，妄自張大，何不返其心思，一潛心於易也）！

◎何焞彥《易經遵孔八哲類稿》卷十二《集哲》：陳氏夢雷《周易淺述》，乃康熙甲戌夢雷戍尚陽堡時所作，大旨主《本義》而參以王弼、孔穎達、蘇軾、來知德及永樂《大全》。蓋行篋乏書，故所據止此其說多即象以明人事。末附三十圖，則其友楊道聲作也。

◎摘錄卷一首：昔者伏羲氏仰觀于天俯察于地，近取諸身遠取諸物，見天下萬有不齊之變，不外由太極而生陰陽，故畫一奇以象陽，畫一偶以象陰，而兩儀具見。一陰一陽又各生一陰一陽之象，故增二畫，而太陽、太陰、少陽、少陰之四象成。疊之為三而三才既備，則天地雷風水火山澤之八卦列。謂之卦者，言懸卦物象以示于人也。八卦既成，則八卦皆可為太極，復生兩儀而十六，四象而三十二，八卦而六十四，而萬物之變盡于斯矣。伏羲雖有六十四卦之畫，而未有文義。至文王始作彖辭以斷一卦之吉凶，如乾之元亨利貞是也。周公始作爻辭以占所動之爻之吉凶，如乾初九之潛龍勿用、九二之見龍在田利見大人者是也。伏羲六十四卦，夏商相承用之，皆有其書。夏曰《連山》，首艮；商曰《歸藏》，首坤；至文王、周公則首乾。《連山》《歸藏》不傳，今經則文王、周公所作，故曰《周易》也。易之為字，從日從月，陰陽具矣。易之為義有二：曰交易，陰陽寒暑上下四方之對待是也；曰變易，春夏秋冬循環往來是也。易分上下兩經：上經首乾坤而終坎離，下經首咸恒而終既濟未濟。意義所該者廣，圖說亦發明其略，非以簡帙重大而分也。孔子始作十翼：上彖一、下彖二、上象三、下象四、上繫五、下繫六、文言七、說卦八、序卦九、雜卦十。《周易》上下二篇合孔子十翼凡十二篇，後人以《彖傳》《象傳》《文言》分入諸卦，而上下《繫傳》及《說卦》《序卦》《雜卦》附于下經之後。故曰《易》為四聖之書者，此也。

陳明遠 易窮三昧 無卷數 未見

◎孫殿起《販書偶記》卷一：《易窮三昧》無卷數（雲間陳明達撰。底稿本。首有沈荃、金是瀛諸序。據序稱，明達四齡而盲於痘，六書之點畫不辨。且其先君早世，過庭之訓未聞。乃析理剖義，渺論微言，得之耳食。非天慧夙具，何能爾爾也）。

◎一名《易窮三昧口訣》。

◎嘉慶《松江府志》卷六十一《藝術傳》：四歲失明，稍長通易理，卜筮

多奇驗。著《易窮三昧口訣》，同里金蓬山、沈繹堂為之序，至以司馬季主目之。垂簾之暇，兼喜吟詠。

◎光緒《重修奉賢縣志》卷十三《人物志》四：四歲失明，稍長遂通易理，卜無不驗。著《易窮三昧口訣》，同里金蓬山、沈繹堂為之序，以司馬季主目之。垂簾之暇，兼喜吟詠，與金、沈兩公相唱和。

◎陳明遠，華亭（今上海）高橋人。年八十而終。

陳鼎 槎溪學易 三卷 存

國圖、北大、上海、南京、山東、湖北、中科院藏同治十三年（1874）陳公亮等保定蓮花池刻本

◎黃彭年《槎溪學易序》〔註16〕：陳君作梅既卒之明年，其孫公度奉《學易》遺橐丐為之校正。其書仿《繫辭》之體，師程子以人事說易，而參用漢人消息錯綜之義，大旨主於抑陰扶陽勸善懲惡，要歸於聖人寡過之意。其言切近而文，以史事使人易知而易從。刻既成，序其端曰：易之道本乎陰陽，陰陽之理一也。然陽剛而陰柔，陽明而陰闇，故趨道者必歸於陽，聖人於陽克陰之時欲陽自為主，於陰克陽之時尤欲陽自為主。陰陽動而善惡分，善惡分而吉凶見，故曰吉凶與民同患。蓋君子小人之辨而泰否之兆著焉，然其類至繁，其幾至密，卦有八而演之為六十四，爻有三而重之為六，演之為三百八十四，其策且至萬一千有奇而不可勝窮。非因夫卦之象、爻之理察其所賦之性與所處之勢，則人事之繁且密者無從擬其形容而觀其會通，而遑論天道乎？且卦也者著天下之時，爻也者倣天下之動，非歷艱屯更憂患，極天下之時、之動、之變，又烏從而極深研幾、引申觸類以盡天下之能事也？陳君嗜學不倦，通達古今，喪亂疊經，周知情偽，是書之作，於陰陽消長之際有微旨焉。後之讀者，可以知陳君之為人矣。

◎黃彭年《陶樓文鈔》卷十四《祭同年陳作梅先生文》：嗚呼陳君，道豐遇屯。衰遲莅事，志壯身隕。遺愛與直，昔賢所悼。矧予與君，同志同道。道光之中，海內治平。雍容著作，金馬承明。時予同譜，迺有二陳。心泉專精，橫渠講易。君學伊川，欲奪其席。予年也少，閉戶治經。心儀雙南，跡阻問津。世變忽逢，知交星散。予返黔山，君歸江畔。嗟哉吳楚，淪胥以亡。履貞出險，遭亂而康。洸洸胡公，砥柱郇鄂……既奠民居，爰稽文獻。三輔徵圖，

〔註16〕錄自黃彭年《陶樓文鈔》卷八。

館儒集彥。謂予自隗，君賦緇衣。奇疑賞析，翰札飛馳。手持一編，效《繫辭》體。天人之幾，寡過之旨。經術匡時，篤行勵己。苟競厥施，今罕其擬。憶予去歲，重晤心泉。君又何哉，論學經年。孰謂兩賢，相繼摧折。

◎陳鼐，字作梅，號槎溪。江蘇溧陽人。道光二十七年（1847）進士。歷保道員，官至直隸清河道，署按察使。卒於官。附祀保定曾文正國藩專祠。沈酣載籍，具經世大略，嘗入曾國藩幕。鄂撫胡林翼謂「作梅平實明白，吾見亦罕」，遂引與計事。又著有《求志集》。

陳鼐 易鈔 未見

◎郭嵩燾《郭嵩燾全集·日記》咸豐八年十月廿四日：作梅見示《易鈔》一本。蓋合程子《易傳》、來矣鮮《周易集注》、王而農《周易內傳》三書，約文申義，斷以己意。其指陳事理尤多精到之論。如坤之象云：乾以剛修己，克己復禮之道也。坤以柔治人，民胞物與之道也。蒙六四「困蒙，吝」，陰柔無應，上下皆比於陰。生無道之世，日與流俗相與，不見正人不聞正道，君子之所憫也。需初九「需於郊，利用恆」，身處曠遠，必卓然自守，養剛健之德於心，始能不改其度，若悠悠忽忽與世相忘，是自絕於天下也。飯糗茹草，若將終身，固有明倫察物之學焉。比六三「比之匪人」，如嚴助之於淮南王，蕭至忠之於太平公主，既以傷世，還以自傷，聖人惋而悼之。履九二「履道坦坦，幽人貞吉」，修身正志，與天下之凶危相忘，物自不能加害。夫外物之蔽豈能亂人，人自亂耳。以曹操之猜雄，田疇、徐庶可行其志，貞勝故也。否之象曰「大往小來」，天運也，莫之為而為者也；進以禮，退以義，人事也，處否之道然也。隨大象「君子以嚮晦入晏息」〔註17〕，以一身言之，少陽之火潛於少陰，養身養德之道備矣。平旦之氣，所以清明，息之功也。數條多而農之論。持身涉世、處亂履險之道，所得為多，故錄存之。

陳鼐 省吾齋學易外編 不分卷 存

上海藏 1920 年鈔本

陳鵬飛 河洛圖解 一卷 佚

◎道光《永州府志》卷九上《藝文志》：《河洛圖解》一卷，國朝道州陳鵬

〔註17〕《湖湘文庫》本斷作「君子以向，晦入晏息」，疑誤。

飛譔。

◎道光《永州府志》卷十五上《先正傳》：著《河洛圖解》一卷，獨抒心得，足以羽翼經傳。

◎陳鵬飛，字際五。湖南永州道州（今道縣）人。康熙歲貢。蚤歲潛心理學。官沅陵司訓以終。

陳其揚 注石函古本參同契 佚

◎自序〔註18〕：《湖南文徵》卷六十三：伯陽此書，方外之書也。而《參同》於《周易》何也？《周易》一書，無乎不貫者耳。其書直以乾坤為體坎離為用，餘六十卦為消息流行之序而已，此上篇之旨也。中下二篇則釋體而言用，然於坎離震兌艮巽復始屯蒙之象，隨其所在，無不脗合。故曰《周易》一書無乎不貫者也。自前代以來，注《參同》者數十家，莫不從舊本錯簡為之。乾隆七八年間，偶於方外得石函古本，歸而讀之，初不敢信，及考伯陽自言有曰：「書成，密獻徐從事徐為立注。」從事即今本景休其人也，而非伯陽之弟子。高象先云：「叔孫通從事魏伯陽。」是叔通者乃伯陽之弟子也，亦既實有其人矣。又按景休上中下三篇，皆於伯陽三篇次第發明，不爽豪髮。叔孫自謂補遺，篇中實有補遺之語，其理又皆不爽，然則此書決非好事之流故為矯誑以瞀嗜古者之目，可知矣。昔朱文公亦知此書方外之書也，而以《參同》於《周易》，故反覆於其間，惜其所得皆錯簡本。今得此書，則條理脈絡井然矣。夫積千百年不解之疑，一旦自我解之，而不彰闡以散於人間，與讀書竊知其解而不急出所見就正有道，俾得證其所是而教其所非者，皆過也。因敬注而刊行之。

陳啟彤 易通例 一卷 存

國圖藏民國 1922 年鉛印海陵陳氏寓齋叢書本

山東藏 1923 年刻本

鳳凰出版社 2015 年盧佩民主編泰州文獻第四輯（泰州文存）影印本

◎目次：說道篇弟一。說象數篇弟二。說引申篇弟三。說卦篇弟四。說彖象篇弟五。說爻篇弟六。坿彖言作於周公說。

◎陳筦侯學易序：易義海也，漢宋諸說雖不盡善，而各有心得，未可偏

〔註18〕錄自《湖南文徵》卷六十三。

重，亦未可偏廢也，在學者自擇之耳。吾邑前修，通易學者代有明賢：漢呂岱勇於聞過，有《周易》禮言恭、德言盛之美；唐張懷瓘謂庖犧氏畫卦以立象，軒轅氏艁字以設教；宋胡安定有《周易》十卷《口義》一卷《繫辭》十卷，完書罕見。吾兄子文潛心研求，搜羅舊說而手錄之，用力至勤，亦未成書。同學顧瑞夫孝廉述及東關外鮑壪有丁半村老人壽祺精于《易林》，有前知之術，於六十年後事瞭如指掌，卒無箸述。故友陳芷塘學博傳其嗣祖小鶴先生之學，工於尚辭，而芷塘于潛龍獨有說，刊諸年譜中。今其姪孫啟彤筦侯復講求易學，以《說文》為根據，無支離坿會之弊，並無武斷改經之習，行文亦簡潔。年力甚富，所至正未可量。故其見獨超越時議。芷塘為不死矣！昔晉王弼說易多格言，宋儒取之，獨於乾卦兩「其為聖人乎」改前聖人為愚人，則識陋而妄矣。兩聖人各有所指，一為力征經營之聖人，一為推位讓國之聖人，皆以天下為心者。或至死不變，或成功不居，難為肥遯嘉遯，視天下之存亡得失漠然而不顧，若無與於己者之道也。中華民國十一年壬戌冬，袁鑛序於尋樂堂。

◎凌文淵序：昔者尼父有言曰：「加我數年，五十以學易，可以無大過矣。」史俑其韋編三絕。《易》之為書，奧衍難讀可知已。四聖繼軌，漢宋循途，亦無理不達，而習者展卷猶有望洋漫涂之憂，其故又安在邪？此如鑿薶金之壙，耇哲雖萊路牁開，穴道洞闢，而脈胳匕藏、隱顯斷續，俴者又焉能扰盡乎？吾揚前輩焦理堂先生具尋胳之志，作《易通釋》，頗概括觚理，而未能無肬義，引申之說未曲竟也。《繫》曰：「引而申之，觸類而長之，天下之能事畢矣。」陳子知夫此也，又以為既食舊德，當拾其遺，於是發明引申之理，本《繫辭》故說而提以為綱、挈以為領，如近世治科學者然。說之例有六，皆脈胳也。立特例三：曰質、曰德、曰用，則扰測之方也。而其樞機則在引申。故前哲之未能會通者，執茲為串，乃如庖丁解牛，其張皇幽渺、盡洩秘藏之功何如偉哉？！書名曰《易通例》，執例演經，又述二冊曰《通釋》。陳子謂不嫌同於理堂，以名實孚也。吾嘗謂《易》之為書，哲理之實載也，豈獨冠冕中夏諸經哉。大莫能載，小莫能破，盡在此已。陳子獨能譔然而離蘇之，使薶金輝煜，蓋二千年來未發此潛德之光也。尼父而後，漢宋諸儒說茲大易，匪偏於象，則重于數，不偏不倚者，其唯此三冊邪！民國十二年冬月，同里凌文淵序於京師簡廬。

◎易通例跋：中國二千年來治易諸家，無慮仟伯，孰不崇尚漢儒、擯斥

餘子？推其弊也，則學之半鄰左道，無復挽救，而書之曼衍灝瀚亦靡測其涯。
即漢儒本身言之，雖精如鄭、荀，博如虞、陸，畧可勝王肅之坿託與王弼之
空疏，亦未能已斯病也。迨夫宋儒輩出，臆說朋興，其弊尤不可勝道。至清朝
中葉，東南二惠一張闡表漢易，昭然發矇，為最近學易者之大殿，其嘉惠後
進者特眾。所惜亦不能超乎漢儒範圍以外更張大之，而于易之道里獲其全耳。
此書之作者，吾鄉陳先生，晚出于惠、張者近百年，邃精小學，因而治經。所
著易學二種，是不啻襲用六書與九數之方式而大闡前賢之所未發，與近世諸
家守誤文孤證、穿鑿傅會之習迥乎不相侔者也。夫《易》之為書，其卦體統屬
本與六書相合，而卦象變化亦與九數相衡。蓋卦有專屬于一卦者，猶字之分
別部居也；有兼屬于他卦者，猶音之合均通用也。卦有錯綜而不雜者，猶算
之句股弦矢，含一定之法也；有參伍而不亂者，猶數之正負和較，含無窮之
用也。此就其大者言之也。是故繫而有譜，別音均而有表，此談六書之方式
也。推之為演段，繹之為細草，此談《九章》之方式也。循論理而讀書，定界
說而求道，此今先生談大易之方式也，則與前二者豈有異哉？若乃此書之精
蘊，則在所謂易不可以象數形名之也。於大中見小，小中見大，實中有虛，虛
中有實之一義。夫《易》之為書，其在東方本名玄學，桓譚《新論》曰：「揚
雄作《玄書》，以為玄者天也，道也。」又曰：「宓犧氏謂之易，老子謂之道，
孔子謂之元，揚雄謂之玄。」是則此數字也，皆同出而異名者也。《說文》訓
玄為幽遠，象幽而入覆之，其實大鈞茫茫，大塊搏搏，易與天與道與元竝生，
而欲追溯天道之元始者。而天道之元始，其象又渺不可見，僅能以不可思議
之妙理顯不可思議之妙用而已。故古人特以幽遠及象幽為定義，而稱之曰玄
學，謂非象境所能臆測者也。夫易之言元，曰乾而有乾元，曰坤而有坤元，
《說文》訓元從一兀，即兼從一兀得音。而一兀寔為絪縕之轉，絪縕者伊字
之轉，而伊字則又天地之元音也，故易言天地之絪縕者，此泰古之民渾渾噩
噩，不能得天道元始之象境，而以此二字為天道元始之該括也。于是元字之
義或訓一、訓首、訓气之始也，又訓原、訓端、訓天地之始也，訓萬物之本
也。其在易中之微言，則曰潛、曰隱、曰幾、曰微、曰精、曰神、曰深、曰遠，
皆謂非象境所能臆測者也。綜此數者，豈非易之為道，本不可以象境求之乎？
又《易緯》曰：「易始于一」，夫易何為而始于一也？《公羊》元年「春王正
月，元年者何」，何休注曰：「變一為元，元者气也。」董仲舒曰：「唯聖能屬
萬物于一而繫之元，故不及本所從來而承之，不能遂其功，是以《春秋》變一

謂之元，元猶原也，其義以隨天地終始也。」察董氏之言，是不啻解釋易始于
一即易始于元之變辭。蓋易談天道之元始，而一紀天道之元始者也，故一不
得謂之數。謂之數之始由一生二、二生三、三生十百千萬，其後乃得謂之數
也。于是一字之義或訓數之始、物之極也，訓少之極也，訓天地之始一其紀
也，訓道者神明之源一其化端也。其在易中之微言，則恆六五象傳曰「婦人
貞吉，從一而終也」，又曰「天下同歸而殊途，一致而百慮」，又曰「三人行則
損一人，一人行則得其友，言致一也」，綜此數者，豈非易之為道，亦不可以
數理求之乎？又前引《公羊》何休注曰：「元者气也」，無形以起，有形以分，
造起天地，天地之始也。《春秋說》曰：「元者端也，气無形以起，有形以分，
窺之不見，聽之不聞」，又曰：「天混沌無形體。」此皆言有形生于無形也，皆
言無形先于有形者也。《說文》訓无為奇字無也：「通于元者，虛無道也。」蓋
天道元始之時，物未逞形，可以謂之無形，不可以謂之無物，故無形二字本
通于元始之義焉。綜此數者，豈非易之為道且不可以形位求之乎？又《呂氏
春秋‧大樂篇》曰：「道者至精也，不可以形，不可以名，彊為之謂之太一。」
《尹文子》曰：「形也者，物此者也；名也者，命此者也。故形以定名，名以
驗事。」此皆言物之可以形者方可以名之也。今天道元始之時，竝象數形三
者而亦無之，則又何從而訂名歟？大抵物有象數形三者，有界域有起訖，皆
可從而得名；道無象數形三者，無界域無起訖，皆無可從而得名。漢儒談易
有太易、太初、太始、太素之名，宋儒談易有無極、至極、先天、後天之名，
皆所謂彊也。綜此數者，豈非易之為道尤不可以名類求之乎？是則此書之精
蘊義也，顧亦有說者。昔羲農之畫卦固未嘗不言象數，姬孔之繫辭亦未嘗不
言形名，寧有不言象數與形名而可以謂之言易者乎？要知不爾，蓋羲農姬孔
所言之象數與形名，皆為無得已之事，籍有他法可以範圍大易，則必不用此
象數與形名之法，致令其不可以由大中見小、小中見大，及實中有虛、虛中
有實之道，而使易之精蘊，終不可以盡其廣大與精微之體用也。而況後儒承
羲農姬孔言象數形名之后，遂無不泥于象數形名之中。因是言易，亦何有于
易，亦何可求易？不已陋乎？今先生可不泥于象數形名之中而求易，故就于
羲農姬孔之言，以發明其學，乃分質、德、用之三方面與正、轉、反之三引申
法以求之，其書信可謂卓絕矣，且可自立一言，榦雖前人，有枝葉扶疏、垂蔭
蔽畝，扣其條而振之，亦無不阿那隨風，若弓之受檠、田之有畔。此先生推
理力之精，舉其膏馥，誠足以沾溉後進者眾矣。吾束髮受書，即稍聞易教，研

理漢詁,亦經過六七寒暑,然求諸易教中潔淨精微之旨,則終未嘗有所心獲。庸庸娽娽,生且二十有九年矣,誠恐斯學之不振,殊為研理國詁學者之深羞。茲得先生之二書,乃聞京師中人業為其傳于厥氏,壽之棗木,竊喜得沾溉于後進,而為吾道之先河也。故尋繹此書最精之語,而又徵引如是焉。民十二初秋,從遊古揚州程罌跋。

◎民國《泰縣志》卷二十八《藝文志》:陳啟彤《易通例/通釋》。

◎陳啟彤(1878~1926),字管侯。江蘇泰縣(今泰州市姜堰區)人。

陳啟彤 易通釋 二卷 存

山東藏 1923 年刻本

◎自序:中夏舊藉,明道達用、推理致備者,蓋莫逾於易已。四聖繼作,乃集大成。斯豈徒為卜筮而已哉?孔聖而後,傳學近二千載。漢宋兩派,雖解循途,序次條貫,未克昭明。然既多方為博,則返約自徵。既食舊德,當拾其遺。彤乙卯病愈,誓研經補過,勉成訓詁,微以為讀經之助。知聖道在易,有政有民斯為不廢,理之所在不嫌,大象云王,乃就諸家解說玩味鑽索,時逾二稔,畧窺旨趣,因述《通例》一卷,次為《通釋》二卷,科程是重,率於修辭,竊謂一二世後學者當復眾也,敢竭吾才,留為導引。深愧薄於畜德,俴閱眾甫,《大象》所示內聖外王之道,猶多未諳,其有闕謬,正求明賢焉。

◎凌文淵序:中國哲學主一元,衍以象數,則極於三,故易有三名,亦猶佛經三藏爾。準茲以通諸理,無不釋也。厥誼匪剙獲,而已肉不暢,學者重博忽約過耳。陳子《通例》發其覆,故余譽為鑿岓。用以稽徵,因有《通釋》二卷,注解約畧,而如橐之括,得其主也。卦一元也,而彖象二三之,是以二元釋一元,極而三之,猶一也。以三為釋,以一為通,故嵩緒有統,間斷可續,適變有方,諸家之解不啻轉為其注腳。匪泛覽諸家,弗覿此書之諦;非玩繹此書,亦弗克審諸家之盡,用故名《通釋》。一貫三之理既得,則先聖擬以之主定,而陰陽剛柔時位應敵定,而吉凶悔吝亦定,此橐鑰用也。余聞《楞嚴》說《三藏真詮》,其後解結,從根著者,於道深致力焉,將以《通釋》中西哲理,大一元之學,其以此書為借根而解脫,自伏羲至今之吉凶悔吝歟?則盡先聖憂患作易之心已。民國十三年歲在甲子,同里凌文淵述於京師簡廬。

陳遷鶴 牖窺堂讀易 一卷 存

福建藏清鈔本

◎陳遷鶴（1636～1714），字聲士，號介石、景南。福建安溪人。康熙十九年（1680）舉人，二十四年進士，選庶吉士，授翰林編修。歷官左庶子，終官左春坊、左庶子，掌坊事。通經學，不墨守成說。治易以太極為生成之理，在陰陽動靜之中，採諸說而折衷於程朱，以卦意推爻辭。著有《易說》二十四卷、《論易》十五卷、《尚書私記》一卷、《毛氏國風繹》一卷、《春秋紀疑》三卷、《閒居恆聞》一卷、《上峯堂文集》二卷、《春樹堂文集》二卷、《韓江草》一卷。

陳遷鶴 論易 十五卷 佚

◎乾隆《晉江縣志》卷九《人物志》：著有《論易》十五卷、《尚書私記》一卷、《毛詩國風繹》一卷、《春秋紀疑》三卷。

◎道光《晉江縣志》卷七十《典籍志》：陳遷鶴《論易》十五卷、《尚書私記》一卷、《毛詩國風繹》一卷、《春秋紀疑》三卷、《小學疏意》二卷、《春樹堂文集》二卷、《上峯堂文集》二卷、《閒居恆聞》十二篇、《韓江草》一卷。

陳遷鶴 易說 二十四卷 存

福建藏清鈔本

◎一名《珍山陳庶子易說》。

陳仁恩 周易參微 佚

◎嘉慶《餘杭縣志》卷十六《經籍》錄陳夢說《兩遊洞霄宮記》：道人曰：「予有註釋數種及雜詠，索解人不得，願取以相證，可乎？」予索觀之，曰《黃老指歸》《周易參微》，雜詠附焉。予因相與論《陰符》數義，並歷數古人得力於《陰符》者幾許人而歸宿於李筌註釋之善。

◎嘉慶《餘杭縣志》卷三十《方外傳》二：乾隆己丑，陳觀察夢說游大滌洞，畢至，方丈仁恩出所著《黃老指歸》《周易參微》並雜詠附焉。夢說因與論《陰符》數義，並歷代古人得力於《陰符》者幾許人，而歸宿於李筌註釋之善，盤桓移時而別。

◎嘉慶《餘杭縣志》卷三十四《經籍》一：《周易參微》（卷未詳。見《貝

本恒傳〉），國朝洞霄道士陳仁恩撰（梁同書《貝本恒傳》曰：本恒之學宗郝真人，先明易道之源，晚造神仙之域。嘗以所得示仁恩，云欲明性命之理，不外《周易》。于是仁恩奉教垂三十年，得明其旨，撰成《周易參微》《黃老指歸》二書）。

◎凌樹屏《題大滌山人〈易傳參微〉詩》〔註19〕：易象難逢輔嗣才，羲文妙理倩誰推？羨君舌本瀾翻甚，使我心花多多開。

◎陳仁恩，號大滌山人。浙江檇李（今桐鄉）人。餘杭洞霄宮道士。

陳詵 易卦玩辭述 四卷 存

上海藏康熙五十一年（1712）信學齋刻本

上海藏康熙信學齋刻本（二卷）

◎陳詵（？～1722），字叔大，號實齋，諡清恪。浙江海寧人。康熙壬子舉人，由中書科中書官至禮部尚書。又著有《詩經述》一卷、《四書述》十九卷。

陳詵 易經述 不分卷 存

哈佛、國圖、湖北藏康熙信學齋刻本

◎目次：乾坤、屯解、蒙蹇、需訟、師比、小畜大畜、履謙、泰否、同人大有、豫漸、隨歸妹、蠱困、臨遯、觀頤、噬嗑中孚、賁革、剝夬、復姤、無妄大壯、坎離、咸恆、晉明夷、家人睽、損益、萃升、井鼎震巽、艮兌、豐旅、渙節、小過大過、既濟未濟。

◎乾隆《杭州府志》卷五十七《藝文》一：《易經玩辭述》三卷（國朝禮部尚書海寧陳詵叔大撰。《浙江遺書總錄》作《易經述》一冊）。

◎《浙江通志》卷二百四十一《經籍》：《易經玩辭述》三卷（海寧陳詵著）。

◎四庫提要：其書取六十四卦每兩卦為一篇，前列經文而綴總論於其後。前無序文亦無凡例，觀其兩卦合併之意，有以陰陽相反言者，乾、坤、剝、夬、復、姤、坎、離、震、巽、艮、兌、臨、遯是也。有以上下反對言者，屯、解、蒙、蹇、需、訟、師、比、泰、否、未濟、既濟、同人、大有，隨、歸妹、無妄、大壯、晉、明夷是也。有以卦名比合言者，小畜，大畜、小過、大過、損、益是也。有以雜卦連合言者，咸、恆、家人、睽，豐、旅、渙、

〔註19〕錄自嘉慶《餘杭縣志》卷三十四《經籍》一。

節，萃、升是也。至於履與謙、豫與漸、蠱與困、觀與頤、噬嗑與中孚、賁與革、井與鼎，則未審其所以合併之意矣。

陳詩 辭例 一卷 佚

◎光緒《黃州府志》卷三十二《藝文志》：《周易本義輯解》十二卷、《象例／筮例／辭例／義例》各一卷，蘄州陳詩撰（《州志》）。

◎陳詩，字觀民，一字愚谷。湖北蘄州人。乾隆戊戌進士。官工部主事。又著有《四書類考》《四書人名考》《六律五音考》諸書。

陳詩 筮例 一卷 佚

◎光緒《黃州府志》卷三十二《藝文志》：《周易本義輯解》十二卷、《象例／筮例／辭例／義例》各一卷，蘄州陳詩撰（《州志》）。

陳詩 象例 一卷 佚

◎光緒《黃州府志》卷三十二《藝文志》：《周易本義輯解》十二卷、《象例／筮例／辭例／義例》各一卷，蘄州陳詩撰（《州志》）。

陳詩 義例 一卷 佚

◎光緒《黃州府志》卷三十二《藝文志》：《周易本義輯解》十二卷、《象例／筮例／辭例／義例》各一卷，蘄州陳詩撰（《州志》）。

陳詩 周易本義輯解 十二卷 佚

◎光緒《黃州府志》卷三十二《藝文志》：《周易本義輯解》十二卷、《象例／筮例／辭例／義例》各一卷，蘄州陳詩撰（《州志》）。

陳十朋 讀易心解 佚

◎光緒《衡山縣志》卷四十《著述‧國朝》：陳十朋《讀易心解》。

陳士璠 易義 二十餘卷 佚

◎郭尚先《郭大理遺稿》卷四《陳魯齋先生墓志銘》：先生少學易，老彌專，於鄭、王、焦、虞、程、朱外多所悟，作《易義》二十餘卷。或請刊以傳世，先生曰：「此身後書也。」其謙謹如此。

◎陳士璠，號魯齋（1741～1813）。學使王文端公賞其文，錄之邑庠，旋

補廩生，學益邃。乾隆戊子丁酉鄉試再薦，厄於額。嘉慶元年充恩貢。為文清微孤迥。

陳世鎔 讀易雜說 一卷 存

江浦陳洙1920年刻房山山房叢書本

山東藏臺北成文出版社1976年無求備齋易經集成影印1920年刻房山山房叢書本

◎陳洙序：漢以來言易凡三變：荀、虞、京、鄭言象，王氏而降舍象言理，至宋而圖學興。有清諸儒之粹者則兼採漢宋而通其郵。懷寧陳大冶先生《周易廓》亦其一也。先生道光朝舉人，官甘肅知縣。今《周易廓》並所著《求志居集》流布絕少。此一卷附《周易廓》後，特為刻入叢書。夫易之為學，推天道以明人事，在一身則以理制欲，在天下則以君子制小人，而其道實賅于元亨利貞之四字。譬之草木，始芽，繼花，終而果實，實而又芽，循環無端，萬物皆然。故孔子贊易，推明乾坤之德歸于易簡，而又有懼以終始之言。明乎此，可與讀諸儒言易之書，以闡四聖心傳之蘊，自修身以措諸天下，不難矣。因序《讀易雜說》而推論之，而非此一編所能囿也。戊午仲夏，江浦陳洙珠泉序於海桑仙館。

◎摘錄卷末：

作易之旨、讀易之法皆備于《繫辭》。孔子晚而喜易，韋編三絕，其要在于寡過。即以為卜筮之書，吉凶與民同患，亦欲使天下因筮修省，同歸于寡過也。陰陽消息，天道即在吾身；治亂興衰，氣數存乎人事。以理徵象，於象觀理，庶為得之。漢宋分塗，皆執一也。吾為此懼，閑先聖以詔來學，豈好辨哉？

說易之書見於列史《藝文／經籍志》及陳振孫《書錄解題》、馬貴與《文獻通考》、朱竹垞《經義考》，諸所記載，更僕難數。荒陬下里，不能盡窺四庫之藏，第就目之所見，取以證吾說，與前人同者，才十之一二而已。鄉先輩東川楊氏、銳齋汪氏、亡友月岑李氏，皆著有成書。楊氏以伊川《易傳》、朱子《本義》為宗，入理至深，亦不肯苟同，時有糾正，不詭於道。汪氏《七經偶記》出入漢宋，意無偏主，易說特其一端。兩家均不愧大醇之目，惟均未能破除河洛先天習氣，其所蔽也。李氏則頗染惠、張之怪論矣，然苦心力索，俛焉終身，要為自拔於流俗者。故各采其精粹若干條著於篇，無使湮沒無傳，亦

猶康成推崇毛公之意也夫！

◎陳世鎔（1787～1872），字大冶，又字雪樓（爐），號易學山人。安徽懷寧人。嘉慶十八年（1813）拔貢，嘉慶二十一年（1816）舉人，任婺源縣教諭。道光十五年（1835）進士。以知縣分發甘肅，歷任隴西知縣、岷州知州、古浪知縣。好蓄書，巡撫陶澍愛其才，取置門下。平生喜治堪輿家言。又著有《書說》、《詩說》、《禮說》、《春秋說》、《學庸俟》、《論語俟》、《孟子俟》、《易學支流》、《求志居唐詩選》八十二卷首一卷、《求志居詩稿》四卷、《求志居詩集》二十二卷《文集》十四卷《外集》一卷《時文》一卷《時文補》一卷、《皖江三家詩鈔》（一名《皖上三家詩鈔》）三種四卷。

陳世鎔 易學支流 四卷 存

南京藏道光十四年（1834）求志居刻本

◎周按：或題易學山人著。易學山人為陳世鎔號。

◎民國《懷寧縣志》卷十八《仕業》：所著有《周易廓》二十四卷、《書說》四卷、《詩說》六卷、《禮說》三卷、《春秋說》四卷、《學庸俟》三卷、《論語俟》三卷、《孟子俟》一卷、《易學支流》二卷、《求志居詩集》二十卷《文集》十六卷、《求志居唐詩選》八十二卷、《皖江三家詩鈔》四卷、《求志居時文》二卷。

◎陶澍《印心石屋文鈔》卷七《易學支流序》〔註20〕：堪輿家言起於漢晉，而極於唐宋之際。《青囊》《捉脈》以還，眾說雜陳。趙汸序《風水選擇》所云「得陶書者為陶，得郭書者為郭，得楊、曾書者為楊、曾，真偽純駁莫辨，淫巫瞽史，遍天下」者也。顧堪輿之說雖繁，總不出公劉「相陰陽」、「觀流泉」二語。山法水法，備於此矣。乃後世幽杳之談，顧多托諸理氣。相傳唐以前，陰陽秘本皆藏於內府。開元中，聞喜、邱延翰以《天機心印》進呈。迨黃巢之亂，掌靈臺事竇州楊筠松叔茂得其書，流寓江西，作《疑龍》、《撼龍》、《三十六龍》等書，其《天玉經》則專言理氣，元空、大卦、八神、三元、九星等名皆非世所習聞。近日雲間蔣大鴻《地理辨正》出，乃更迂其辭、晦其旨，謂楊公別有口授。怪鬼輩因假為護符，人人自詡為得鴻寶秘傳。惑其術者，舍龍脈而講元空，將使沮洳糞壤皆得指為三元旺地。數十年來，所見人家移居遷葬，受蔣盤之禍者指不勝屈。夫陰陽家言所以為宅、葬

〔註20〕此序又見於《湖南文徵》卷七十三。

也，大易言取諸《大壯》，取諸《大過》，即宅、葬所由昉也。聖人先天弗違，安死利生，固非貿貿然以取之，故曰「陰陽一道也」。道即理也，氣依理而立，理載氣以行。既曰理氣，豈有無理之氣哉！吾門人陳子雪樓，治經之暇，乃以經術比附，疏通證明，為《天玉了義》、《陽宅易簡》二書。以江東、江西之卦為即四正四隅，以八神一二分配干支，以五黃加向為仿《說卦》出震見離，以左旋、右旋為本《月令》左个右个，悉從來未發之覆。蓋至是而《天玉》始確然有義例可尋，一切荒唐悠謬之說不攻自破矣。陳子於諸經皆有論述，尤好學易。是書於易，雖僅支流小數，然因源竟委，明白正當，固吾儒即物窮理之一端，非術數家所能階而企也。余故樂為序之，庶幾利用前民之一助云爾。

◎羅汝懷《綠漪草堂文集》卷十七《書陶文毅公易學支流敍後》：《易學支流》及此敍，卅年前曾見傳本，其後留心風水之說，復取蔣氏書研究而博採之，無論浮淺影響，及其稍精者亦不能與《天玉》等篇悉合，則既廢然返矣。今人好言蔣法而又不得其解，遂至各有師授、言人人殊。曾不計其無當於蔣，即當於蔣，仍恐無當於楊也。今所傳世族名墓，多在蔣書未出之前，又何說乎？雪樓名世鎔，皖江老宿，經學文章皆邃，近年屢至湘中，談次不及風水，蒙亦未嘗即其八神、五黃之說叩之也。是編於堪輿家言，或信或闢，皆兼載之，俾學者有折衷之道而無惑於術數云。

陳世鎔 周易廓 二十四卷 存

國圖、北大、上海、南京、浙江、湖北、山東、中科院藏咸豐元年（1851）獨秀山莊刻本

四庫未收書輯刊影印咸豐元年（1851）獨秀山莊刻本

湖北藏 1914 年重刻本

◎目錄：卷之一乾坤。卷之二屯蒙需訟。卷之三師比小畜履。卷之四泰否同人大有。卷之五謙豫隨蠱。卷之六臨觀噬嗑賁。卷之七剝復無妄大畜。卷之八頤大過坎離。卷之九咸恆遁大壯晉明夷。卷之十家人睽蹇解。卷之十一損益夬姤。卷之十二萃升困井。卷之十三革鼎震艮。卷之十四漸歸妹豐旅。卷之十五巽兌渙節。卷之十六中孚小過既濟未濟。卷之十七繫辭上傳。卷之十八繫辭下傳。卷之十九說卦傳。卷之二十序卦傳、雜卦傳（漢《藝文志》「《易經》十二篇」師古注：上下經及十翼，故十二篇。孔穎達《正義》：十翼者：《上

象》一、《下象》二、《上象》三、《下象》四、《上繫》五、《下繫》六、《文言》七、《說卦》八、《序卦》九、《雜卦》十。自費直以《彖》《象》《文言》解說上下經，王弼因之。茲用王本，故不另出《彖》《象》《文言傳》之目而附見於此云）。卷之二十一圖說。卷之二十二漢易源流考。卷之二十三春秋筮法。卷之二十四讀易雜說。

◎敘：昔孔子刪定六經，最後贊易，不以列於雅言之教。子貢曰：「夫子之言性與天道，不可得而聞」，蓋性與天道皆在易中，故門弟子通六藝者七十有二人，而易獨以授商瞿子木。商瞿五傳至田何，不聞有作傳者。義已盡於夫子之傳，不容有附益也。田何而後，易說始滋。施、孟、梁、邱、焦、京之學，大率不離陰陽災異。唯費直亡章句，即以夫子之傳解說上下經。其時雖未立學官而行於民間，陳元、鄭眾、馬融、鄭康成等傳之。至今諸陰陽災異之書乃都漸滅，豈非四聖人陰為呵護，俾天地正大之道長留宇宙，而異說之汨經者不秦火自亡哉！夫易之在天下，其廣大精微極於窮理盡性至命，固有非七十子之所能識。而由天道之於人事，則初不越乎倫常日用之故，而為愚夫婦所與知與能，伏羲、文王、周公特假象以明義，使人人求盡於倫常日用，恐懼修省以自保其生，故曰吉凶與民同患，作易之心可得而言也。孔子為之傳，其心即伏羲、文王、周公之心。心無二，易亦無二也。而今之言易者何多途也，綜其大凡，門戶之分，曰漢曰宋，宋易流別肇於陳摶，衍於康節先天之圖，自朱子奉為宗主，元明以來，置辭變象占不言而求諸未有卦畫之前。迹其所為乾南坤北離東坎西之位、陰陽奇耦十六三十二之加，固與《繫辭》、《說卦》絕不相入。人生各有當前之時與地，即各有相肖之卦與爻示以準則，盈虛消息之理、出處進退之宜，終身體之而不盡也。求諸未有卦畫之前何為乎？率天下之人窮高極深淪於洸洋不可究詰之域，則康節之過也。近世諸儒乃欲以漢易矯之。漢陰陽災異之書既闕不具，則取李鼎祚《集解》所引三國時人虞翻以號於眾曰：「是孟喜之適傳，由田何以上接孔子者也。」惠氏棟導於前，張氏惠言踵於後。惠猶旁及他氏，張則主翻一家，其所作《虞氏義》、《虞氏消息》謂聖人先以三畫象太極之一七九而為乾，次以三畫象太極之二八六而為坤。夫太極未分，尚無兩儀，乃先有一七九二八六之數，雖初學數與方名者亦不為此言。又以復、夬、姤、剝陰陽微無生卦，臨、遯生四卦，大壯、觀生二卦，泰、否生九卦。夫陽俱自復生，陰俱自姤生，謂之無生卦，可乎？陽生至夬將為乾，陰生至剝將為坤，謂之陰陽微，可乎？四卦二卦九卦之生，不

但聖經無此言，虞氏亦何嘗有此例。其尤悖者，虞氏以遯為子弒父、坤為臣弒君；否、比坤滅乾剝，小人道長；臨「八月有凶」兼弒君父；師上六，比六三，臨六三，姤初六，益上，節、中孚初，既濟二，皆弒君父者；訟上亦欲弒，幸三之二，弒不得成。張氏又增噬嗑之三為坤弒遂行。於是六十四卦而弒逆之卦十五皆時數所值，不得不然。則是伏羲、文王恐天下之不為亂臣賊子，特作易以導之也。張氏以明夷九三「得其大首」為文王未嘗諱伐紂，「不可疾貞」為不得為天下養惡，升四「王用享于岐山」為文王巡狩南國禪於岐山告受命，「孚乃利用禴」在時祭之後，南征故用禴，而於孔子贊文之服事及孟子不說勿取之說，皆悍然不顧而力反之，且譏後人不敢道文王受命稱王改制。遂使大義淪晦，其無忌憚若是。而妄自夸大，居之不疑，又得有大力者推輓以張其勢，自乾隆之末至今六十餘年，有司時用其說以取士，後生小子靡然從之，習非勝是，舉所為天下之治亂興衰之故、一身進退存亡之幾，蓋漠不知為何物也。余竊不自揆，丙午引疾歸，謝絕人事，思窺聖道萬一。而易羣言淆亂，曾不得其從入之途。既忽有寤，謂孔子韋編三絕而作十翼，由其以己之心印之伏羲、文王、周公之心而無閒也。故費氏亡章句，即以孔子之傳解說上下經。今但能以吾之心印之孔子之心，而得其所以與伏羲、文王、周公無閒者，則傳明而經亦明。世儒之言易，率不得於言，勿求於心，固宜其歧而又歧矣。於是沈思默索，每於智窮力罄之餘，渙然以解，若有鬼神來告。起戊申，訖庚戌，三年書成，棄有三四易六七易至十數易，而凡以漢宋之自名其學而離經畔道者，反求諸孔子之傳，輒昌言以排，名之曰《周易廓》。揚雄有言：楊墨塞路，孟子辭而闢之，廓如也。今之言易者，其害豈但楊墨哉？世無孟子，欲以窮鄉下士障百川而迴狂瀾，誠知其難也。雖然，天下之生久矣，一治一亂，斯文未喪，焉知四聖人不亟思拯人心之陷溺，而相余廓之，歸於一治乎？！咸豐元年元旦，皖江陳世鎔敘。

◎郭嵩燾《郭嵩燾全集・日記》咸豐十一年九月十五日：與研生、石雲、靜齋、鏡初同詣陳雪樓，觀所著《周易廓》並諸經說。

◎民國《懷寧縣志》卷十一《文藝》：陳世鎔《周易廓》二十四卷。

陳壽熊 參同契注 佚

◎劉聲木《桐城文學撰述考》卷三「陳壽熊撰述」：《周易集義》、《周易本義箋》、《易說》二卷（《南菁書院叢書》本）、《易說》四卷（原稿藏繆荃孫家）、

《讀易漢學私記》二卷、《冬官補亡》、《讀易學啟蒙私記》一卷（《聚學軒叢書》本）、《考工記拾遺》一卷、《明堂圖考》一卷、《詩說》一卷、《參同契注》、《蛾術編注》、《補輯國朝文徵》、《周易九家疏》□卷、《李氏集解注》□卷、《周易正義舉正》九卷、《周易集義補》□卷、《靜遠堂札記》□卷。

◎陳壽熊（1812～1860），字獻青，一字子松。江蘇吳江黎里鎮人，以震澤籍補府學諸生。又著有《靜遠堂集》四卷。

陳壽熊　陳氏易說　四卷　附錄　一卷　存

北大藏光緒二十一年（1895）刻本

續四庫影印上海藏光緒二十一年（1895）刻本

北大、上海、南京、山東、遼寧、天津藏光緒二十一年（1895）諸福坤、陶惟坻木活字印本

上海藏清鈔本（諸福坤跋）

◎陳氏易說序：比歲客授吳江柳氏，與凌君淦礪生談論彼邑文獻之徵，甚悉也。凌君因屬校《松陵文錄》。道咸閒唯陳子松先生文為夥，義法尤精，嘅然尚慕者久之。凌君乃言曰：「子松，吾師也。學長于易，其所撰述，半罹兵燹，世僅傳其《讀易漢學私記》而已。而吾家猶存先生治易稿一種，顧就注疏本蟻書之，眉列旁行，冗雜複沓，又就疏文而節乙，屬以舊稿，塗改漫漶，不可辨次。甚欲編訂成帙而莫由。子盍為從事焉？」予索而審覽之，辭以不逮。繼而家居養疴，凌君饋以藥餌之皆，鄭重以相委，不獲固辭，遂與元和陶君惟坻小沚相抽繹之，略得端緒。昔秀水楊利叔孝廉跋先生《私記》有云：「先生嘗欲疏九家注、李氏《集解》以裁漢學，箋《程傳》、《本義》以證宋學，正王注之違，要孔疏之要，以成繼漢開宋之一書。顧日力不足，唯《正義舉正》、《本義箋稿》已具。而是書則以疏《集解》未成，先就惠氏書為之條辨云。」竊稽稿中條件叢列而辭義氣墻別，有說易義者，有正駁注疏者，其字體亦略殊之，乃恍然于正駁之言與節乙疏文為一類，所謂正王違、要孔要也。《正義舉正》即此是也。其論說易義，第即其本以為稿，不必與注疏相涉，殆取九家注中虞氏而大之精之者也。此則利叔所未之見也。小沚以為然。質之凌君及柳君以蕃子屏，亦皆韙之。因別取注疏本過摩節乙而端錄正駁之言于其眉，于是先生正王要孔一書完美矣。其餘釐次繕錄，去複存疑，訂為四卷。上經一卷、下經一卷、繫辭上下傳一卷、說卦序卦雜卦傳一卷。凡治經之

書，皆列經文。茲僅就每條下旁書某象某象某爻者志其所在，竢寫人之先經後說備書之也。又取散稿與小沚互審，加以案語，更得秀水沈君成章達卿覆加勘誤，別為坿錄一卷。于是先生《易說》有成書矣。以福坤昏瞀失學，獲良友之輔引，卒克殫一歲劬力，為鄉先生秩未理之緒，藉以窺大易之精微。而觀其會通，亦足以愜。說研于荒江索處時已既畢事，乃復于凌君曰：「《吳江續志》稱先生謂虞氏變既濟之說，得易微恉，乃殫力研思二十餘年，闡發其說，以經注經，為《周易集義》一書，非猶夫世之虞學也。先生茲書，殆其是與？祇以稿本未有序例及命名。今姑題為《陳氏易說》，示闕也。不為略例者，以善讀茲書者，類能通悟，非福坤之所及也。且以十傳正經義，正如三光之附麗于昊穹，又何例焉。」凌君曰：「善。然一稿分二書，子不可不識其所以。」乃專就《易說》以書之如此。光緒十二年歲次丙戌十月，長洲後學諸福坤序。

◎又序：今年夏，小沚客陽湖，來書請以聚珍版印《易說》。因函告凌君泗磐笙及礦生皆許諾力任其貲。繼而青浦劉君汝錫南士亦敦輔之，而吳江柳氏及陳生慶林皆有所佽，乃遂付工印之。小沚獨董役校讎，亦可謂為其所難者。然非如先生之學行精純，亦烏能鼓勵後來若此哉？易曰「言行，君子之所以動天地也」，不其然與？！爰取丙戌年跋語，從小沚言，加析原委，改作序文云。乙未秋福坤又識。

◎光緒《松江府續志》卷二十七《寓賢傳》：沈曰富，字南一，吳江舉人。師事姚春……曰富之友陳克家字梁叔，元和舉人；陳壽熊字子松，震澤諸生，皆從姚椿游……壽熊湛深經術，椿輯《易傳》未畢，命壽熊補成。

陳壽熊 讀易漢學私記 一卷 存

　　傳鈔本（光緒甲申長洲諸福坤跋）

　　國圖藏藝風堂鈔本

　　山東藏光緒十四年（1888）江陰南菁書院皇清經解續編本

　　山東藏光緒中劉世珩刻聚學軒叢書本

　　上海藏鈔本

　　山東藏臺北成文出版社 1976 年無求備齋易經集成影印皇清經解續編本

　　山東藏臺灣新文豐出版公司 1983 年大易類聚初集影印皇清經解續編本

　　續四庫影印光緒十四年（1888）南菁書院刻皇清經解續編本

◎摘錄卷首：《易漢學》八卷，惠氏棟所撰。蓋於漢儒象數之說頗涉其源流者也，顧規模略具，考覈實疏。經生家以惠氏世治漢易，罔悟其失，將恐後來者惑焉，輒舉正之如左。至於義理，非其所長，閒為糾摘，亦不盡吾辭云。

◎繆荃孫《藝風老人年譜》光緒三十年：《讀易漢學私記》一卷（陳壽熊）。

陳壽熊 讀易漢學私記補鈔 一卷 存

繆氏藝風堂鈔本

陳壽熊 讀易啟蒙 二卷 佚

◎光緒《吳江縣續志》卷三十三《書目》二：《讀易漢學私記》二卷、《讀易啟蒙》二卷、《周易集義》、《周易正義舉正》、《周易本義箋》、《明堂圖考》一卷、《考工記拾遺》一卷、《詩說》一卷，陳壽熊撰。

陳壽熊 讀易啟蒙私記 一卷 佚

◎同治《蘇州府志》卷第一百三十八《藝文》三：陳壽熊《周易集義》、《周易正義舉正》、《周易本義箋》、《讀易學私記》二卷、《讀易啟蒙私記》一卷、《詩說》一卷、《考工記拾遺》一卷、《明堂圖考》一卷、《靜遠堂詩文集》四卷。

陳壽熊 李氏集解注 佚

◎劉聲木《桐城文學撰述考》卷三「陳壽熊撰述」：《周易集義》、《周易本義箋》、《易說》二卷（《南菁書院叢書》本）、《易說》四卷（原稿藏繆荃孫家）、《讀易漢學私記》二卷、《冬官補亡》、《讀易學啟蒙私記》一卷（《聚學軒叢書》本）、《考工記拾遺》一卷、《明堂圖考》一卷、《詩說》一卷、《參同契注》、《蛾術編注》、《補輯國朝文徵》、《周易九家疏》□卷、《李氏集解注》□卷、《周易正義舉正》九卷、《周易集義補》□卷、《靜遠堂札記》□卷。

陳壽熊 易說 二卷 佚

◎劉聲木《桐城文學撰述考》卷三「陳壽熊撰述」：《周易集義》、《周易本義箋》、《易說》二卷（《南菁書院叢書》本）、《易說》四卷（原稿藏繆荃孫家）、

《讀易漢學私記》二卷、《冬官補亡》、《讀易學啟蒙私記》一卷（《聚學軒叢書》本）、《考工記拾遺》一卷、《明堂圖考》一卷、《詩說》一卷、《參同契注》、《蛾術編注》、《補輯國朝文徵》、《周易九家疏》□卷、《李氏集解注》□卷、《周易正義舉正》九卷、《周易集義補》□卷、《靜遠堂札記》□卷。

陳壽熊 周易本義箋 佚

◎光緒《吳江縣續志》卷三十三《書目》二：《讀易漢學私記》二卷、《讀易啟蒙》二卷、《周易集義》、《周易正義舉正》、《周易本義箋》、《明堂圖考》一卷、《考工記拾遺》一卷、《詩說》一卷，陳壽熊撰。

陳壽熊 周易集義 佚

◎光緒《吳江縣續志》卷十六《儒林》：與沈曰富同登婁姚氏椿之門。壽熊則以為百餘年來，學者厭棄程朱所訓為習聞，務為考證訓詁之學以求勝前人；而一二文章之士，又徒事空言，不以窮經敦行為事。故其為學兼宗漢宋，不務表暴。於易用力尤深，謂虞氏變既濟之說，得易微旨，殫力研思二十餘年，闡發其說，以經注經，為《周易集義》一書，非猶夫世之為虞氏易者也。

◎光緒《吳江縣續志》卷三十三《書目》二：《讀易漢學私記》二卷、《讀易啟蒙》二卷、《周易集義》、《周易正義舉正》、《周易本義箋》、《明堂圖考》一卷、《考工記拾遺》一卷、《詩說》一卷，陳壽熊撰。

陳壽熊 周易集義補 佚

◎劉聲木《桐城文學撰述考》卷三「陳壽熊撰述」：《周易集義》、《周易本義箋》、《易說》二卷（《南菁書院叢書》本）、《易說》四卷（原稿藏繆荃孫家）、《讀易漢學私記》二卷、《冬官補亡》、《讀易學啟蒙私記》一卷（《聚學軒叢書》本）、《考工記拾遺》一卷、《明堂圖考》一卷、《詩說》一卷、《參同契注》、《蛾術編注》、《補輯國朝文徵》、《周易九家疏》□卷、《李氏集解注》□卷、《周易正義舉正》九卷、《周易集義補》□卷、《靜遠堂札記》□卷。

陳壽熊 周易九家疏 佚

◎劉聲木《桐城文學撰述考》卷三「陳壽熊撰述」：《周易集義》、《周易本義箋》、《易說》二卷（《南菁書院叢書》本）、《易說》四卷（原稿藏繆荃孫家）、

《讀易漢學私記》二卷、《冬官補亡》、《讀易學啟蒙私記》一卷（《聚學軒叢書》本）、《考工記拾遺》一卷、《明堂圖考》一卷、《詩說》一卷、《參同契注》、《蛾術編注》、《補輯國朝文徵》、《周易九家疏》□卷、《李氏集解注》□卷、《周易正義舉正》九卷、《周易集義補》□卷、《靜遠堂札記》□卷。

陳壽熊 周易正義舉正 佚

◎光緒《吳江縣續志》卷三十三《書目》二：《讀易漢學私記》二卷、《讀易啟蒙》二卷、《周易集義》、《周易正義舉正》、《周易本義箋》、《明堂圖考》一卷、《考工記拾遺》一卷、《詩說》一卷，陳壽熊撰。

陳淑思 周易本義 存

順治九年（1652）刻本

◎乾隆《東流縣志》卷二十《藝文》：《古周易本義》（陳淑思著）。

◎陳淑思，字予淑。安徽東流（今東至）唐豐上鄉人。博通經史，膺恩選為理學名儒。與修縣志。樵居雙河，授徒以老。

陳樹楷 周易補註 八卷 拾遺一卷 圖說一卷 存

山東藏天津環球印務局 1934 年刻本

山東藏天津市古籍書店 1988 年據天津環球印務局 1934 年刻本影印本

◎一名《周易補註集解》。

◎目錄：卷之一乾坤。卷之二復師謙豫比剝否姤同人履小畜大有夬。卷之三臨明夷震屯頤升解坎蒙小過蹇艮萃晉觀。卷之四遯訟巽鼎大過無妄家人離革中孚睽兌大畜需大壯。卷之五泰恆井蠱豐既濟賁歸妹節損。卷之六否益噬嗑隨渙未濟困漸旅咸。卷之七繫辭上傳繫辭下傳。卷之八說卦傳序卦傳雜卦傳。

◎凡例：

一、本編首言《本義》，繼採唐宋諸儒講演之顯明者以補益之，使讀者便於了解。

一、唐宋諸家講義多本倫理道德政治以發釋自己之意見，每於爻象真蹟未免脫畧。本編復參己見，加以補註。

一、補註多在爻象及變卦上詳細推求，以免顧此失彼及隔靴搔癢之弊。

一、《本義》於蠱之先甲三日後甲三日、巽之先庚三日後庚三日、革之己

日乃字等，類多就支干字上講解，於本卦立說之旨未免隔閡。本篇參考諸說，詳細注明解釋。

一、羲經命名取象必有定義，如蠱之所以名蠱、師之所以名師、革之所以名革，題目不清，講解自難了當。本編特注意及之。

一、設卦觀象，近取諸身遠取諸物，如坤曰牝馬之貞、離曰牝牛之吉、咸之咸腓咸股、艮之艮背艮躬，殊非勉強附會，必有一定的旨。本編參考舊章，詳搜諸解，務求明確，一字考證。

一、上下二經布位次序嚴整精密，《序卦傳》已詳言之。本編以卦變之故，先後次序略為變更，非敢舍舊圖新，蓋以舊者研之，有素新者亦不無補苴，俾讀者舊學新知互相滋注。

一、本編次序變更而舊本之目錄與《序卦》之論列依然錄載，蓋欲研究是經者，切勿因編別不同，對於舊編次序不加注意。

一、《易》之一書雖然重在人事，亦無處不本乎天道，故乾坤六子之命名孰非偶然。本編補註逐卦推解，使人易曉。

◎自序：易之為道，高矣遠矣。伏羲仰觀俯察，蘊蓄精深，大則天地萬物無所不該，細則草木昆蟲無所不備。非但浮慕淺嘗不能窺其涯涘，即精研熟讀亦恐無與高深也。欲求真能了解真能融會者，伏羲而後，厥分兩途。有精於天道者，老、莊、關尹等是也。握陰陽之妙蘊，運天地之玄機，體態變於無形，精神歸於造化，脫開人事，純講還天，孔子謂為方外，真確論也。有精於人道者，文王、周公所註之《周易》，孔子所繫之《大傳》暨彖象等詞是也。外王內聖，盡人全天，所有天下之萬事萬物、世運之消長盈虛，一切之悔吝吉凶、得失福禍，無不包括其中，實開我國古今聖學之淵源，且屬萬世治道不易之根本也。但以道大莫容，曲高和寡，孔子而後，註述雖多，求一真能融澈貫通如邵子所謂「三十宮都是春」者，鮮矣。前朝編訂五經，列入考試，使國內學者人各讀之，其視此書之重要，已可想見。然去古甚遠，學術日衰，朝野上下，祇知竊取功名，對於諸經皆不甚解，況精深周密、兩地參天之易者乎？俗儒稍知象數，即許神奇，國運之衰，半由乎此。近世權利競尚，列國爭雄，物質發明適資助長，欲求補救，端賴人心。國人不察，轉以我國積久弊生應刈之腐化，以衡他人方興未艾助長之文明。孟子曰：「不揣其本而齊其末，方寸之木可使高於岑樓」，其此之謂歟？世道人心，國家之本也；制器利用，富強之基也。非道德則國無以立，非富強則國勢必見消，二

者廢其一不可也。孔子曰：「自古皆有死，民無信不立」，是兵食可去而信不可去也。近來各國亦漸覺悟，僅恃權利爭逐，恐將無以濟其窮，於是設立中國學院者有之，研究中國古書者有之。彼方藉為考鑑，我乃棄之如遺，所謂舍其田而耘人之田，孰有過於此者？立國各有根基，取長必須舍短，守經乃可達權。於是翻閱舊經，熟權利弊，竊謂匡時濟世、合天盡人之道，無過於此。當即補而註之，但以包括宏達，不敢自專，故於《本義》之註則留之，諸家註疏中之明晰易曉者則採之，再參己意補於各註後，蓋以此書徒識文義無補高深，神化變通又殊難解，故於關乎治道之明顯者擇而錄之，關乎事理之渾括者指而明之，雖於利國福民之道，與夫成己成物之功，未能盡發其蘊，而於出治之本、入德之門，似亦不無稍補焉。故當同人講演之餘，本諸管見，錄以為序，竊願有感於國計民生者觸類而引伸之，則幸甚矣。民國二十三年冬月序。

陳舜錫 周易集解 佚

◎孫葆田《山東通志》卷百二十七《藝文志》第十：是書見《府志》。

◎道光《安邱新志・藝文考》作《周易輯解》。

◎陳舜錫，字虞章。山東安邱人。諸生，從劉源淥學。

陳蕭如 河圖洛書揮塵解 佚

◎《中州藝文錄》卷二十四著錄。

◎陳蕭如，字季庸。河南嵩縣人。咸豐十年（1860）進士。知山西白馬縣。

陳臺畧 易學辨疑 佚

◎道光《續修桐城縣志》卷之十七《人物志・篤行》：著有《易學辨疑》若干卷。

◎陳臺畧，字綏四。安徽桐城人。焯次子。縣學生。嗜程朱之學，精易理。年七十二卒。

陳唐 周易會解 一百二十卷 佚

◎光緒重修《嘉善縣志》卷三十《藝文志》：《周易會解》（萬《志》。國朝陳唐輯。一百二十卷。自序）。

陳廷颺 周易本義集注 十二卷 佚

◎黃彭年《陶樓文鈔》卷七《鹿鳴陳先生墓誌銘》：所著有《周易本義集注》十二卷。

◎陳廷颺（1786～1883），譜名守惠，字志和，號小坡。湖北蘄春人。道光二年（1822）舉人、十五年（1835）進士。筮仕四川，屢權新寧、青神、樂至諸縣。又著有《四流山人集》八卷、《蜀遊草》一卷、《學吟隨錄》二卷。

陳圖 周易起元 十八卷 未見

◎四庫提要：是書以太極、先天、河洛諸圖合而演之，支離曼衍，不可究詰。如周子《太極圖》以無極作一空圈，此則變為一純黑圈形，以為陽含於陰。至於《太極圖》，乃為半黑半白圈，是先生陰而後生陽，非太極生陰陽也。又以名山大川分配六十四卦之陰陽，尤為牽合。昔林至《水村易鏡》以卦配星，以為仰觀天文，此更以卦配地，以為俯察地理，此非惟聖人作易慮不及此，即邵子、周子傳陳搏之圖，豈料其末流至此耶！其詮釋經文每句皆隨意叶韻。如《象傳》「天行健，君子以自強不息」，則以「天行」為一句，「健」為一句，「君子以自強」為一句，「不息」為一句，而注曰：「行叶杭，息叶襄」。坤卦初爻則注曰：「六叶翕，至叶室」，殆不知其何據。他如「雲行雨施」、「飛龍在天」之類必破為二字一句，雖嫌煩碎，理尚可通。至於乾卦三爻「以君子終日」為一句，「乾乾夕惕」為一句，「若厲「為一句，「無咎」為一句，則「君子終日」四字不知是何文義矣。又經文之中多間以圖，其圖皆奇形怪狀，如《文言傳》「見龍在田」節下附一《物欲所蔽圖》，作純黑壺盧形，上段分佈五小白圈，中書「人欲一萌，血自攻心」云云四言詩十二句，下段則書「欲海茫茫不計深，其中灼灼產黃金」云云七言詩八句，左右注「致知格物」四字，下注云「此亦黑體用陰文」，其圖大抵皆類此，真不知意欲何為也。

◎《皇朝通志》卷九十七、《皇朝文獻通考》卷二百十一：《周易起元》十八卷（陳圖撰）。

◎光緒《江西通志》卷九十九《藝文略》一《國朝》：《周易啟元》十八卷，陳圖撰（《四庫全書存目提要》）。

◎同治《永豐縣志》卷二十三《文苑》：家貧力學，尤邃於易，著有《易經啟元》十八卷。

◎民國《莆田縣志·藝文志》序引《四庫總目》：後永豐陳圖作《周易起元》，又以名山大川分配六十四卦，謂之察於地理。充乎其類，殆不至以鳥獸配卦不止矣。

◎陳圖，字寄嚴，江西永豐人。

陳錫華 易例總龜 佚

◎民國《蕭山縣志稿》卷三十《藝文》：《易例總龜》（清陳錫華撰）。

陳薾圃 五行合卦數 一卷 存

南京藏同治十年（1871）刻本

◎林雨化《林雨化詩文集·古文初集·陳薾圃六十壽序》：予於薾圃，外若淡泊，而中則甚敬之。竊意其人溫如美玉，藹如春風，將來必獲厚福。今薾圃之官雖未大顯，而久歷宦途，調署數縣，休聲茂績，丕著成都。

◎陳薾圃，福建閩縣人。乾隆三十三年（1768）舉人。嘗任四川萬縣。

陳象樞 易經發蒙 六卷 佚

◎同治《崇仁縣志》卷六之四《人物志·儒林》：著有《易經發蒙》六卷、《儀禮補箋》二十卷、《五經淵源錄》一卷、《經解補》四卷、《學庸定解》五卷、《書院講義》三卷、《讀史一得》五卷、《復齋文集》十卷《詩集》八卷藏於家。

◎同治《崇仁縣志》卷九之一《藝文志·經部》：《易經發蒙》六卷、《儀禮補箋》二十卷、《五經淵源錄》一卷、《經解補》四卷、《學庸定解》五卷，俱國朝陳象樞撰。象樞以部郎特加翰林銜，督學四川，夙弊盡革，拔取者多通經之士，所著經解專務實學，非經生家言可比。

◎光緒《江西通志》卷九十九《藝文略》一《國朝》：《易經發蒙》六卷，陳象樞撰（《崇仁縣志》）。

◎陳象樞（1695～1753），字馭南，號復齋，門人私諡貞文先生。江西崇仁縣北耆（今巴山鎮橋北）人。雍正八年（1730）進士。授吏部文選司主事，遷本司員外郎，再遷禮部精膳司郎中。雍正十三年（1735）以薦加翰林院檢討銜督學四川，蜀人比之前學使陳璸，稱二陳夫子，後移節楚南。乾隆十五年以戶部員外郎兼井田科，在職三年，以勞致疾卒。著有《易經發蒙》六卷、《儀禮補箋》二十卷、《五經淵源錄》一卷、《經解補》四卷、《學庸定解》

五卷、《書院講義》三卷、《讀史一得》五卷、《復齋文集》十卷、《復齋詩集》
八卷。

陳心傳 周易窺 十一卷 佚

◎光緒《江西通志》卷九十九《藝文略》一《國朝》:《周易窺》十一卷,
陳心傳撰(《武寧縣志》)。

陳星爛 讀易管見 佚

◎民國《濰縣志稿・僑寓》著錄。

◎陳星爛,字柯亭(歌廷)。山東昌樂人。陳枚族子。光緒戊子舉人。廩
選知縣,分發江蘇試用鹽場大使。曾任濰縣(今濰坊)商會會長、濟南慈善公
所所長、山東大學教員。精楷法。又著有《大學讀本》。

陳學英 易經闡微 佚

◎光緒《海鹽縣志》卷十七《人物傳》四《文苑》:所著有《易經闡微》
《禮記全編》。

◎光緒《嘉興府志》卷五十七《列傳》:所著有《易經闡微》《禮經全編》。

◎陳學英,字東蕃。浙江海鹽人,本籍海寧。諸生。書法古宕遒勁。

陳燕明 易經晉義 佚

◎民國《東莞縣志》卷八十三《藝文畧》一:《易經晉義》(國朝陳燕明撰。
《采訪冊》)。

陳一鳴 周易纂要 佚

◎民國《台州府志》卷一百十九:著有《周易纂要》《天囊青玉二經解》。

◎陳一鳴,字偉人。浙江台州人。諸生。隱於釣臺。

陳以鼎 易象圖表 存

四川藏咸豐八年(1858)對峰書屋刻本

◎陳以鼎,字世亨。廣東饒平秋溪人。戶部主事。祀郡鄉賢。

陳誼 周易豁解 六卷 卷首一卷 存

國圖、上海藏道光十二年(1832)阜南書屋刻本

◎孫殿起《販書偶記》卷一：《周易豁解》六卷首一卷，靳江陳誼撰。道光壬辰阜南書屋刊。

陳英猷 演周易 四卷 存

齊齊哈爾藏乾隆十八年（1753）陳氏壘石山房刻本

陳坤達藏陳氏八代孫家暎（寧江）鈔錄本〔註21〕

和潮文化交流中心 2012 年影印陳敬宗藏民國手鈔本

◎卷目：卷之一說數上，卷之二說數下，卷之三說辭上，卷之四說辭下。

◎光化令謝式如序：註書難，註書而至於經，註經而至於易，則雖如邵、如程、如朱，猶不敢謂無遺義。而況京、郭之流止以神其卜筮占驗之術，魏伯陽、關朗子明之徒不過傳為修煉之祕而已。自世以經義取士，士之以易為專經者，則又不過勦襲陳言、弋取科名，語以易之蘊奧，茫然如墜煙霧中，亦何異眇者之語日，捫籥扣槃而莫得其似也哉。辛未試春官，晤粵東陳子試瑞於京邸。陳子蓋登丙辰賢書，與予大同年友也。及來粵，聞伯氏世藹先生邃學士也，亟造其廬。時昆季居太孺人喪，斬然哀戚中。弔唁畢，詢以著述。伯氏乃出手註《演周易》四卷，中列圓圖五層：其內一層先列十二支；次列二十四氣；次以八卦內三爻各變三卦，共二十四卦，以應二十四氣之節；次列文王後天八卦之位；其外一層乃變伏羲乾一兌二之序，而為出震齊巽之次。伏羲合乾兌離震巽坎艮坤，每宮各得其八，共為六十四卦；而此則除震巽離坤兌乾坎艮，另列一層，每宮各得其七，共為五十六卦，當朞之數與閏數而已。此皆與先天異而與後天相出入者也。於八卦配以五行之數，既統河洛為一源，而又以乾之策二百一十六、坤之策百四十有四，九六迭乘，得六十四卦與三百八十四爻之數，備列各卦爻之下，以為占驗之準。次於上下經各為注釋一卷，隨文演義，語精而醇，多有奪邵氏之席而翻程朱之臼者。自言苦心精思二十餘年，其數取諸河圖，而以時說多錯，嘗自序以冠其首，而倩余續貂。嗟夫！余於諸家之易，莫不備覽而求其端，然世無碩師，嘗苦於扣槃捫籥之所云。今得是編而詳繹焉，乃知吾儒於易，實有躡天根探月窟者。特其藏之名

〔註21〕綜合第九回世界易經大會入選論文陳坤達《〈演周易〉塵封三百年驚現壘石山——清朝潮汕易學奇人陳英猷》，其參考書目：《演周易》，陳英猷著；《潮州府志》，乾隆版；《潮州藝文志》，饒宗頤著；《易經求正解》，郭揚著；《韓江聞見錄》，鄭昌時著；《潛州信獻錄》，陳泰年著；《潮陽縣誌》，1983 年版；《河浦掌故》，濠江區文聯；《豪山陳氏族譜》。

山，不克傳諸其人，世遂無從而知之耳。昔揚子雲草《太元》，謂百世之下有子雲者當復知之。余於式藹先生之易亦云。皆乾隆壬申歲穀雨後四日，楚桃源年家眷弟謝如式卜百甫拜手書。

◎陳英猷自序：伏羲氏始作易以前民用，有圖象无文字，今所傳先天圖是也。嗣是歷代有作，如《連山》、《歸藏》皆有繇辭傳於載籍可考。及周文被拘羑里，亦復演易，其圖象則以乾坤為父母、震坎艮為三男、巽離兌為三女。畫為橫圖，其流行之序則始震、次巽、次離、次坤、次兌、次乾、次坎、次艮，以配春夏秋冬四時之候。畫圓圖以象之，又繫之辭以明六十四卦之義，分為上下二篇。上篇始乾坤終坎離，下篇始咸恆終既濟未濟。其子周公旦又作六爻之象辭共三百八十四爻，於是卦爻之義燦然備矣，謂之《周易》。自是凡有卜筮，皆與《連山》《歸藏》之易並占，謂之三易。及孔子出，獨契合《周易》曰：「假我數年，五十以學易，可以无大過矣。」又曰：「文王既沒，文不在茲乎！」於是贊以十翼之傳，《周易》之義遂以大明。其《說卦》說及圖象，亦參羲皇先天圖象說之，明先聖後聖，其道一揆也。其贊易有曰：「河出圖，洛出書，聖人則之。禹則書以作《範》，羲則圖以畫卦，各因所觸以明道。雖其道可相發，而其因各有物。易，因於圖者也。文王之易卦名則因羲皇之舊，而圖象又一變矣，亦各有取義也。繫之辭以發其旨趣，周公仍之，然則孔子贊之，贊《周易》也。雖或廣其義類，而要其不背其旨趣。觀孔子之傳辭，而文王之辭、周公之辭的然明白矣。然《周易》有此亦有象亦有數，其象則河圖之象也，其數則河圖之數也。象在即數在，坎水離火震木兌澤，象也；坎一離二震三兌四，數也。河圖內一層為坎離震兌，外一層為乾艮巽坤。卜筮，《周易》當如是以占之；疏釋，《周易》當如是以說之。文周父子同時的無異義；孔子韋編三絕，會心特契，三聖同條共貫者也。其名卦自伏羲，則遡河源於星宿。羲易，源也；周易，委也。源遠委大，委演其源者也。周公孔子，委復演委，至矣盡矣。然辭明象明，而數未說也。有六十四卦之數，无變也；有三百八十四爻之數，一爻變也；有四千九十六卦之數，卜筮之變。變必至此，可無以演之乎？且三聖之辭无異理，說之者多，亦或有岐之者。余自穉齒竊嘗疑之，恨孤陋寡聞，無有能解。然博徵舊說，偶有省領，即附記之，要以孔子之辭解文王、周公之辭，期於不至相背而止，時用觀玩而默會焉。今老矣，倘一旦先朝露，則平日辛勤而僅得之者，將復塵埋，故並刊而存之，顏之曰《演周易》，分為《說數》《說辭》二篇共四卷。乾隆十六年辛未夏五月丁酉，疊石

山人陳英猷書。

◎陳泰年《刻演周易識言》：羲皇肇興，依奇耦以畫卦；文周繼起，視爻象而繫辭。瑞呈尼山，三聖攸集。流覽滄海，十翼斯演。由簡約以致詳，歷世代而增闡。文章大備，義蘊璇洸。先兄學積有年，潛心篤嗜，山居日久，絕跡囂塵。攬故典以咀華，緣苦思而生悟。先天後天之旨，溯委窮源；河圖洛書之文，推同勘異。雖至痾沉語亂，不離推數之呼。所以樂玩居安，頗有挈玩之得。憤而發，感而通，爰著《演周易》之書以為習卜筮之用。中列圖象，解訓申詳；說分《數》《詞》，占驗參互。憑管闚蠡測之見，補往籍所未詳；絕幻怪弔詭之奇，遵先聖以立旨。因本加厲，踵事增華，融貫義、文、周、孔之區，出入周、邵、程、朱之域。草稿頗定，體躬不寧。筆墨未乾，神魂已逝。兄自揣固陋，不敢竊附著述之林，但備極辛勤，聊亦彙充家塾之篋。泰年回憶總角受業以來，身立几側，朝夕不離。誨諄諄，茅塞蹊間，始終何異？聽藐藐，自顧不類，散木難裁。實觍於顏，半生莫遂。男蕃函丈追隨，箕裘初學，兄當大漸，遺囑尤殷。顧殘牘之帙篇，今整修而彙輯。及既彌留，言難脫口，猶復伸兄指而作筆，執弟掌以為箋，畫其字以明心，假之手而傳語。遺稿是念，寸晷再三，刻板頻書，一日數四。泰年涕泗交頤，代矔末自。死生決別於俄頃，挽留難假以須臾。氣寂音沉，好呼莫應，山頹木壞，仰教安從？骨肉慘傷，幽明異地，悲有終極，痛有窮期耶！茲兄歿已經歲，荒徑三秋，中山之草山猶是；頹墉四望，內室之杖屨已非想像。已杳之音容揮洒戀，無及之涕淚哀，緣情感事，因物興集。先兄之門人殺梨棗以鑴刻，非敢問之於世，儆螢火之非空，但以藏之其山，妥兄靈於不歿云爾。乾隆十八年癸酉季秋朔旦胞弟泰年謹識。董事門人：蕭能聰若臨、鄭宗岳茂賓、鄭圖鳳茂鸞、黃正位啟全、侄凝道振肅。

◎謝如式《與陳石泉先生書》：捧讀易註數卷，直抉天根，覺程朱之解尚有遺義。不揣謬妄，漫為續貂。豈曰能文，亦欲借此以附名不朽耳。

◎又：承示《演易》圖象及所剖析後天卦位與節序分配之故，其理確不可易。展玩數日，愈究愈精，殊愧前所作序未能窺其萬一也。茲特刪補數語，仰質高明，尚祈郢斲，使皇甫微名得附《三都》以垂不朽也。餘俟北上時登龍拜辭，再容面質。不一。

◎陳泰年《先兄行狀》：其學老而日進，深契白沙子「以我觀書，隨處得益；以書搏我，釋卷茫然」之語，於是而知習有定握欲罷不能矣。關閩濂洛

會其源，《太玄》《皇極》造其蘊，於《三傳》、兩《國》、《史記》、《周禮》、秦漢等書皆有刪本評選，而尤浸淫於易，以為疑義殊多，且謂既觀其象玩其辭，當極其數，蓋四十餘年於茲矣……乃築齋於鄉北之疊石山……習生徒其上，演易其中。徘徊林竹泉石間，胸襟瀟灑，弄月吟風，凡所得之慮，筆之書，無非天真自然機緘。積是一十四載，《易辭》《易數》《解算》始就。

◎陳泰年〔註22〕《潛州信獻錄》：先兄學積年深，潛心篤嗜，山居日久，絕跡囂塵，攬舊典以咀華，緣苦思而生悟。先天後天之旨，溯委窮源；河圖洛書之文，推同勘異。雖屓沉語亂，不離推數之呼……憤而發，感而通，著《演周易》之書，以為習卜筮之用。中列圖象，解訓申詳；說出《數》《辭》，占驗參至。

◎饒宗頤《潮州藝文志》經學易類按：鄭昌時曰：「迄今潮陽迭石山房陳氏之以易世其家也，有《易數》」，又曰：「陳刻已成」（《韓江聞見錄》卷十），是陳英猷著《論易》，有《易數》一書，且曾鋟諸版，然《府志》稱，猶著《演周易》四卷，分為說數、說辭，則鄭所言之《易數》，當即《演周易》中之《說數》，非別一書也。此編阮《通志》注曰存，則世當有傳本，余不獲睹其書，以考核異同，是可惜也。

◎孝廉曹達《陳石泉先生贊》：於戲先生，學貫天人，深心河洛，獨得其真。龍馬之初，實本於數，後之聖賢，以此為據。直至有宋，數義並傳，古今易理，程朱則宣。於戲先生，《說辭》最精，羽羲翼文，窔奧闡明。即今其書，實堪啟後，自惟檮昧，行將研究。

◎乾隆二十五年十二月二十五日黃正位《呈請陳石泉先生入府志文》：孳孳嗜學，通經傳、鑑史及釋道諸子百家言，必勘本根，不襲勦說。於三傳、兩國、史記、周禮、秦漢等書及《孫子兵法》《司馬法》諸篇皆有評選註釋，而尤浸淫於易。暮年築室於邑東疊石山，為演《周易》之所……於焉觀其象玩其辭，復極其數，以補四聖所未詳。增畫大圓圖以發後天所從從畧。山居一十四年，無間寒暑，《易辭》《易數》《解算》頗就，稿成身逝，年七十有七。遺囑鐫河圖並贊於茲山石上，位等體其苦心，集及門將所遺《演周易》四卷登之棗梨，原屬蠡測蛙鳴，不敢公於世好，惟是束板藏山，聊以妥其幽魂。

〔註22〕陳英猷胞弟，（1701～1777），又名芝，字式瑞，號東溪。乾隆元年舉人，曾住浙江於潛縣知縣，乾隆三十一年告歸，伴隨其兄陳英猷經營疊石書院。

◎陳蕃《呈請疊石山入府志文》：胞伯廩膳生員陳英猷孝友篤學，乾隆四年於此中拓險，依石搆屋數椽，以為演《周易》之所。

◎陳英猷廿四世孫鼎新《演周易抄本附記》：十五世祖石泉公著述此書歷數十年，篤志不綴，雖病疾垂危猶堅持不已。書成，人亦壽終。弟侄及生徒門人等為紀念石泉祖之事業，集資將《演周易》刻成木印板，遺與子孫留傳千秋。此木印版原藏於儒林第中，由秀東老叔（廿二世孫）保管。計共有數箱，每片約六寸長、八寸闊、厚一寸，共二百餘片。當日中華書局聞有此版，曾托人尋詢到儒林第秀東老叔處，求購版權，翻印出版。但秀東老叔太為保守，認為出賣祖上的版權為不榮譽，故不願意出版。致成今日祖上的著述險遭失傳。後來經過解放、土地改革，木印板沒收入農會，消失無存。幸有族老叔浩然（廿二世侄孫）留有手抄本。亦因時局顛沛流離，最後落入敬忠兄（廿四世侄孫）之手。今鼎新思祖之遺著不傳，實為遺憾，大膽向敬忠兄借抄。幸蒙敬忠兄欣然樂意，立即授借。今抄錄已畢，預付復印。族叔浩然手抄本仍四卷，行數字數頁數照原本規格，第、二、四卷是其長女念佳所抄，第三卷是其自抄。經過文化大革命運動破舊立新，遭毀滅。而敬忠兄愛護古文獻之誠懇實堪欽服，功恩難量。謹附數言以表謝忱。西元一九九〇年秋廿四世孫鼎新書。

◎陳英猷廿四世孫鼎新《手抄演周易後記》：十五世祖石泉公著述此書歷數十年，篤志不輟。雖病在垂危猶堅持不演數。乾隆十六年書成，人亦壽終。弟侄及生徒門人等為保存文化遺產，為集資刻版。初藏於疊石山房石窟，後由孫曾等移置於公之曾孫孝廉方正公之儒林第。全書四本，木版分貯四箱，每版長約六司碼寸、闊八寸、厚一寸，總共二百餘版。先人幾次印贈送親友，印數不多，故流傳不廣。民國初，有中華書局求購出版權，但孝廉公之孫秀東叔祖以為出賣祖著作版權有辱祖光，故決意拒絕。解放後木版全部沒收，拋入宮仔池，散失無存。族叔浩然（祖的七世侄孫）留有手抄本，該手抄本又落入鄉親敬忠兄手而珍藏。予於農事之暇借抄，歷時二載而成，全書仍按浩然叔的手抄本規格一樣騰寫，自念未敢馬虎，亦非敢炫耀於人，內心只求保全祖公手澤之一點微意而已耳！西元一九九〇年秋石泉公傳下九代孫鼎新謹識。

◎陳英猷九代孫浩鳴（龍田）：吾十五世祖石泉公遺著《演周易》，書版家藏，已達二百四十年之久。予少時，先大人均珍視此書，先君驤明公曾運

用《演周易》中的五行、四時、二十四節季參化於醫道一門，切合天人、寒暑、風雨、晦明、溫和，於斷症用藥百無一失。

◎陳蕃《疊石山志·凡例》：《演周易》已刻有成書，茲復將《易序》、《識言》列入，以此山為演易之所，讀易序可當舉隅也。《河圖贊》係先伯遺囑，連《河圖》鐫於茲山石上者，先嚴已於癸巳夏命工勒就，故連《贊》編入。至《河圖說》《易數說》《易先後天圖說》，既有成書，自不必贅。

◎摘錄卷一：數也者，易之用也。道生一，一生二，二生三，三生萬物，萬之又萬，而未有已也。故物生有象有數，一有俱有，象數之形，理皆寓焉。故知者觀其象而理見矣。卜，用也。龜，象也。筮用著，數也。易贊不明卜之用，而說象為詳，《說卦》是也。大衍之數二章明筮之法，而不及所直之卦。數不已簡乎？故極數知來之謂占，有待於後也。為之《說數》。

◎摘錄卷一：演數之法，以策數為體，有編入、有除、有乘、有零加之法。如卦無變，先以內卦之數編入策數，因以內卦之數乘之，次以外卦之數復編入，因以外卦之數再乘之，後又以二卦之數合加之。如乾二百一十六策，演為二萬二千六百零八數是也。若有爻變，如乾初九變，內卦乾為巽，則除出內卦乾九之數，存二百零七策，而以巽八數乘之，為一千八百六十三，次復以外卦之乾九數編入，因此乾九數再乘之，為一萬八千七百二十，後又以巽八乾九合加之，為一萬八千七百三十七數是也。若內卦靜，至九四變，外卦乾為巽，則演內卦畢，乃除出外卦乾九之數，而以巽八數乘之為二萬一百六十九，後復以乾九巽八合加之，為二萬一百八十六數是也。若內卦靜至九四變，外卦乾為巽則演內卦畢，乃除出外卦乾九之數，而以巽八數乘之，為二萬一百六十九。後復以乾九巽八合加之，為二萬一百八十六數是也。總之六十四卦皆先立策數為體。卦靜，以卦之數編入；卦動，以卦之數除出。偏靜偏動，則偏入偏除；並靜並動，則並入並除。乘則以卦之數，乘先立之數；加則以上下卦之數結已乘之數也。此皆因其勢而演之。

◎摘錄卷二：上經首乾坤終坎離，天事也。下經首咸恆終既濟未濟，人事也。《易》之作，以人事繼天事也。

◎摘錄卷三：易有象有數，卦之義垂焉；有辭，卦之義著焉。辭也者，示卦之指歸也。辭不明則卦之旨晦，故並數說之。經之辭編數中以便占，其說則經傳相附以成文。《大象傳》次卦畫下，《文言傳》另部，以雜入《繫辭傳》中。十九條附之，從其類也。

◎摘錄：陳英猷《河圖贊》：天地之數，五十有五。天地之象，奇耦分部。龍馬出河，象數以覲。聖人則之，道昭三古。大哉斯文，聖聖攸祖。

◎乾隆《潮州府志》卷二十八《儒林傳》〔註23〕：讀書直探玄奧，不屑循循章句。淹沒經史，旁及釋道、諸子百家，嗜孫吳兵書及《武候陣法》……尤精於易；以為疑義殊多，既觀其象玩其辭，當極其數。晚年築室鄉北之迭（疊）石山，室依廠下岫，僅容一榻，終日危坐，或匝月不出。著《演周易》四卷，分為《說數》《說辭》，多奪邵氏之席而翻程朱之臼。以諸生卒於家。彌留之際，猶執其弟泰年手，迭畫「演易」二字。既歿，門人為鐫版藏所居之石室，號曰迭石先生。

◎乾隆《潮州府志·山川·疊石山》：邑人陳英猷結橡崖上，演易其中。

◎光緒《潮陽縣志》卷二十二《藝文略》：《演周易》四卷（國朝邑人陳英猷撰。存）。

◎《廣東通志》卷一百八十九《藝文略》一：《演周易》四卷（國朝陳英猷撰。存）。

◎陳英猷（1676～1752），幼名福，後名瑞紫，字式霨，號疊石先生、石泉先生。廣東潮陽縣河浦鄉人。

陳玉霈 八卦河洛諸義 佚

◎孫葆田《山東通志》卷百二十七《藝文志》第十：又有《八卦河洛諸義》，亦見《縣志》。

◎道光《東阿縣志》卷十四《人物志》下：所著有《易義尊經》、《八卦河洛諸義》、《中庸義闡實》、《性命實指》、《時務要書》、《經濟大略》、《松逕餘吟》、《西行雜記》若干卷。

◎陳玉霈，字思默。山東東阿洪範池村人。諸生。恥章句之學，屢試秋闈不售，中年遂無意仕進。

陳玉霈 易義尊經 佚

◎孫葆田《山東通志》卷百二十七《藝文志》第十：《縣志》載是書。

◎道光《東阿縣志》卷十四《人物志》下著錄。

〔註23〕潮州知府周碩勳撰《陳石泉先生本傳》與此文略同，不具錄。

陳運祺 易經講義 佚

◎陳運祺，浙江壽昌人。歲貢。

陳運溶 讀易雜記 一卷 存

江浦陳氏刻本

陳之瑞 周易述義 佚

◎光緒《貴池縣志》卷二十七《人物志·文苑》：著有《字畫指南》《周易述義》《指指山房消夏草》《絳雪堂稿》（《采訪冊》）。

◎陳之瑞，號信吾。安徽貴池人。道光丁酉拔貢。由廬江教諭陞浙江餘杭知縣。工詩古文，書法宗米。

陳植 周易管窺 二卷 存

山東藏 1928 年漁楓居士鈔本（缺上經卷一）

陳植 周易釋義摘要 一卷 存

山東藏 1928 年漁楓居士鈔本

陳智言 易經活義 佚

◎陳智言（1678～1758），字治略，號介山。江西永新人。又著有《掬山堂集》六卷、《掬山堂夢草》、《掬山堂約編》六卷、《四書一得言》。

陳智言 易義存草 佚

陳柱 周易論略 一卷 存

廣西藏商務印書館 1929 年王雲五主編國學小叢書本排印本

山東藏臺北成文出版社 1976 年無求備齋易經集成影印 1929 年上海商務印書館鉛印本

臺灣文聽閣圖書有限公司 2009 年林慶彰主編民國時期經學叢書本

◎周按：是書先釋經傳，次解經傳卦爻，後概述周易中所涉及科學理論十二種，如天文學、地學、力學、水力學、重學、光學、電學、生物學、森林學、微生學、名學、數學、教育、哲學、政治之學說，以見《周易》文字構造之奇變、義理開發之精深。

◎陳柱（1890～1944），字柱尊，號守玄。廣西北流人。師從唐文治。曾任教於中央大學、交通大學上海分部。又著有《守玄閣文字學》、《小學考據》、《公羊家哲學》、《墨子間詁補正》、《子二十六論》四卷、《老子集訓》、《公孫龍子集解》、《墨子十論》、《三書堂叢書》、《文心雕龍校注》、《諸子概論》、《中國散文史》、《待焚詩稿》、《守玄閣詩集》、《粵西十四家詩鈔》等。

陳梓賢 周易管窺 七卷 佚

◎同治《長沙縣志》卷三十五《藝文》：《周易管窺》七卷（陳梓賢著）。

◎同治《長沙縣志》卷三十五《藝文》：年三十遂絕意科名，殫精著述，易解外又有《禹貢備考》一卷、《大禮音律考》一卷、《躬不逮齋文集》一卷、《愛吾廬古今詩集》四卷。

◎陳梓賢，字午橋。湖南長沙人。諸生。

陳自實 大衍筮占心法輯要 一卷 存

山東藏 1924 年刻本

陳自實 現行筮出之卦靈驗記 一卷 存

山東藏 1924 年刻本

陳宗祿 易經極說 八卷 佚

◎同治《永新縣志》卷十七《人物志》：博極羣書，而尤邃於易。明末一意著述，以裁成後學為己任。著有《義山樵歌》三卷、《易經極說》八卷副使劉光震為之序。

◎光緒《江西通志》卷九十九《藝文略》一：《易經極說》八卷，陳崇祿撰。

◎陳宗祿（1596～1657），字在中。江西永新人。

陳宗祿 易經直說 八卷 佚

◎同治《永新縣志》卷二十一《藝文志》：《易經直說》，陳宗祿撰（見乾隆志）。

陳宗起 易說 一卷 存

山東藏臺北成文出版社 1976 年無求備齋易經集成影印光緒十一年

（1885）刻本

　　◎陳宗起，字敬庭。江蘇丹徒人。少孤力學。道光乙酉拔貢，以母老不赴。著書鈎貫羣籍，不以一義自足。又著有《經義筆存》三卷、《考工文字異同》、《鳥獸釋》一卷、《周官車制考》一卷、《丁戊筆記》二卷、《思存堂稿》二卷。

成德輯　易經叢刻　一百二十九卷　存

　　山東藏康熙十九年（1680）成德刻本
　　◎計十六種。

成瓘　讀易偶筆　一卷　存

　　咸豐篛園日札鈔稿本
　　山東藏清鈔篛園日札七種本
　　山東等藏石印篛園日札本
　　◎成瓘，字肅中，號篛園，晚號古稀迃叟。山東鄒平人。成兆豐孫。又著有《大學古本通義》《篛園日札》。

成晉徵　周易心解　一卷　佚

　　◎道光《濟南府志》卷六十四《經籍》：《周易心解》一卷、《長白樵語》、《長白景物志》、《梁鄒藝文志》、《梅窗小史》《清暑筆談》、《樂善堂語鏡》，鄒平人成晉徵撰。
　　◎孫葆田《山東通志》卷百二十七《藝文志》第十：是書見《府志》。
　　◎成晉徵（1620～？），字昭其。山東鄒平人。順治六年（1649）進士。歷官太原管糧同知。

成全　楊氏易傳纂注　佚

　　◎《道光甲辰恩科山東鄉試同年齒錄》鄒平成夑履歷：父成全，著《楊氏易傳纂注》《金湯十二籌》。

成蓉鏡　周易釋爻例　一卷　存

　　山東藏光緒十四年（1888）南菁書院刻皇清經解續編本
　　南京藏清鈔本

續四庫影印光緒十四年（1888）南菁書院刻皇清經解續編本

臺北廣文書局 1974 年易學叢書續編本

山東藏臺北成文出版社 1976 年無求備齋易經集成影印光緒十四年（1888）刻皇清經解續編本

山東藏臺灣新文豐出版公司 1983 年大易類聚初集影印皇清經解續編本

◎成蓉鏡，又名孺，字芙卿，自號心巢。江蘇寶應人。附生，性至孝，授經養母垂六十年。經學外旁及象緯、輿地、聲韻、訓詁，於金石審定尤為精確。又著有《尚書曆譜》、《禹貢班義述》、《春秋日南至譜》、《切韻表》、《鄭志考證》、《漢太初曆考》一卷、《大初曆譜》一卷、《史漢駢枝》一卷、《宋州郡志校勘記》一卷、《國朝學案備忘錄》、《寶應儒林事畧》一卷、《寶應文苑事畧》一卷、《成氏先德傳》一卷、《我師錄》一卷、《必自錄》二卷、《庸德錄》一卷、《心巢困勉記》一卷、《校經堂學程》一卷附《勸約》一卷《學議》一卷、《太極衍義》一卷、《心巢文錄》二卷、《駉思室答問》一卷。

成聿炌 筮儀疏解 佚

◎或題《筮易疏解》。

◎道光《濟南府志·人物卷》：晚年精研易學，潛心河洛。著有《筮易疏解》、《桓臺覽勝》、《金碧遊草》、《西城唱和》及《藏笥》等集、《詩餘》諸書。卒年七十九歲。

◎民國《重修新城縣志》：晚歲精研《易學》，著有《筮儀疏解》、《桓臺勝覽》、《金碧遊草》、《西城唱和》及《藏笥集》《詩餘》諸書，藏於家。

◎孫葆田《山東通志》卷百二十七《藝文志》第十：是書見《府志》。

◎成聿炌（1645～1726），字景炎，號東冶。山東新城（今恆臺）果里鄉閻高村人。成映庚子。雍正元年（1723）恩貢生。十五入泮，好詩賦，善音律。以俠義著。閎覽博物。康熙戊寅，于陵趙瀧源督學雲南，辟與同往滇中。又著有《恆臺勝覽》《金碧遊草》《西城唱和》《藏笥集》諸書。

成元濟 周易會解 佚

◎民國《重修新城縣志·藝文》著錄。

◎成元濟，字巨川，又字濼源，自號齊東放民。山東恆臺人。嘉慶九年（1804）歲貢。又著有《儀禮鄭注刪增》《春秋三傳輯要》。

程邦彥 訓兒易解 佚

◎光緒《平陰縣志》卷五《人物》：著有《訓兒易解》諸書。年七十餘終，祀忠義孝悌祠（門人朱鼎延贈以詩：大雅振前徽，傳經備矩矱。絳帳生陽春，桃李何芳灼。里欽孝友聲，末俗返其薄。坦懷萬物夷，程風噓窮索。媿余步雪堂，宮牆望寥廓。哲人今已邈，典型尚超焯。善積慶有餘，奕世輝麟閣）。

◎光緒《平陰縣志》卷六《著述》：程邦彥《訓兒易解》《詩經解》《四書連章說》。

◎孫葆田《山東通志》卷百二十七《藝文志》第十：是書見康熙及光緒《平陰縣志》本傳。

◎程邦彥，山東平陰人。庠生。

程策 易說 佚

◎道光《徽州府志》卷十五《藝文志》：程策《易說》。

程川 朱子語類易編 四十卷 存

山東藏雍正三年（1725）刻本

◎程川，字鄘渠，號春疁，嘗自署酒民。浙江錢塘（今杭州）人。乾隆元年薦舉博學鴻詞。以拔貢為豐縣主簿。舉止落拓，絕去一切尺幅，豪於飲，任四載，竟以酒終。

程醇 周易解蒙 佚

◎程醇，字蘊之，號簡齋。河北涉縣人。道光二十四年（1844）舉人。又著有《四書遵註摘解》《孔氏三出重辨》。

程觀生 四易通義 六卷 未見

◎四庫提要：朱彝尊《靜志居詩話》載其事蹟頗詳，然《經義考》惟載其《易內三圖注》三卷，注曰已佚，而不及此書，蓋遺書散失，此編幸而僅存，久乃復出，彝尊未及見也。其意以說易者多以我解易，而不能以易解易，故其義轉為傳疏所淆，因作是編。首列橫圖、方圖、圓圖合參要旨，次卦、象、爻定辭微旨，而於每卦每爻下各繫錯綜互變所在以貫通之。其大旨主於明人事。自序謂時當大亂，非藉四聖之力不足以救，故每發一義，以舉今之非而折衷於易理之是，類多隱切明季時勢立言。至釋晉之上九，乃極稱封建為良

法，且言天地一日不改，此法終不可易，則立論未免迂僻矣。

◎道光《歙縣志》卷九之一《藝文志》：《四易通義》《易內三圖注》（俱程觀生）。

◎道光《徽州府志》卷十五《藝文志》：程觀生《四易通義》六卷、《易內三圖注》三卷。

◎沈季友《檇李詩繫》卷二十三《龍坑先生程觀生》：觀生字仲孚，嘉興人。其學研精於易，自漢以來所閱註疏詮釋凡二千種。

◎民國《歙縣志》卷十：嘗坐事繫獄，既免，始學易。其書所載漢唐以來易義動累百家，大旨主於明人事，多隱切明時勢立言。

◎惠棟《松崖筆記》卷三《論吉壤》：新安程觀生仲孚，奇士也。好談王霸之略，兼治青鳥家言。其持論謂人家葬吉壤，出聖賢者第一，其次忠臣節士，其次博學就徵，以科甲為最下。

◎程觀生，字仲孚。安徽歙縣人，流寓嘉興。崇禎中知天下將亂，即棄去諸生，以相地術自給。

程觀生 易內三圖注 三卷 佚

◎道光《歙縣志》卷九之一《藝文志》：《四易通義》《易內三圖注》（俱程觀生）。

◎道光《徽州府志》卷十五《藝文志》：程觀生《四易通義》六卷、《易內三圖注》三卷。

◎民國《歙縣志》卷十五《藝文志·書目》：《四易通義》六卷、《易內三圖注》三卷（俱程觀生）。

程宏敬 易學輯聞 一卷 佚

◎道光《徽州府志》卷十五《藝文志·歙》：程宏敬《易學輯聞》一卷。

◎道光《徽州府志》卷十一之三《人物志·儒林》：研精易學，自王輔嗣、韓康伯迄元明諸家，皆克條理鈎貫，而別裁其所未合者，著《易學輯聞》一書。

◎民國《歙縣志》卷十《人物志·士林》：研精易理，著《易學輯聞》，自王輔嗣、韓康伯迄元明諸家，皆條理鈎貫，而別裁其所未合者。

◎民國《歙縣志》卷十五《藝文志·書目》：《易學輯聞》（程宏敬）。

◎程宏敬，字儼存。安徽歙縣莊泉人。庠貢生。言規行矩，禮法自持。

程晉芳 周易知旨編 三十卷 佚

◎程晉芳《勉行堂文集》卷二《周易知旨編序》：晉芳非能注易者也，學易而已。學之既久，于漢唐以來講貫有得者好之甚，斯著之；其不合者間有辨論，亦記于篇。積以歲月，遂成卷軸。將以自誨，疇敢誨人？獨念易經輔嗣之廓清，又得康伯、仲達纂續疏解，宋賢輩出，大義愈明。我朝安溪講肄于前，家綿莊剖晰于後，凡諸乘承比應之拘牽、陽位陰位之傅會，與夫互卦、卦氣、卦變、方圓、先後、圖位固已一舉而空之，宜乎四聖人之心思昭揭千古矣。而三十年來學士大夫復倡漢學，云易非數不明，取輔嗣既掃之陳言一一研求，南北同聲，謂為復古。使其天資學力果能上逮九家，吾猶謂之不知易也，況復好奇騁異，志在爭名，徒苦其心，自墮于茫習之域，不可歎耶？！且六十四卦象既備矣，《繫辭》《說卦》所發揮，數可知矣。而學者必欲于所既有之外闡所本無，曰「不知數無以知來也」，噫！諸君子窮極漢學，果克知來也耶？京傳焦學，而焦謂得其道以亡身；程子謂邵子別是一種學問。就令數學造極精微，尚與周、孔間隔斯層，而況聖人所不及知者，後學轉欲知之，蘄勝于聖人，毋乃蹈至愚之誚乎？愚之為是編也，蓋欲潛窺古聖作易之初，謂人秉性以生，性專而欲雜；天秉理以運，理正而數奇。以多欲之人遇多奇之數，其能有吉無凶、免于悔吝乎？賢人君子，有可享之道而值至困之時，其何恃而不恐乎？夫是以寫憂患于文辭，寄占驗于卜筮，因筮以明義，而全體大用，不專在乎蓍。即數以知來，而盡化窮神必根極乎理。扶陽抑陰，其大旨也。履險處困其大用也。其所以該三極而彌六合者，似奇而實平，似遠而實近。學者得其一節而行之，修己治人，恢乎裕矣。晉芳雖能言之，而檢束身心，未能力行一二，安敢以為教人之術乎？

◎翁方綱《復初齋文集》卷十五《同學二首贈魚門別》：予與魚門交一十三年，而魚門假歸江南，思所以贈吾魚門者，當於所同學之事言之。因舉平日所欲言者為文二首，非敢云規也。顧以予為魚門交甚深，無令他日有人謂吾二人別後始為異說也。蓋舍此二篇所言，則吾二人無不同者矣，亦見吾二人不欺其素而已。

◎道光《徽州府志》卷十一之四《人物志‧文苑》：所著《周易知旨》《尚書今文釋義》《左傳翼疏》《禮記集釋》各若干卷、《勉行齋文》十卷、《戢園詩》三十卷。

◎道光《徽州府志》卷十五《藝文志‧歙》：程晉芳《周易知旨》二卷。

◎光緒《江都縣續志·藝文考》第十上：程晉芳《周易知旨》。

◎民國《歙縣志·儒林》卷七《人物志·文苑》：著有《周易知旨》《尚書今文釋》《左傳翼疏》《禮記集釋》各若干卷、《勉行齋文》十卷、《蕺園詩》三十卷。

◎民國《歙縣志》卷十五《藝文志·書目》：《周易知旨》一卷、《尚書今文釋》四卷、《禮記集釋》四十九卷、《左傳翼疏》十二卷、《勉行齋文》十卷、《蕺園詩》三十卷、《程氏正學論》（俱程晉芳）。

◎劉聲木《桐城文學撰述考》卷一「程晉芳撰述」：《周易知旨編》三十卷。

◎周按：《勉行堂文集》卷五有《讀易舉要跋》《圖學辨惑跋》《易圖明辨跋》《易漢學跋》《周易述跋》等篇，可知其易學思想。

◎程晉芳（1718～1784），初名廷璜，又名志鑰，字于（魚）門，號蕺園（束髮時讀劉念臺《人譜》，心慕之，因號）。由安徽歙縣岑山渡遷江蘇江都（今淮安）。乾隆三十六年（1771）進士，官吏部文選司主事、武英殿分校官、會試同考官、《四庫全書》纂修官。與朱筠、戴震、商盤、吳玉搢、袁枚、吳敬梓、邊壽民、盧雅雨等有交。獨嗜圖書，構桂宦室、拜書亭藏書，撰《桂宦藏書序》記藏書源流。晚年藏書星散，奔走於陝西西安，投畢沅幕，未幾客死關中。其為學無所不窺，經史子集、天星地志、蟲魚考據俱宣究。又著有《禮記集釋》、《諸經答問》十二卷、《春秋左傳翼疏》三十二卷、《詩毛鄭異同考》十卷、《尚書古文解略》六卷、《尚書今文釋義》四十卷、《桂宦集》、《桂宦書目》、《蕺園詩》三十卷、《勉行齋文》十卷、《群書題跋》六卷。

程亢宗 周易圖說指南 佚

◎民國《洪洞縣志》卷十二《人物志》上：著有《禹貢圖說詳解》《周易圖說指南》，稿未成帙，竟以積勤致疾，尋卒。

◎程亢宗，字肯堂。山西洪洞馮堡人。性孤介，嗜讀書。鄉試屢躓，教授里中，成就尤多。

程琨 周易集傳 佚

◎道光《徽州府志》卷十五《藝文志》：程琨《周易集傳》。

程良玉 易冒 十卷 存

山西大學藏康熙三年蟾溪草堂刻本

山東、建甌藏光緒十二年（1886）刻本

世界知識出版社 2011 年大成國學·中國古代預測學名著金志文譯注本

華齡出版社 2016 年鄭同點校本

◎扉頁題「新安瞽目程元如先生著，錢唐旅堂胡彥遠先生定」。計九十一篇。

◎總目：

卷之一：甲子章第一、成爻章第二、成卦章第三、納甲章第四、五行章第五、六親章第六、六神章第七、世應章第八、身法章第九、間爻章第十。

卷之二：變互章第十一、飛伏章第十二、反伏章第十三、歸游章第十四、升降章第十五、進退章第十六、有无章第十七、墓絕章第十八、卦候章第十九、干化章第二十。

卷之三：歲君章第二十一、月將章第二十二、日主章第二十三、時辰章第二十四、月破章第二十五、旬空章第二十六、日沖章第二十七、遇時章第二十八、獨發章第二十九、兩現章第三十。

卷之四：長生章第三十一、无鬼章第三十二、絕生章第三十三、合沖章第三十四、隨墓章第三十五、助傷章第三十六、局會章第三十七、刑害章第三十八、諸星章第三十九、卦驗章第四十。

卷之五：類總章第四十一、國事章第四十二、軍机章第四十三、天時章第四十四、歲事章第四十五、身命章第四十六、年運章第四十七、卜居章第四十八、塋葬章第四十九。

卷之六：家宅章第五十、婚姻章第五十一、胎產章第五十二、撫養章第五十三、痘疹章第五十四、疾病章第五十五、醫藥章第五十六、鬼神章第五十七。

卷之七：學業章第五十八、治經章第五十九、延師章第六十、卜館章第六十一、功名章第六十二、用人章第六十三、測隱章第六十四、收雇章第六十五。

卷之八：理財章第六十六、桑田章第六十七、畜養章第六十八、丁產章第六十九、戶役章第七十、合分章第七十一、出納章第七十二、取質章第七十三、備物章第七十四、營謀章第七十五。

卷之九：出行章第七十六、行人章第七十七、舟車章第七十八、治筑章第七十九、捕逃章第八十、斗胜章第八十一、詞訟章第八十二、失物章第八十三。

卷之十：神听章第八十四、侍神章第八十五、師巫章第八十六、机兆章第八十七、戒防章第八十八、潛避章第八十九、道業章第九十、占誠章第九十一。

◎易冒王序：余在長安時即聞程君元如賢，後十年而始得訪君於家，元如辭以疾，余因胡子旅堂為介紹，過從者再，元如始出。聆其言論，蓋君平、公明之流也。自時厥後，余數過其家，元如雖臥病，必強起為余坐談弗倦。一日謂余曰：「吾五歲而瞽於痘，不能習舉子業，學醫不成，始學易。初從星元先師遊，晚遇枯匏老人，互相質證，有所悟，命人筆記，歷年成書，而但慮辭多煩冗，意或重複，因託旅堂為余商訂，書成，公其為我序之。」余應諾。未幾旅堂歿，余竊慮無有贊助此書於成者矣。元如益傷悼痛哭，病日深。余往問疾，不能出，然猶冀其必起也。無何而元如亦下世矣，嗚呼痛哉！甫浹旬，有人衣縗絰衣，面深墨，持《易冒》一書長跪而涕泣曰：「吾父易簀時，執手叮嚀，謂所著書為我也，序者必楚中王先生，我是以恪遵遺命來求先生，先生幸勿辭。」余聞其言而悲，又何忍辭。余竊歎易學至今日，不絕於不學易，而絕於學易者恆多矣。夫學易宜未絕也，絕於不易其易而竊異端之術以為易，其為絕也，孰甚焉？程子傳易本之王弼，弼則出之費直；朱子《本義》本之呂伯恭，古易則本之田何，未嘗以非易言易也。元如之學易也，謂其辭有盡而其象無窮，每占一卦，觀其爻象貞悔陰陽動靜，而人之終身吉凶悔吝洞若觀火，以是聲名藉甚，甚有越千里以來求一言而去者。而元如益不敢自多也，日惟觀象玩占以自體驗。嗟乎，吾黨有人致身通顯，侈然以名士自居，人有舉其所治經大義以問，而尚不能默數其章句者，況能悉意義之精微乎？元如之所以不可及也。且今日之患，學士大夫以通經學古為迂，而好馳騖於詞章聲華以鳴得意。即學易者不泥於數則拘於理，未有得於意、言、象數之外者。夫儒者不能傳其易，而使傳易者乃在一瞽廢之人，是尤可悲也已。書將成，旅堂與元如相繼殂謝。人以為奧義密理不能為天地秘藏，或其泄機已甚。余謂學易寡過，思慮所及，通於鬼神，未聞天道禁人之覺酣於義理也。書將成而溘然長逝，亦朝聞夕可之義也哉。不然，元如之終也，語不及私，拳拳以此書為念，豈好名哉？其平日心力之所至，竊恐後世不得其傳，故不自為慮而

為人慮也。然則元如諄切屬余之意，於是乎慰矣。時康熙三年仲秋，楚江安史氏王澤弘撰。

◎易冒顧序：嘗閱史至管公明「善易者不論易」之說，謂是答何鄧之詭言耳，今觀程子著書而始信。夫程子垂簾虎林市上，辨吉凶，論悔吝，無非易也。而《易冒》一書則不盡論易。無非易者，理從易出，易之外無理；不盡論易者，易從數顯，數之用非易。然則何云《易冒》哉？悉是書者，可以善易，書蓋為易而說也。若夫生生之謂易，通變無方而引伸觸類以窮神達化。聖人原不使人枯槁於彖辭爻象間，而遂謂之易也，故《繫辭》曰「冒，天下之道」，冒，覆也。天覆乎上，而七曜五行、春秋寒暑、人物化育散見於中，皆不謂之天，而莫非天之事。易統其綱，而甲子六神、變互反伏與諸星世應九十一之旨，皆未始嘗言易，而莫非易之事。是程子之書不論易，而精於言易者也。今人不察，每得焦氏諸人之書，秘諸帳中，遂謂道在是矣，烏知此中奧衍有若是哉。程子為當今管、郭，有勿占，占則應，如鄉戶外趾相錯，日既昳，有不及叩而返者，如是二十餘年以為常。至四十時抱扃鍵戶，忽忽機動於中，遂得數見兆，因而發憤著書，窮極要妙，自謂能補前聖之所未備，極深研幾，蓋三年而書始成。書成，程子即謝世去。然則占墨視拆，程子雖欲秘之，有所不能。昔郭參軍有《青囊書》九卷，門人趙載竊去，未及讀而火焚之，似乎獨得之秘為造物所忌。程子不死於未著書之前，適死於方成書之日，苟非天以此道絕續之會，令程子繼往哲、開來學，惡觀其有傳書乎？余友文翎高子於程最稱服膺，余因得盡讀其所著書，且以歎程子之善易，而又天縱之以論易也，則視《易冒》一編，雖謂程子未嘗死亦可矣。時康熙甲辰秋七月既望，錢塘且巷顧豹文撰。

◎易冒陸序：余總角時聞新安有元如程先生者善卜，隱居吾杭城西偏，車馬闐駢如市，日既晡，不得下簾休息。余友旅堂胡子亟稱其人，嘗從而竊窺之，其狀貌魁梧，言談若河注，心知其非日者卜筮之流矣。比元如徙郭外，與余比閭居，交益密，時時過從，聞其緒論，雖老生宿儒不能及。私念京、焦、管、郭精易數，有聲著述，元如以瞽目博洽若此，非夙有神解，何以至是？余攻舉子業，所習僅《易》《書》訓詁，每觀元如卜，其稱引繇詞與《本義》無殊旨，靡不奇中。人曰元如精於數，秘而不泄，特廋其辭於常談耳。元如笑應曰：「聖人窮理數，為理用，後賢極數理，以數彰，理數豈有二哉？考亭謂孔子以義理說易，是象數已明，不須更說。今人不知象數而妄言易理，

亦復何當？然人知理之示人者顯，數之告人者微，不知數之微者其變有定，而理之顯者其應無窮。吾幼遭廢疾，不獲探索聖人窮理之原以極數之委，幸遇星元師及枯匏老人，深究聖賢書數而尋諸理，庶幾幽明死生進退存亡之道，其亦可坐而照也。」余知元如殆得道之士，雖季主、君平未必能過。辛丑夏，元如夢青衣吏二人，以梘召之去，元如曰：「去無難，第卜筮之道，沿習糟粕而未窮其奧，余得師傳，欲立言以問世，操是心幾二十年而卒未就，奈何？」吏人曰：「吾為君請之，足了君事。」比覺，遂發憤著書，越三年而書成，屬旅堂點次，點次甫定而旅堂逝，以其書授之梓，梓成而元如亦逝。嗚呼，立言傳世，其功在人，元如抱斯志垂二十年，蓋成之若斯之難也。朝聞夕死，不可謂非天為之。其書傳，其人不死矣！余因是益歎數之有定，而聖人作易以前民用者不可誣也。若元如者，其為得道之士，而非日者卜筮之流，讀《易冒》者自有會心，知非余一人交深而私許之矣。時康熙甲辰仲秋，西冷陸進蓋思父拜撰。

　　◎易冒自序：予世家新安之蟾谿，父映源公業賈吳興，母謝氏生予多蹇，五歲而瞀於痘。先君謂予母曰：「是兒夙慧，今得廢疾，不能受書學舉子業，莫若令習醫。」遂授醫書，耳聽心受，手訓點畫。到十歲，予告父母曰：「為醫之要在望聞問切，既不能望，術能神乎？」乃棄而學卜，從日者家五六人，粗得其概。最後從星元先師遊，獨盡其傳，朝夕問訊，記憶探討，相隨五載，猶若茫然。乃漸遊心音律奕棋之戲，將墮厥業，師戒予曰：「夫學易之道，專則純一，純一則精，精乃入神。分則雜亂，雜亂則疏，疏乃不入。今汝學，分而不專，其能達耶？」於是益發憤研求，屏絕外嗜，竭思廢寢，以為天下之事億兆紛紜，何以得一理貫通其吉凶而後不惑？年登十八，始悟用爻是此是彼，隨大隨細，惟一用爻而求諸吉凶乃得其柄。如所謂老奴占幼主必用父母，少君占衰僕必用妻財，此以分不以年也。詞訟憑官而後世應，以勝負決於聽訟也。壽命憑用而後父母，以其享年也。科目先文而後官，廷試先官而後文，各有所重。由此引申，則左之右之無不宜之矣。於是集舊聞，秉師說，本以心得，參以占驗，纂述成書，為筮類五十篇，而內設三百七十有七問。復考聖人立法之所由，參研三載未得。己卯之冬，偶遇楚來枯匏老人，聚首三月，請益焉，乃曰：「聖人不妄立法以教人，皆必有本，而具陳於百家之書，汝未能遍考，我一一授之子，子其秘之。」予曰：「聖人立法，將以開後世之蒙，受而復秘，獨得之，亦何益耶？」枯匏曰：「是心可以為人師矣！

前言探子爾。立言傳世，功孰大焉。」於是復究先賢闡易之書數十種，立法四十一篇，計九十一章，卷分有十，列成卦成爻之由，立世立應之法，諸星何事而名，六神何事而司；隨墓助傷，本凶而有弗凶也，絕生本吉，而亦有弗吉也；空破絕散有真偽之分，飛伏互變有輕重之取，豈執一義而盡之與？故《黃金策》言用化，用則有用無用，其云化去，是神忒也，伏吟之故爾，若化進神，安得無用乎？復曰太過者損之斯成，非云吉凶，斷事之成合時也。若曰用爻太過為不吉，則生扶拱合之語非矣。《卜易闡幽》云伏藏不論旬空，可以言輕重，豈言不空耶？亦長於彼而短於此也。《卜筮元龜》晴雨以世為地、應為天，京房以父母為天地，亦是於此而非於彼也。《補遺》飛伏其七世皆伏本宮，而京房獨以遊魂飛伏不相侔合，如晉外伏艮而內伏乾，己酉世爻以丙戌為飛伏；如需外伏兌而內伏坤，戊申世爻以丁亥為飛伏，占之屢驗。然先師成書時，未得此學也。即搜決鬼神多載，湖下之聖，六合之內，有土風名俗之相異，百世而下再成之神，但能以義理相揆，豈可實指其姓字乎？先師每謂予曰：「生平之學，《補遺》缺是二端」，甚矣著書之難也。予荒陋管窺，敢言能備與？惟所知者載之，不知者以待高賢之教我也。予常終日凝思，久而不悟，春秋相繼而未得。逍遙子謂予曰：「致虛守靜，以觀其復，靈明生焉。」密雲禪師謂予曰：「但會取本有。」吾於二師有默契云。古之人有以風占、鳥占、謠占、言語卜、威儀卜、政事卜，是無卜筮而知吉凶也，況蓍草、金錢、木丸之占，而必執同異相非乎？愚以為易者象也，象也者像也，其辭則異，其象則符，但告於蓍則以蓍占，告於五行則以五行占，告於焦氏則以焦氏占可也，其成卦成爻一也。久思著書問世，以造門之問，日昃不遑。年四十而疽發於背，始得杜門謝客而草創之，歷三年之久而撰彙粗成，就正於故人旅堂先生，先生與其同學見而亟稱之，乃下榻草堂，重加刪定，為梓以行世。嗟乎，苟有小補於世，則安敢逃於妄述之罪哉。時康熙甲辰歲仲夏朔旦，新安瞽目程良玉敘。

◎像贊：淵然以凝，穆然以深。窅窅冥冥，如雷如霆。含光葆樸，弗離吾真。夫是以道，可參乎天地，誠能格乎鬼神。仁和勿菴高鳳岐頓首題贈。

◎四庫提要：是書所論皆以錢代蓍之法。自序稱五歲喪明，究心卜筮，初作筮類五十篇，康熙己卯適楚，遇枯菴老人得其秘旨，因增定為九十章。然皆術家常論，無他妙旨，至家宅章以六爻兼斷六親榮枯得喪，如兄弟旺則劫財，父母旺則克子，官爻旺則災病，其說謬固難通，所論鬼神諸星兩章，穿

鑿支離，尤無理解，婚姻章內不根五行生克，不究用神衰旺，惟據卦名之美惡而論，則更乖謬矣。

◎《皇朝文獻通考》卷二百二十九：良玉自序曰：用爻隨大隨細，可求諸吉凶。良玉向成筮類五十篇，而內設三百七十有七問。適楚，遇枯匏老人，授以闡易之書數十種，立法四十一篇，計九十一章，卷分有十，列成卦成爻之由，立世立應之法，蓋易者象也，告於著則以著占，告於五行則以五行占，告於焦氏則以焦氏占可也，其成卦成爻一也。

◎程良玉，字元如。安徽歙縣人。

程茂熙 周易象義集成 十九卷 首一卷 存

湖北、中科院藏道光二十七年（1847）興國程氏家塾刻本

光緒十五年（1889）刻本

◎程茂熙，字松泉。江西興國人。諸生。平生致力於易，以來學為宗。

程楠 周易本義補遺 佚

◎光緒《黃州府志》卷三十二《藝文志》：《周易本義補遺》，麻城程楠撰（《縣志》）。

◎程楠，湖北麻城人。著有《周易本義補遺》。

程慶燕 易注 佚

◎劉聲木《桐城文學撰述考》卷一「程慶燕撰述」：《春秋左氏傳分國纂》□卷、《易注》□卷。

◎程慶燕，字又庭。江蘇儀徵阮。諸生。咸豐癸丑，揚州失守，闔門殉難。

程容光 周易平議 二十卷 佚

◎民國《懷寧縣志》卷十一《文藝》：程容光《周易平議》二十卷。

◎民國《懷寧縣志》卷二十二《道藝》：博覽羣書，尤精於易，遠法程子而近則焦氏，謂伏羲繫易其卦有八，文王演之為六十有四；周公孔子不能增減其數，所謂引而伸之觸類而長之，天下之能事畢矣；朱子窮變卦之奇，略理而言數，雖發明進化之例，人心惟危，可懼哉；程子言易必折衷以理，至焦氏尤闡發其微，此易學之正宗也。著《周易評議》都二十卷，即寓此意。

◎程容光，字葆堂。安徽懷寧人。諸生。晚歲默察世變，曰：「某歲八月之交，清其沼乎？！」以清之運於易為臨，臨至八月有凶。辛亥之役，人皆服其先見。

程汝繼 周易宗義 十二卷 易疏義 佚

◎道光《徽州府志》卷十五《藝文志·婺源》：程汝繼《周易宗義》十二卷、《易疏義》。

◎程汝繼，安徽婺源（今屬江西）人。著有《周易宗義》十二卷、《易疏義》。

程汝器 周易集傳 十卷 佚

◎道光《徽州府志》卷十五《藝文志》：程汝器《周易集傳》十卷。

程汝準 讀易管見 二卷 佚

◎同治《六安州志》卷三十二《儒林》：著有《讀易管見》二卷、《讀史紀要》四卷，未梓，經兵燹灰燼無存。

◎程汝準，字禹左，號六橋。安徽六安人。數奇，屢躓名場，遂絕意進取。博覽經史，尤邃於易理。其講學以濂洛為宗，敦行不怠。卒年四十四。

程石泉 雕菰樓易義 一卷 存

商務印書館 1940 年鉛印本

臺灣文聽閣圖書有限公司 2009 年林慶彰主編民國時期經學叢書本

◎程石泉（1909～2005），又名程啟槃。江蘇連雲港灌雲板浦人。嘗師從方東美習哲學。先後任教於浙江大學、中央大學。又撰有《孔子之前後》、《哲學、文化與時代》、《中西哲學比較論叢》和《柏拉圖三論》等。其《易學新論》《易辭新詮》《易學新探》合稱《程氏易學三書》。

程書 周易備要 十六卷 佚

◎民國《寧國縣志》卷十一《人物志上·文苑》：程書，舉人。嘉定教諭。卒官，士紳祀之學宮。著有《周易備要》十六卷。

◎嘉慶《寧國府志》卷二十《藝文志·書目》：《周易備要》，程書著（寧國）。

程瑱 易翼 佚

◎道光《徽州府志》卷十五《藝文志‧婺源》：程瑱《易翼》。

◎程瑱，安徽婺源（今屬江西）人。著有《易翼》。

程廷慕 卜數撮要 佚

◎嘉慶《續溪縣志》卷十《人物志‧方技》：力學嗜古，尤精堪輿星卜之學。著有《堪輿撮要》《星命撮要》《卜數撮要》諸書。

◎程廷慕，安徽續溪黃茂坦人。庠生。

程廷祚 大易擇言 三十六卷 存

四庫本

四庫全書珍本初集本

上海藏乾隆十九年（1754）道寧堂刻本

山東藏 1934～1935 年上海商務印書館四庫全書珍本初集影印文淵閣四庫全書本

山東藏臺北商務印書館 1983 年景印文淵閣四庫全書本影印國立故宮博物院藏本

山東藏臺灣新文豐出版公司 1983 年大易類聚初集影印文淵閣四庫全書本（附王太嶽等撰校勘記）

◎例畧：

論求易之比例：

一曰定經卦以健順動入陷麗止說。八者經卦之本義也，即真象也。平菴項氏曰：所謂神明之德萬物之情，皆萃於此。孔子釋彖辭專用之，以其為八卦之所由生也，而凡諸爻象之蘊，蓋皆不能外焉。八者之得失則以所值之重卦為斷，以重卦既各有體象，而經卦或在內或在外，六位或宜剛或宜柔也。

二曰察重卦以反對。天地萬物皆以相反而成，用聖人之序卦取其反對，蓋以此其端見于《雜卦傳》，學者於泰否剝復能舉其義而不誤者，反對明也；于小畜小過皆不能言者，以失其反對之義，而以小畜與大畜、小過與大過同論也，然則舍反對而求卦之真解，難矣。

三曰稽六位以貴賤。易之大例有三：卦曰陰陽，爻曰剛柔，位曰貴賤。故曰列貴賤者存乎位，此《大傳》之明文也。漢後註家以初二三四五上為一陽一陰，故有陽爻陰位、陰爻陽位之說。夫二三四五雖亦奇耦之數，而不以

奇耦用，以奇耦惟九六當之也，故在下者不曰一而曰初，在上者不曰六而曰上。聖人亦慮後世不察，誤以六位為六數，而致九六之義反以不明也。六位之說明而剛柔中正之說无不明矣。

四曰求爻義以本爻。爻有三義：剛柔有性情，所據之卦有體象，六位有貴賤優劣，三者合而為爻，而義備矣。吉凶悔吝，其理隨在而具，不假越位相謀如所謂乘承比應者。案變體、互卦諸論，用以占筮，起于春秋之時，而見黜于孔子。若乘承比應，則《左》《國》尚无其說，其為漢後之附會无疑，《折中》以為談經之敝，至哉斯言，百世以俟而不惑矣。

五曰明彖爻之辭以二傳。案孔子論易之全體，大例則有《繫辭》《說卦》《雜卦》諸傳，發明彖爻則有《彖》《象》二傳，固宜與彖爻相此而毋相違，不可謂孔子之易非文王之易也。乾坤二卦《文言》義存推廣，故乾之四德即與彖辭有異，《大象》一篇乃特出之筆，所以明君子之用。易不同于法而同于道，其取義與卦爻不侔者尤眾，蓋非為釋經而作也。今此書仍用《程傳》本而不從古本者，欲明彖象當以傳從經之義云爾。

以上諸說，廷祚于自著《易通》內辯論甚詳，今散見書中，而括其大畧于此。望溪先生有言：「吾治易二十年，《大全》以硃墨五色別之者，凡七周；宋元經解及未刻者，所詳定十幾六七，卒未有得于易之要領。去而從事于《周官》、《春秋》，輒有所獲。蓋二經之比例易見，而易之比例難明也。」竊謂善治經者必以經解經，以經解經宜求經之比例諸說，其即先生所謂比例者與？

論以六條編書：

一曰正義。當乎經義者謂之正義，經義之當否雖未敢定，而必擇其近正者首列之，尊先儒也。

二曰辨正。辨正者，前人有所異同，辨而得其正者也。今或正義闕如，而以纂書者所見補之，亦附于此條。

三曰通論。所論在此，而連類以及于彼，曰通論。今于舊說未協正義而理可通者亦入焉，故通有二義。

四曰餘論。一言之有當而可資以發明，亦所錄也。

五曰存疑，六曰存異。理无兩是，其非己見矣，恐人從而是之則曰存疑；又其甚者則曰存異。

以上六條，乃望溪先生所授，以論次先儒之說。若纂書者之論，隨條附

見者,皆以愚案別之。廷祚識。

例餘:

一、是書原纂五十餘卷,臨梓之日嚴加沙汰,去者三四,蓋宋元以下儒者以談理見長,遂致論說滋多,而經指有轉因以晦塞者,故不得不求其歸於簡明也,大抵《折中》所錄之外,今所增採不過一二焉。

一、漢唐諸儒之說,今日存者无幾。凡一語足錄,莫不表而出之,俾學者知有往古之經師,亦瞽宗樂祖之義云爾。其分辨之精嚴,具見案中,又未嘗少有依阿也。

一、先儒之說,下經所採少于上經,以舊說未安者多,朱子亦云下經難理會,是也。

一、以剛柔往來上下為卦變,以乘承比應取爻義,以陽爻陰位陰爻陽位為當不當,以爻之五位必為君道,說易者相沿為例,牢不可更。謹案《折中》有曰「往來上下,乘承比應,皆虛象也」,又曰「爻位之當不當蓋借之以明所處位之當不當」,又曰「五雖尊位,聖人未嘗卦卦以君道言之」,至哉言矣!世之學者誠能執此數端而推廣之,則可以破舊說之封錮,而潔靜精微之指歸漸可窺見。青溪先生于自著《易通》內已再三剖辨,撥雲霧而覩天日,今于是書尤極力發明,以示天下之讀《折中》者。

一、引用諸儒,不敢用《折中》稱名之例。宋元以後,俱有別號,可冠于姓氏之上;自漢迄唐,則以鄉里;若不得其鄉里與別號,則字之;又不得其字,則名之;名不可得,氏之而已。玉生述。

◎大易擇言序:日月无不照也,江河无不流也,容光之照皆日月,涓滴之流歸河海。《易》之為書何獨不然?先天後天,文王不必同于伏羲;元亨利貞,宣尼亦不必同于文王。漢之言易者三家,田何、京、費皆立於學官;宋之傳易者程子、朱子,言理言數並行而不悖。若語其所同者,六子統于乾坤,乾坤該于易簡。乾易知也,坤易從也。崇陽而抑陰,尚健而尚順,貴君子而賤小人,喜中正而惡不當位,趨亨吉而避悔吝,則全經之大旨,而諸儒之釋經者亦不能外乎是也。至其辭義之間或有博奧而難知,于是經解之家紛然雜出,然而非有數十年窮經之功者,求一言之幾乎道而不可得也。我聖祖皇帝御纂《周易折中》,純粹以精,用集大成。皇上道統躬膺,加意是經,更命儒臣詳加蒐採,一時通經學古之士不乏其人,曾被徵薦。上元縣莊程君著有《易通》一書,又有《大易擇言》,分別諸家之說而間以所心得之見附著于篇,類多前

賢所未發。如以《說卦》健順動入陷麗止說為八卦之本義，奉之以闡明爻象，而不入于穿鑿名象之糾紛，又力破承乘比應之舊解，而據依《繫辭傳》辨貴賤者存乎位之旨，祇以本爻本位自為發揮，蓋憲章有在，復能以經解經，其深造自得、不為苟同，古今說易者雖多，吾見亦罕矣。顧讀其書，覺于《程傳》《本義》時有未合。竊謂程朱之易于聖人學易寡過之道已為純密，程君亦豈有出其範圍？其不同者，辭義訓詁之間耳。夫義理无窮，使程朱復生亦未必不以為起予，而程君亦斷非師心而蔑古可知矣。所謂如日月之无不照、江河之无不流，皆大易之道冒乎天下者為之也。余恐學者讀《擇言》之書而有疑也，故書其語弁諸簡端。松泉汪由敦序。

◎大易擇言自序：六經皆明道立教之書，而箋疏之多，惟《易》為最，其故可得而言也。夫典謨訓誥无剛柔九六之象，風南雅頌无吉凶悔吝之文，而易有之，後之人不能以迂怪之說加之《詩》《書》，而於《易》則无所不至，蓋徒有見于體貌之不同，而不知明道立教未嘗有二致也。孔子作傳，首明易簡，曰「像此而謂之象，效此而謂之爻」，蓋慮易道之晦蝕于羣言，而揭其本原以詔萬世者，至矣。乃後之儒者，慕象數之名而求之惟恐不得，得之矣而无補于一象一爻之用。夫箋疏之作以明經也，若舍其平易就其艱深，周納其似是，附著其本無，論說之繁興適以蔽經而已矣。學者所當慎思明辨者，孰大于是？國朝御纂《周易折中》使千古說易之家粹然一由于正，日月出而天地昭矣。第學者先入之言猶頗見于羣書，若不稍加釐訂，別其從違，則見異而遷，非所以防其未然也。乾隆壬戌，望溪方先生南歸，慨然欲以六條編纂五經集解，嘉惠後學。而首以《易》屬廷祚曰：「子之研精於易久矣。」夫廷祚豈知易者？聞先生言，退而悚息者累月，乃敢承命而為之。閱十年而書成，命曰《大易擇言》。夫仰觀俯察、極數定象者，上古作易之事，非今學者所及也。《大傳》曰：「聖人之情見乎辭」，因辭以求其義，得義而明其用，非訓詁不為功。六經之中惟大易有聖人之訓詁，則後世說易，或鑿智強經，異說多端，不可致詰。或繪圖立象，自命畫前之秘以相授受者，皆不可以不知所擇也已。廷祚非知易者，竊于是編之終而著其所見如此，以俟夫有志者論定焉。乾隆十有七年歲在壬申秋九月朔日，青溪後學程廷祚謹書。

◎四庫提要：是編因桐城方苞緒論，以六條編纂諸家之說：一曰正義，諸說當於經義者也。二曰辨正，訂異同也。三曰通論，謂所論在此而義通於彼，與別解之理猶可通者也。四曰餘論，單辭片語可資發明者也。五曰存疑，

六曰存異，皆舊人訛舛之文，似是者謂之疑、背馳者謂之異也。六條之外有斷以己意者，則以「愚案」別之。其闡明爻象但以《說卦》健、順、動、入、陷、麗、止、說八義為八卦真象，八者之得失則以所值之重卦為斷。其明爻義則求之本爻而力破承乘比應諸舊解，其稽六位則專據《繫辭》「辨貴賤者存乎位」之旨，凡陽爻陰位、陰爻陽位之說亦盡芟除，蓋力排象數之學惟以義理為宗者也。

◎吳德旋《初月樓聞見錄》卷五：著有《易詩書三禮魯論的》，其言曰：「墨守宋學已非，墨守漢學者為尤非。孟子不云君子深造之道欲其自得之乎？」又曰：「宋人毀孫復疏經多背先儒，夫不救先儒之非何以為孫復？」其大旨如此。年七十七卒，錢塘袁子才為誌其墓，盛推綿莊著述比於咸池之音。而桐城姚姬傳先生主鐘山書院，見綿莊所著書，乃究論之，其詞曰：「孔子之道一而已，孔子沒而門弟子各以性之所近為師傳之真，有舛異交爭者矣。況後世不及孔子之門而求遺言，以自奮于聖緒墜絕之後者歟？其互相是非，固亦其理。然而天下之學，必有所宗。論繼孔孟之統，後世君子必歸于程朱者，非謂朝廷之功令不敢違也，以程朱生平行己立身固無愧于聖門，而其論說所闡發，上當于聖人之旨，下合乎天下之公心者為大且多，使後賢果能篤信，遵而守之為無病也。若其他欲與程朱立異者，縱于學有得焉，而亦不免賢智者之過。其下則肆焉為邪說以自飾其不肖者而已。」今觀綿莊之立言，可謂好學深思博聞強識者矣。而顧惜其好非議程朱，蓋其始厭惡科舉之學，而疑世之尊程朱者，皆束于功令，未必果當于道。及其久，意見益偏，不復能深思熟玩于程朱之言，而其詞遂流於蔽陷之過而不自知。近世如休寧戴東原，其才本超越乎流俗，而及其為論之僻則過有甚于流俗者。綿莊所見大抵有似東原。東原晚以脩四庫書得官禁林，則其書亦皆克行于世。而綿莊再應徵車，卒不用而歸，老死其所。撰著僅有留本，不傳于世，將憂泯沒，則其所遭，或幸或不幸也已。

◎何焯彥《易經遵孔八哲類稿》卷十二《集哲》：程氏廷祚《大易擇言》，因桐城方氏苞緒論，因六例編纂諸家之說：一正義，二辨正，三通論，四餘論，五存疑，六存異。大抵力排象數，惟以義理為宗者也。

◎道光《徽州府志》卷十一之三《人物志・儒林》：廷祚治經，其初博存百家，宣究其意，已而貫穿合併，精思詣微……所著《大易擇言》三十六卷、《春秋識小錄》九卷收入《四庫全書》。

◎程廷祚（1691～1767），初名默，字啟生，號綿莊、青溪（居士）。本安徽歙縣岑山渡人。曾大父虛卿遷江寧。年十四作《松賦》七千餘言，驚其長老。弱冠補諸生，鄉試屢蹶，遂棄科舉，專治經。交惲鶴生，聞顏元之學，乃上書李塨致願學之意。康熙五十九年，塨南遊金陵，屢過從問學，益究心天文輿地食貨河渠兵農禮樂之事。乾隆元年（1736）應博學鴻詞徵，十五年舉經學，皆不錄用。又著有《晉書地理志證今》一卷、《遊周橋記》一卷、《青溪文集》十二卷續集八卷。

程廷祚 讀易管見 一卷 存

國圖藏清三近堂刻本

續四庫影印國圖藏清三近堂刻本

◎吳銳題辭：嘗讀老泉《易論》，怪其徒以機權說易，而於潔淨精微之旨無所發明。惟晉王輔嗣清言析理，不主象數，乃為超超元箸。吾友程君啟生著述甚富，尤邃於經學。今觀其說易諸篇，直將天道人事六通四闢，實有妙會，非關見聞，其王輔嗣之亞乎？邵子之詩云：「須探月窟方知物，未躡天根豈識人？」啟生其披月窟天根之奧矣。采石吳銳書。

◎目錄：易簡圖說、論乾元、論易簡、論易簡（二）、論易簡（三）、論四德、論用九用六、論內陽外陰、論剛中、論中正、論應、論恆、論既濟、論一陰一陽之謂道、論卜筮、復友人論易書（附）。

程廷祚 易說辨正 四卷 未見

◎四庫提要：此書蓋其中年所作，在《大易擇言》、《易通》二書之前，後多附入二書中，然亦時有采取未盡者，蓋所見隨年而進，故不一一盡執其舊說也。

◎姚鼐《惜抱軒文後集》卷一《程綿莊文集序》：鼐往昔在京師，聞江寧有程綿莊先生，今世一學者也。近世如休寧戴東原，其才本超越乎流俗，而及其為論之僻，則過有甚於流俗者。綿莊所見大抵有似東原。東原晚以修四庫書得官禁林，其書亦皆刻行於世。而綿莊再應徵車，卒不用而歸老死。其所撰著僅有留本，不傳於世。將憂泯沒，斯則所遭或幸或不幸也。綿莊書中所論《周禮》為東周人書及解六宗、辨古文尚書之偽，皆與鄙說不謀而合。若其他如解易、《詩》所論，則余未敢以為是。其文辭明辨可喜，固亦近世之傑。而為人代作應酬文字則不足存錄。後有得綿莊書而觀之，必有能取其當取者。

嘉慶十五年十二月十八日，姚鼐序。

程廷祚 易通 十四卷 存

國圖藏乾隆十二年（1747）道寧堂刻本

北大藏手稿本（六卷。一名《易通四種》）

上海藏稿本（六卷）

浙江藏稿本（題《易通殘稿三種》）

續四庫、四庫存目叢書影印乾隆十二年（1747）道寧堂刻本

◎總目：易學要論二卷、周易正解十卷、易學精義〔註24〕一卷、占法訂誤一卷（附）。

◎《續四庫》《四庫存目叢書》影印乾隆十二年（1747）道寧堂刻本扉頁有題簽：此書流傳甚少，余數年前曾見徐乃昌寄售書中有一部，其半係抄寫足成者，余深以當時未能購置為恨。今幸得此本，詳細撿閱，尚係初印，且又完整無缺，殊可寶也。壬午八月海昌張鈞仁識於春水生居。

◎李紱《易通序》：六經之訓詁如聚訟，然其在于易者則大端有二：大抵言象數者多失之鑿，言義理者多失之浮。象數、義理亦各有二端：設為互變飛伏諸法以求象爻之義者，唐李氏《集解》所載三十二家之說是也；表章河洛先天諸圖以為作易之本原者，康節、劉牧聞之希夷而朱子信其實然者是也。至若王輔嗣、程伊川俱舍象數言義理，而一近于清淨之旨，一專為理道之論，此其異也。宋元以來箋疏日增，崑山徐氏所梓不迨十之二三而已，充仞篋笥，學者窮年不能遍覽，況于區別其是非同異乎？康熙中，聖祖皇帝嘉惠海內，御製《折中》一書，誠有見于其說之煩而慮後學之聽熒也，然于兩端互異之解，未嘗不兼收而並採焉。其何故也？大易成于數聖人之手，其道無所不該，二千年來儒者雖多，若謂其所發明已無復遺蘊，是則何敢？余于易無所窺，顧嘗博覽羣言而默識其所以得失之故，亦有年矣。壬戌之歲，前輩滌齋熊公至京師，攜金陵程子綿莊所著《易通》以相示，且道程子雅意，屬余為序。昔孔子稱乾坤為易之門，而著其德曰易簡。《記》又曰：「潔靜精微，易教也。」夫然則易之為易，可識矣。然孰由此旨以推見象數之大原與義理之精奧而不為異說所惑？承乘比應與陽位陰位之例，此易家之所世守而亦未見其盡當者，又孰毀其垣塘決其隄岸而豁然以與聖經相見？凡此皆天下

〔註24〕王紹曾先生《清史稿‧藝文志》易類拾遺作《易學正義》。

所不能不敢者，而皆于《易通》具之。余雖未得識程子，意其人必好學深思卓然自立者，故能于解者大備之後，掃除開闢，一破雜亂拘牽之習。然則世有豪傑之士故皆不必株守舊聞以詁遺經，可知矣。《折楊》、《黃華》，嗑然以笑，彼紛紛者何為哉？！程子持論雖若與常解異，然多稟承于《折中》，如爻位、承應皆為虛象，剛上、柔來不主卦變之類，而能推廣以自成其說。天下精于易學者必能知之。余自愧所得者淺，雖樂效一言，而豈足為程子之定論也。

◎晏斯盛《易通序》：《易》之為書廣大悉備，得其一徑，皆能徹天人、該事物。而得之者莫不自為其說，戛然名家。《隋志》所載凡六十九部，《唐志》增至八十八部，《宋志》則二百一十三部，日積而多，然其中最傑者莫若康節邵子。邵子之學別自為書，不與經亂。而朱子取入《本義》，釋《繫辭》，作《啟蒙》，且曰：「凡此非熹之說，而康節之說；亦非康節之說，而希夷、伏羲之說。說不可通則曰不得，遂以孔子之說為文王之說；亦不得，以文王之說為伏羲之說。」是朱子直不信孔子，並不信文王，則《周易》竟可不作矣。何怪改易句讀、移易經文，並失費直之舊哉。昔《周易》既興，與《連山》、《歸藏》同稱三易，掌於太卜，並為卜筮之用。五百餘歲而後，孔子作傳。今觀《繫辭》上下，明天人性命之歸不出乾坤易簡。八卦六十四卦之所由成初無所為先天後天之安排，其卦爻之往來內外則序卦雜卦錯綜反對確有指歸，初不假于卦變之強合。至象辭傳，以本爻之時位為主而承乘比應皆通其辭之簡要，不過殫辭隻字而微言若揭。且爻辭之奇創，如見豕負塗、載鬼一車、先張之弧、後說之弧、匪寇婚媾、往遇雨吉，而傳釋之曰：「羣疑亡也。」何明白質實，如此非聖人而能之乎？竊嘗謂他經無聖人之註解，解經故不妨異同。獨《周易》則孔子為之傳矣，乃欲悖傳而別為之解，或直謂大傳為非聖人之書，其得為知言乎哉？予往者《周易翼宗》之作，誠有所不得已也。江寧程君綿莊，潛心六經，多所論著。乾隆丙辰試鴻博歸，鍵戶注易，五更寒暑而成《易通》一書如干卷，明潔精微之故在于奇耦二畫，定八卦之正義歸于健順動入陷麗正止說八字，詳反對為求卦之真解，判得失于所值之體象，辨六位之等差，分九六之優劣，刪比應之繁碎支離，而聖經之蘊奧悉著。若爻之分陰陽、二五之分君臣、位之當不當以及東北西南庚甲七日八月三年，舊說之牽合傅會舛誤難通者無不辭而闢之，廓清之功于是為大。讀卷首諸論，則要領可窺。至其訓釋經文，惟以彖爻二傳辭達而理暢、言簡而義精，為從來箋

疏所未有。與予《翼宗》之作多不謀而合。其自序曰：「某生乎二千餘年之後，覯羣言之淆亂，始嘗氾濫求之，而竊有疑焉。以為三聖人之設卦繫辭，當必有其故。清夜思之，不知涕之無從。」夫亦有所不得已也。

附札：金陵五載，備聞大兄古學卓行，超越等輩。公事之暇，雖偶接光霽，而行跡闊疏，傾倒雖深，而縶維維艱。時用耿耿。去年夏，再至金陵，憂居客邸，乃得近著《易通》而讀之，全撤先儒之障蔀而直窺至聖之堂奧。慊心滿志，不贊游夏矣。三月中蘆居，得接翰教，且屬為序，並蒙示以《易學要論》。竊惟二千餘年來，朱子之書稱能上接洙泗，而獨于《本義》、《啟蒙》二書乃至不信《大傳》而以謂孔子之說非文王之說。嗚呼，微言幾何而不絕也？陳子昂《幽州台歌》曰：「前不見古人後不見來者，念天地之悠悠，獨滄然而涕下。」大兄三聖之思，清夜之涕，豈徒然哉。愚曩時《翼宗》之作，大有同致，而廓清之功，兄猶過之，愚所尤不及者。各爻以本位之時物為主，而承乘比應及卦之主爻亦有不遺。《說卦》、《序卦》、《雜卦》自廣象以外，亦墨信為聖人之言而不疑，蓋承乘比應有切合之處，而《說卦》之天地定位及帝出乎震以對待流行觀之，而不雜以先後天。《序卦》以隨舉一義觀之，則疏而不密，益足見義理之無窮。並質高明，不揣凡陋。序言一首另錄請教。臨穎依溯。

◎方苞《易通札代序》：足下以所著易解相質數年矣，而未敢為序，非故難之也。愚成童為科舉之學即治《周易》，自漢唐至元明，言理言象數之書未有不經于目者，就其近正者，不過據聖人所繫之辭隨文解意；而謂其理如是、其取象如是，至所以設是卦繫是辭，確乎能見其根源者，百不一二得焉。故學之幾二十年，于前儒所已言一一皆能記憶，而反之于心則概乎未有所明。乃舍是而治《春秋》、《周官》，以《春秋》比事屬辭，五官各有倫序，可依類以求而互相證也。其後與安溪李文貞公論易，至乾、坤之二爻、歸妹之初九六五，始灼見聖人繫辭取象之本義（見《周易觀象》）。而于朱子所疑于渙之六四，亦若微有得焉（卦自否來，下三陰為小人之朋，六上居四而成渙，則小人之羣散矣。當否之時，國疵民病蘊積如邱山，一旦小人之羣散，則凡此者皆渙然冰釋，其功效非尋常思議所及也。故諸爻惟此為大吉，正爻傳所謂剛來而不窮、柔得位乎外而上同也，故四為渙主爻），乃知卦爻之辭皆有確乎不可易者。特後儒之心知弗能貫徹焉耳。足下嘗言學易者果明于剛柔之性情、六位之貴賤優劣與成卦之體象，以數者參稽，則其義居然可識。文貞公《易通論》亦嘗見于

此。而尊著中所開闡則多《通論》所未及。惜乎不得使文貞見之也。昔愚以易叩文貞，輒有以開愚而愚不能有開文貞；文貞以《春秋》、《周官》叩愚，亦時有以開文貞，而文貞之開愚者則少。假而足下得與文貞面相質覆之，所發必更多。惜乎並世以生而不得一遇也。若天假愚年而于易終有所明，當為足下序之。

◎程廷鑅序：《易通》者，家綿莊先生之所著也。其書為目者三：曰《要論》，所以明例而解惑也；曰《正解》，則經傳之義疏也；曰《精義》，所以發難明之道也。而附以《占法訂誤》焉。噫！亦備矣。夫經之有解莫盛于易，漢興，自田何至于施讎，授受皆近于正，而惜其書不傳。讎之同門孟喜始改師法，以陰陽災異言易，而焦延壽、京房衍其流。哀平之季一變而為讖緯之誕妄，馬、鄭、荀、虞之徒言象數者宗之。時又有魏伯陽著《參同契》，排次易卦以明行持火候之法，蓋即後來麻衣道人陳希夷之所祖述，而邵堯夫自命為畫前之易者也。魏晉之間，王輔嗣專以義理名家而未醇于儒，伊川正之而作《傳》。考亭繼之，歸重象占而援邵氏之先天與劉牧之河圖以入于易。元明以來宗之。蓋自孟喜而後異說煩興，其雜而多端有如是者。余嘗請于先生曰：「是何去而何從乎？」先生曰：「昔者聖人作易而寄諸卜筮，其不罹于秦火者，卜筮之為也；其晦蝕于百家眾說者，亦卜筮之為也。子知十翼之所以作乎？夫以剛柔九六起義，以物類形體取象，以吉凶悔吝繫辭者，此皆《詩》、《書》之所无，而天下惟見為卜筮者也。自有十翼而後知易之急于人道切于人心，與《詩》、《書》之垂世立教不同于法而同于道。乃後世之人猶欲加以術數、參以隱怪，是无孔子之書而後可也。然則異說之紛紜可不辭而闢之哉。」余曰：「是則聞命矣。若爻義之有承乘比應也、六位之分陰陽也、二五之為君臣也，從來箋疏之家莫不視同令甲而奉若準繩。先生一旦而掃除之，其若天下不信何？將必曰好辯也。」先生曰：「學者之蔽，在敢于叛聖人之經而不敢違先儒之說之數端者，驗之卦象既虛渺而難憑，求諸十翼亦齟齬而不易合。吾之辯豈得已哉。且聞先儒之過論而有所匡救，先儒必以為良臣益友矣。若從而阿附之，必以為容悅之臣便佞之友矣。二者宜何居焉？後鄭常斥先鄭之非，考亭于伊川《易傳》辯論不遺餘力，彼曾是以為嫌乎？吾不能難而退。」先生少奉尊人祓齋公之教，以古賢自勵，于書无所不讀而尤嗜經學。中歲以後，研精大易幾三十年。是書之作，則自丙辰被薦入都始，時四方之士雲集輦下，方角藝于長楊五柞之間，先生獨屏跡郊南，潭思注易。已而罷

歸，人咸怪之。遂乃發二千餘年之蘊奧，薙灌莽，削巉巖，以與天下共由于康莊，其功偉矣。余忝叨從之末，側聞餘論，而先生以為知言。念易學之久荒與此書之不可以秘而不宣也，爰亟謀梓以告當世。嗚呼，天下之大矣，學者眾矣，將欲沈溺于一說往而不返邪？抑謂可以各出其說而遂以為易道之廣大邪？由前之學者，吾無譏矣。由後之學者，視易為雜亂之藪，又惑之甚者也。然則當吾世而是書出，豈偶然哉？豈偶然哉？乾隆丁卯季冬之月，姪孫廷鑛魚門氏拜書。

◎周按：道寧堂本自序後，又有程晉芳序。然廷鑛為晉芳初名，故二序實為一序，正文無一字出入，惟末落款一作「姪孫廷鑛」一作「姪孫晉芳」。一書而二序並出，殊不可解。今刪苅。

◎自序：危者使平，易者使傾，天之命也，易之道也。吉凶悔吝，其端不可窮，待其至而圖之則無及也。是興神物以前民用，聖人教天下以憂患而已矣。以憂患生其心則天德為我用，天德為我用則能知天下之險阻而自致于無咎之地，是故極天下之賾者存乎卦，股天下之動者存乎辭，其大指可一言而盡也。智者居而安焉、樂而玩焉，而天下無餘事矣。愚者不能然，則使以尊天敬神之意，致謹于蓍策而不敢肆，義何在而非易之本教與？春秋以前晦于卜筮，孔子作傳，深明觀象玩辭之法。迺由秦漢以來異端曲學竄伏其中，不可致詰，箋註之作日增月盛，各自執其所是，而易幾為天下裂。廷祚生乎二千餘年之後，覩羣言之淆亂，始嘗泛濫求之，而竊有疑焉。以為三聖人之設卦繫辭，當必有其故。清夜思之，不知涕之無從。既有所見，不能自已。爰自乾隆丙辰迄于庚申，五易寒暑，著《易通》如干卷，乃盡去舊說之未安者，以求合于孔子之說，以上溯乎包羲、文王之意，而冀其萬有一得。嗚呼！易之所以前民用者，其指固可一言盡矣，而何以儒者之說乃紛紛若是邪？豈人情皆好怪而惡常，苟以其說為可說，即涉于謬悠入于支離而不自知其害道邪？廷祚不敏，有志而未逮也。乃若明易之本教以還潔靜精微之舊，則俟諸後之君子云爾。乾隆庚申嘉平月立春日，上元後學程廷祚謹書。

◎焦循《易廣記》卷三：上元程廷祚綿莊撰《易通》四種，曰《易學要論》、曰《周易正解》、曰《易學精義》、曰《占法訂誤》。序於乾隆庚申，自稱盡去舊說以求合於孔子。凡互卦、卦變、納甲等盡斥去之，而當位應等義亦知其非。尤斥程朱自以為得三聖人設卦觀象之故然不信《大象》、《序卦》，而別為《序卦》，則亦孔子十翼矣。何自相矛盾也。其說之推尊十翼云：「《詩》、

《書》孔子不為作傳而於易作之，不欲遺後人以所難也。」然則易道無由入，十翼其《易》之門乎？

◎提要（題《程氏易通》）：是書凡《易學要論》二卷、《周易正解》十卷、《易學精義》一卷，又附錄《占法訂誤》一卷，《易通》其總名也。其《要論》盡去漢人爻變、互體、飛伏、納甲諸法，未免主持稍過。然舉宋人河洛先天諸圖及乘承比應諸例，掃而空之，則實有芟除蕪穢之功。其《正解》則經傳之義疏，不用今本亦不用古本，以《彖傳》《小象》散入經文，十翼並為六翼，頗嫌變亂而詮釋尚為簡明。其《精義》統論易理，通其說於道學，略如語錄之體。其《占法訂誤》謂「畫有奇偶九六，而上下進退於初、二、三、四、五、上之際，所謂六爻發揮者，易之變惟有於此。之卦則所以識別動爻之用，而所取仍在本卦」，故以《洪範》之說為占法，而以《春秋》內外傳所載為附會，變亂不與易應。然箕子殷人，未睹《周易》，太卜掌三易之法，則三易異占灼然可證。左氏所紀，其事或有附會，其占法則當代所用，卜史通行，斷不至實無此法而恁虛自造，是則信理黜數至於矯枉過直者矣。

◎道光《徽州府志》卷十五《藝文志·歙》：程廷祚《大易擇言》三十六卷、《易通》十四卷、《易說辨正》四卷。

◎民國《歙縣志》卷十五《藝文志·書目》：《大易擇言》三十六卷、《易通》十四卷、《易說辨正》四卷、《尚書通議》十二卷、《晚書訂疑》三卷、《春秋識小錄》九卷。（俱程廷祚）。

程廷祚　易學精要　一卷　存

乾隆十二年（1747）道寧堂刻本

◎篇目：統論：陰陽剛柔、用九用六、乾坤、易簡、專直翕闢、一陰一陽之謂道、形而上者謂之道、性命、中正；仁義。

◎序：學至宋人，亦可謂得其要領而漸近于孔孟矣，使當日者恂恂然不舍孔孟之所恆言，而以學以教，其自秦漢以來孰能及之？乃卒惑于異說，表章太極圖以為學宗，奉先天河圖以為作易之本原，視漢儒之支離荒誕，曾不遠過。擇焉不精以貽譏於後世。廷祚不敏，未嘗不三復流連，為之太息也。今姑舍河圖之真偽不論，果以是為備天地萬物之理，則包羲氏之畫卦不亦贅乎？若以《大傳》所言，猶待乎仰觀俯察，近取遠取，則河圖又烏足以制易之輕重？其他說之誤可推而知也。余嘗著《周易正解》，一字一義，咸稟諸十

翼而不敢越。其所未盡，則別撰《易學精義》一卷，於潔靜精微之旨封錮于異說而不得被諸日用者，畧為詮疏，而吾儒與二氏之異同亦旁及焉，皆易理之不可闕者也。嗚呼，孔子沒而微言絕，六經之中賴易在耳。學者誠致力焉，而毋為異端曲學之所誤，何憂于聖道之不明，天下之不治哉。辛酉夏六月程廷祚識。

程廷祚 易學要論 二卷 存

乾隆十二年（1747）道寧堂刻本

◎序：世有聖人，《詩》、《書》雖廢，可得而復起也。而惟《易》不可作矣。然則世有聖人，于《易》將何如？曰：明其說而已，孔子之作十翼是也。世有學者，于易將何如？曰：本諸孔子以求明夫易之說而已，不外于十翼者是也。知有易者莫不知有孔子之說，而易卒以不明于天下，何也？百家紛紜，或亂其外或迷其內也。亂其外者，若卜筮、緯候之類，而河圖、先天為尤甚；迷其內者，若卦變、互體之類，而陽位陰位、承乘比應為尤甚之。數說者，皆自以為出于十翼，而天下信之不疑者也。欲辨其是非，莫如反而求易之要。易之要在于剛柔八卦之所以然、六位之所以然，與卦象反對之所以然、卦體內外之所以然。有得于是，則凡亂其外迷其內者皆有以燭其假託傅會之情，而不惟知其不足信也矣。余治《周易》久而見其義例，因稍稍筆之于書，而間採先儒之言有合者以為證焉，名曰《易學要論》。嗚呼，由漢以來，十翼其不幸矣乎？假託傅會者多而失其真也久矣。後之人不欲明易則已，如欲明易，其未必以余言為過也。而有以盡排舊說為余罪者，亦余之所不敢辭矣。己未夏五月，程廷祚識。

◎篇目：卷上論潔靜精微之致、論卦爻以剛柔為端、論八卦之義以健順動入陷陷麗止說為正、論八卦之得失以所值卦之體象為斷、論求卦之真解當先明反對之實義、論六位之等差、論九六之優劣、論惟卦象有應、論舊說六爻取承乘比應之非、論舊說爻位分陰陽之誤、論舊說當位不當位之誤、論舊說二五分君臣之陋。卷下論彖爻繫辭之例、論卦爻取義之例、論經名不可讀入聲、論爻辭非周公作、論十傳今名之不當、論大象傳不可附經、論說卦序卦二傳之當闕疑者、雜論、錄諸儒辨誤之說。

◎周按：《錄諸儒辨誤之說》辨先天圖、河圖洛書、太極圖、五行、互體卦變之屬。

◎翁方綱《復初齋文集》卷十五《同學二首贈魚門別》：綿莊之易予未嘗見也。然比應乘承、陽位陰位、互卦變卦之類一舉而空之，則無是理也。夫雜物撰德，同功異位，聖人固自言之。豈若言《春秋》之例者出自後儒乎？故曰「知者觀其彖辭，則思過半矣」。且剛柔之應、上下之應，聖人又皆已明言之，安有可以後人傅會為疑者耶？魚門又謂近時為漢學者曰「不知數無以知來」，此或者之偏辭耳。易之理正從數見之，此當云「不知數無以明理也」。數又可別觀耶？

◎翁方綱《復初齋文集》卷十五《同學一首贈顧南雅使滇南》：翰林前後輩以同學稱，予於程魚門、吳穀人南歸皆有此作。魚門則為其家綿莊《易》《春秋》之學。

程廷祚 占法訂誤 一卷 存

乾隆十二年（1747）道寧堂刻本

◎目錄：論貞悔、陰陽老少、重交單拆、策數，附《與友人書》。

◎序：卜筮，易之一端，因而滛于術數者，君子弗貴也。然古者卜筮之法，今亦不可得而詳矣。《左》《國》所記、後儒所言，余曩疑其多不與易應。夫不與易應則非自然之道矣。豈以聖人而為之哉？朱子以《易》為卜筮之書，而所作《啟蒙》往往謬于《大傳》。朱子且然，而況他乎？此余所以屢置之而不敢議也。昨著《正解》既竣，始條其不與易應者數事，別為《占法訂誤》一卷，以俟後之君子。夫卜筮莫盛于古，其在三代而後則可謂浸微浸滅矣。而易初不以是重輕，易之道其大矣哉！乾隆辛酉除日，程廷祚書。

程廷祚 周易正解 十卷 存

乾隆十二年（1747）道寧堂刻易通本

易通三種手稿本（四卷）

◎總目：卷之一上經上（乾至謙，舊名彖象二傳附入各卦）。卷之二上經下（豫至離）。卷之三下經上（咸至困）。卷之四下經下（井至未濟）。卷之五傳五（大象）。卷之六傳六（繫辭）。卷之七傳七（文言）。卷之八傳八（說卦）。卷之九傳九（序卦、無解）。卷之十傳十（雜卦）。

◎周易正解隨記：

乾隆元年余客京師郊南東嶽廟，秋八月之七日新月下步于庭，偶思離卦，因而就寢，夢中忽有所得，與常解絕異。驚寤，急披衣起，挑燈錄之，時夜已

分矣。因思聖人之作易也，剛柔相錯而成卦，卦成則有象，象立則有名，名定而義生，義生而辭出，吉凶與民同患，易簡而天下之理得，開物成務，如是而已，聖人欲以爻象明道之難明，而後之儒者反因以晦，其故安在乎？已而以所見求諸他卦，輒覺異于舊說，而有類于朱子之所謂天啟其衷者，因筆以為書，然于聖人之意，究未知其何如也。八月初十日，廷祚識。

　　其二：余既有志于說易，丙辰冬十月十有三日發京師南歸，舟車之中皆以翰墨自隨。既返江鄉，于所居擇數椽，命曰求是齋。客至稀少，或累月不出戶，悉屏耳目近好以專力于易之說。夫三代聖人之書皆質言易曉，大易緣爻象而繫辭，卦有小大，辭有險易，未可槩而論也。適然而遭其險，入蠶叢之徑，援飛葛，履危棧，俯臨不測之蹊，岌岌乎不可度矣，然後僅能過之，如是者不知凡幾回，憶之猶汗慄如昨也。豈易言哉！時有友人貽余書詰余注易之始末，余報之曰：「六經惟《易》為絕學，以後儒不知以經解經而自解也。且《詩》《書》孔子不為作傳，而于《易》作之，不欲遺後人以所難也。然則易道無由入，十翼其《易》之門乎？」廷祚之于易全體大例求之《繫辭》，象爻之義求之《彖》《象》二傳，不敢自立一解，不敢漫用後儒一說，沉潛反復，日月云邁，不知老之將至，是則廷祚也已。丁巳閏九月初五日又識。

　　其三：昔孔子作傳以明《繫辭》之難明也，學者欲明《繫辭》，敢曰吾不惟傳之從乎？敢曰吾能自立一說于傳之外乎？知其必不然矣。而何以說易者之多謬于孔子也？心知其不可而卒不能由孔子之說以明《繫辭》之難明，其亦不無所蔽也已。余求易之說于正文一部（秣陵李登所刻係白文，其字之大徑寸），儒先箋疏悉皆束而弗觀，悄然如入乎山之深林之遠也，嗒然而如有所喪也。凡六十四象三百八十四爻之義，皆求之傳而筆諸書，既自以為得之矣，乃自丁巳之冬始釋彖爻二傳之義，因以證說經之離合，而于向之所得復更定其三之二焉。夫余向者殆未敢舍傳而言經也，而所失若此，況夫百家眾說，膠輵于中，而謂足以會通經傳、無謬于三聖人之旨，其可得乎？杜元凱云：「優而柔之，使自求之；厭而飫之，使自趨之。」余于此嘆余心之不能無蔽，而益信說易者之不可以成說拘、不可以意見格也。二傳之解既竣上經，遂與《經解》比而錄之，且志余之蔑裂，以待異日之更有所訂云。己未二月二十七日清明節又識。

　　其四：易之端緒不明，終不可得而解。漢代以來，儒者之說易，猶所謂治亂絲而棼之也。其說之誤，余于《要論》辨之詳矣。易之傳于世，有今古本

之殊。所謂古本，經自經傳自傳，為十有二篇者也；所謂今本，以《彖》《象》《文言》分入上下經者也。今本自王輔嗣以至家伊川用之，古本朱晦菴用之。余則皆不取。昔孔子以當時視《周易》為卜筮之書，始為十翼以明其道之大而須臾可離者，非易也。十翼中，《說卦》以後三篇晚出可疑，若夫《繫辭傳》，所以言易之全體大例也；《文言》，所以廣觀象玩辭之法也。大象自有取義，而非以解經。惟彖象以訓詁之體釋彖爻之義，竊疑二傳之在孔門未必與經別行。今考古本，其他可從也，若盡從之則反使彖爻之義鬱而不章而異說得以入之。若盡從今本，以《文言》之推廣，以大象之非解經，而亦附于經，說之不可驟通，則必遷就而附會之。其失多矣。故曰易之端緒不明，終不可得而解。此其一端，余解易不用今古本而別自為本，此也。至于六十四卦之序，余竊取傳之本義而稍更之，附于卦畫之下，以俟後之君子論定焉。專擅之罪，知不免矣。庚申八月十六日又識。

◎摘錄卷末：始愚著《易通》，於雜卦傳採用節齋蔡氏改本，其後詮詩釋書，深見宋元改經之弊為近代諸名流所指斥，未可效尤。久思削正，夫傳定名於雜，大旨以剛柔之往來著易道變化流行之用。雖取諸卦之對待而有不盡然者。且古人于文字，非若後世之拘牽繩墨章句界畫，一一求其整齊也。故此篇自大過至末，易整為散，而所以明剛德之重者，尤在于此。後儒之改經，徒以晦經而已，夫何取焉。壬午孟陬之月，廷祚識。

程霆 易經閒說 佚

◎道光《徽州府志》卷十五《藝文志·婺源》：程霆《易經閒說》。

◎程霆，安徽婺源（今屬江西）人。著有《易經閒說》。

程塤 易讀 四十卷 佚

◎一名《程氏易讀》。

◎程塤，字賡颺，號讀山。安徽歙縣槐塘人。乾隆十五年（1750）舉人、乾隆十九年（1754）進士。授湖北嘉魚知縣，多善政。改安徽鳳陽府學教授。又曾知鄜縣。講學淮南書院，從學甚眾。工詩善書，博學通經，尤邃於易。嘗取漢唐宋以來諸儒說易之尤粹者，著《易讀》四十卷。又著有《續世說新語》《知魚集》《琅嬛日錄》《獺祭隨記》《讀書隨筆》《梅花三十詠》及詩文集等。

程壎 易經讀本 十一卷 佚

◎民國《歙縣志‧儒林》卷七《人物志‧文苑》：著有《易經讀本》十一卷及《瑯環祕錄》《獺祭隨記》《古文班》《雨窗絕句》等書。

◎道光《徽州府志》卷十五《藝文志‧歙》：程壎《易讀本》四十卷。

◎道光《徽州府志》卷十一之四《人物志‧文苑》：邃於易，采漢唐宋以來諸儒說易之尤粹者，兼取變體、互體、似體、伏體、反體，著《易讀本》四十卷。《文集》若干卷、《古今體詩》《知魚集》《刻楮集》《紀游草》《春蔞》《雜蔞》《刻脂集》《宦游吟蔞》《豫游新製》《西江游草》《后山詩蔞》《豐溪寓齋雜吟》《松濤閣雜吟》《松濤閣書舍詩蔞》《虹谿書屋偶吟》《仰山書舍偶吟》《讀山詩鈔》《擬儓集》《紀行詩蔞》《課楪編》《坐花閣褉吟》各一卷，又《褉著》、《續世說新語》十卷、《小山仙史》《瑯環日錄》《瑯環越錄》《瑯環別錄》《獺祭讀書隨筆》《隸事隨筆》《退食筆談》《旅食筆談》各若干卷。

◎民國《歙縣志》卷十五《藝文志‧書目》：《易讀本》四十卷、《耕遲詩文集》二十卷、《獺祭記娜嬛日錄》、《雨窗絕句》一卷、《讀書隨筆》（俱程壎）。

程允慶 周易理數合參 佚

◎道光《休寧縣志》卷十四《人物志‧績學》：著有《周易理數合參》（《康熙志‧篤行》）。

◎程允慶，字善徵。安徽休寧漢口人。太學生，少負俊才，器識英邁。

程震 易述 佚

◎道光《徽州府志》卷十五《藝文志‧黟》：程震《易述》。

◎嘉慶《黟縣志》卷六《人物志‧宦業》：著有《易述》、詩文集。

◎道光《徽州府志》卷十二之二《人物志‧宦業》：著有《易述》、詩文集。

◎程震，號葦航。安徽黟縣桂林人。由歲貢授松江訓導，署金山衛學正，造就有方，涖任五載，致仕歸，兩學懷德。

程智 大衍說 未見

◎民國《吳縣志》卷五十八下《藝文考》七：程智《易學要語》《大衍說》《論孝書》《大學詳說》《大學定序》《中庸旨》（天都人）。

◎民國《吳縣志》卷七十九《雜記》二：星垣之術，似出林三教。林生明之季，以禪宗陰道。混合姚江別派，吳人程智實倡導之。學者稱智為雲莊先生，從遊綦盛。再傳而敗，其徒仍私相傳布不絕，星垣殆燃其餘燼者耳。

◎程智（1602～1651），字子尚，號雲莊。安徽休寧會里人。不喜舉子業，讀易有省，徒步至河南謁伏羲陵。歸，入徑山中，晝夜窮究，深明極數辨物之道。崇禎間講學吳地，從遊甚眾。卒葬陽山，吳人請之巡撫，配享二程夫子祠。又著有《大學定序》《中庸旨說》。

程智 大易宗旨 一卷 存

日本內閣文庫、國圖、中科院藏清立人堂刻程氏叢書十二種本

◎《江南通志》卷一百六十四《人物志·儒林》二：深究易理，高攀龍亟稱之。著有《二四一三參兩說》及《大易宗旨》《中庸旨說》諸書。

◎《江南通志》卷一百六十八《人物志·隱逸》一：司馬荷字磐莊，長洲人，受易於休寧程智，傳極數辨物之學。

◎道光《休寧縣志》卷十二《人物志·文苑》：弱冠，深究易理，至忘寢食，聞善易者必就正焉。入徑山閉關三年，一日纍疑悉釋，謂一四天地之元、二三天地之交，佛氏知天地之元，意主無生；道教知天地之交，意主長生；至參兩倚數、用六用九、大衍五十，則儒者能之，此生生之謂易也。著有《二四一三參兩》諸說及《大易宗旨》《中庸旨說》諸書。

◎道光《休寧縣志》卷二十三《藝文志·書目》：《大易宗旨》《中庸旨說》（俱程智著）。

程智 雲莊程先生易學要語 五卷 存

浙江藏舊鈔本

日本內閣文庫、國圖、中科院藏清立人堂刻程氏叢書十二種本（二卷）

◎《江南通志》卷一百九十《藝文志》：《易說》九卷、《大易要語》一卷、《二四一三參兩說》一卷、《大易宗旨》（俱休寧程智）。

◎道光《徽州府志》卷十五《藝文志》：程智《大易宗旨》一卷、《易說》九卷、《大易要語》一卷、《二四一三參兩說》一卷。

程智 雲莊程先生大易參兩說 一卷 存

日本內閣文庫、國圖、中科院藏清立人堂刻程氏叢書十二種本

◎《江南通志》卷一百六十四《人物志‧儒林》二：深究易理，高攀龍亟稱之。著有《二四一三參兩說》及《大易宗旨》《中庸旨說》諸書。

程智 雲莊程先生大易一四說 一卷 存

日本內閣文庫、國圖、中科院藏清立人堂刻程氏叢書十二種本

程智 雲莊大易師河圖辨 一卷 存

日本內閣文庫、國圖、中科院藏清立人堂刻程氏叢書十二種本

◎孔廣陶《三十有三萬卷堂書目署》卷一：程智、湯二祐《河圖辨》一卷，乾隆辛酉精抄硃筆叶韻本。

程智 太極辯 一卷 存

日本內閣文庫、國圖、中科院藏清立人堂刻程氏叢書十二種本

◎孔廣陶《三十有三萬卷堂書目署》卷一：程智、湯二祐《太極辨》一卷，乾隆辛酉精抄硃筆叶韻本。

程智 湯二祐 學易定序 一卷 未見

◎孔廣陶《三十有三萬卷堂書目署》卷一著錄乾隆辛酉精抄硃筆叶韻本。

儲㵸 易疑 佚

◎康熙《江南通志》卷四十四《人物‧儲㵸》：所著有《易疑》諸書。

◎儲㵸，字剛甫。浙江宜興人。少為諸生有聲，受學於錢一本，遂棄舉子業，專心理學，人以為迂，獨浙江章宸一見執弟子禮。崇禎初，祁彪佳表其門曰「理學真儒」。

儲儀封 易經源流 二卷 佚

◎民國《潛山志縣志》卷二十七《藝文志》：《易經源流》二卷（清儲儀封著）。

◎民國《潛山志縣志》卷十六《人物志》六：著有《增補孔子年譜》二卷、《增注鄉黨圖考》、《世統蒙求》六卷、《節候本原》三卷、《易經源流》、《增訂發蒙三字經》、《五經總義》各若干卷、《巖甦詩草》一卷。

◎儲儀封，號巖甦。安徽潛山人。附貢。性孝友。卒年七十。

褚華 易藝舉隅 六卷 存

上海藏清鈔本

◎褚華，字秋萼，號文洲。上海人。廩生。性傲睨，自放於詩酒間。生平留心海隅軼事及經濟名物。又著有《滬城備考》五卷、《海防輯要》、《木棉譜》《水蜜桃譜》、《寶華堂集》八卷。

船山主人 易經彙解彙編 三卷 存

山東藏光緒十九年（1893）袖海山房石印皇清經解分經合纂・皇清易經解本

船山主人 易經雜錄 一卷 存

山東藏光緒十九年（1893）袖海山房石印皇清經解分經合纂・皇清易經解本

叢貞一 易學叢書 佚

◎孫葆田《山東通志》卷百二十七《藝文志》第十：是書見《府志》。

◎叢貞一，山東蓬萊人。順治歲貢。官汶上訓導、兗州教諭。

崔棟 周易大義 佚

◎民國《無極縣志》卷九《人物志》：於羣經均有深造，尤精三禮，申其大義，一以致用為歸。著有《周易大義》《尚書今文二十八篇大義》《詩大義》《五經大義》各若干卷。

◎民國《無極縣志》卷十三《藝文志》：《周易大義》三冊（一名《易利用》。清崔棟撰。稿本。按是書將象詞與爻詞分論每卦之下，各述其大義，以闡發文王、周公之說。前數頁為全書敘論，中有一節云：「後儒言易，膠於象、執於數、空言理、虛言義，而不究夫易之大用，殊非聖人作易之旨。引而伸之，觸類而長之，聖人之所以能事畢於此術，究而論之，不過一橫一豎、一延長一比例而已。此其事人盡能之，聖人亦止成能焉。而天地以之而範圍、萬物以之而曲成，而神化旁流，無往而不得易之用。但其為數至賾至動而莫可窮詰，遂以易為不可見。豈知聖人著易，即以人之共習共知者而代象之，非高深而莫測也。今為說易，即以切於民用者以與人共明之，而代闡作易者之心」，觀此數言，可窺先生立言之旨矣）。

◎崔棟，字尚之。河北無極縣楊坊村人。崔苓瑞長子。光緒十五年

（1889）舉人。早承家學，入保定蓮池書院，學以大進。後執教於直隸順天法政學堂。畢生研易。又著有《周禮講義》《周官日記草》《儀禮漢讀考》《儀禮日記草》《五經大義》《經說隨錄》《尚書今文二十八篇大義》《詩大義》《周禮大義》《鄭康成經註考》《周天子諸侯門制考》《說文部中之字應作建首說》。

崔紀 成均課講周易 十二卷 存

中科院藏乾隆九年（1744）木活字本

山西大學、南京藏乾隆二十年（1755）安邑宋氏重刻本

四庫存目叢書影印乾隆九年（1744）木活字本

上海藏咸豐木活字印本

◎自序：《易》者君子成大業之書也。顧大業之成在明乎天道與殫乎人事而已，天道不明則必冒昧而往，剛者或陷于險，柔者或困于阻，此文周之所憂，故兩經專明象占，所以示天道之當知也。人事不殫則必徼幸以圖禍福之惑滋、趨避之機熟，此又孔子之所憂，故十翼專言義理，所以示人事之宜盡也。雖然，經與傳一而已矣。得乎經之意則象占可作義理講明，得乎傳之意則義理可作象占觀玩。蓋天道之吉凶悔吝與人事之失得憂虞猶形影然，一而二二而一者也。周子曰：「君子修之吉，小人悖之凶」，嗚呼，其言約而盡矣。乾隆六年冬十月，予再承恩命，仍掌成均，竊不自量，日與諸生以德業相切劘，期于學為吉士仕為名臣，以仰副聖朝崇重大學培養人才之至意。爰取兩經、十翼反覆探討者三年于茲，凡以其有裨于學者之進退行藏也，課講畢，錄其說若干條，釐為四冊。極知淺陋不足以闡發經傳之微言奧旨，然于君子成大業之道，或庶幾千慮之有一得焉。終非予之所敢自信也，姑藏之篋笥以備遺失以質高明。乾隆九年秋七月，蒲坂崔紀謹識。

◎提要（著錄無卷數）：此書乃乾隆辛酉紀官國子監祭酒時所著，其說以《本義》為主，而亦間有異同。至其經文專主卜筮，十翼專言義理，謂孔子恐人惑於吉凶禍福之說、要求趨避之術，故專以義理言，則似傳非以解經，惟以補救夫經矣。

◎崔紀（1693～1750），原名珺，字君玉，後更今名，字南有，號虞村。山西永濟人。康熙五十七年（1718）進士，歷官陝西巡撫、湖北巡撫、左都御使、江蘇學政。

崔景岳 周易指掌 三冊 存

◎自序〔註25〕：大《易》一書，羲皇仍河圖之數，仰觀俯察而畫八卦，只有八卦並六十四卦之名。至文王演易，始闡八卦六十四卦之旨，作彖辭以明各卦之吉凶，而大旨已瞭然矣。至周公而作爻辭以明三百八十爻之吉凶，其旨益彰矣。使非有孔子十翼之作，則終無以闡觀察之精，即無以探圖書之秘。故此書孔子之功居多，然猶有加年之歎，易理之精微，亦安有窮哉！按漢諸家之言易者，詳于數而略于理，六十四卦三百八十四爻之取象兼互卦變而各有實指。宋諸家之言易者略於數而詳于理，于人事彝倫日用各有定用。以愚見參之，宋儒之言理非略于數也，先有漢儒之言數，而數無煩言也。學易者自尊宋儒之理，有憑也。我朝以六經取士，而大《易》為六經之宗。《折中》一書，萬世莫可磨滅，其餘《周易》觀錄切寔近人，一見能解，旨義詳明，審鵠正解，初學易入。《周易粹鈔》言簡易明，看此讀書，而易之大旨應可略知一二耳。至於參考之書，則固多多益善也。昆山自記。

◎王重民《重修無極縣志》卷十三《藝文志》：《周易指掌》三冊，崔景岳撰。稿本。上冊為圖說及象詞大義，於六十四卦先引象詞，繼加申明。中冊為上經爻詞大義。下冊為下經爻詞大義。每爻之下先說其要旨，然後採錄《周易》精義之言以闡全卦。明白簡當，便於初學。

◎崔景岳，字昆山。河北無極縣楊坊村人。幼聰穎，師從王琦，郡試第一。後為貢生。研精《周易》，自程朱以下所披閱一百四十餘家。又著有《論語串章》。

崔景岳 周易示途 佚

◎民國《無極縣志》著錄。

崔亮采 太極圖數 不分卷 存

山東藏嘉慶十一年（1806）敦善堂刻本

◎江永《崔敬六太極圖數序》〔註26〕：《太極圖數》者，太平崔君亮采敬六所作也。敬六始觸悟于楓林，原太極先天自然之數，列為圖，生成判合、升降循環如天地造設不可易。玩象觀理，由精得蘊，疏源達流，凡河圖洛書、畫

〔註25〕錄自王重民《重修無極縣志》卷十三《藝文志》。
〔註26〕又見於嘉慶《太平縣志》卷十《藝文》。

卦揲著、干支、聲律、納甲、納音、勾股、弧矢、宇宙至妙之理，如契斯合，如錢斯貫。噫！其殆天牖其明、神助其思者乎？始以稿本示余，洋洋灑灑殆萬言，余讀而奇之，為之字櫛句比，去駁存純，薙繁茞漏。敬六得之大喜，謂賞奇晰疑世有知我也。復示改本，中間多用鄙說，其善下從人、無驕吝心乃若此。余益為殫思，未備者復補之，誤刪者復存之，一辭一義，求其穩愜于心也而後歸之。余與敬六隔數百里，未謀面，聞其人頗踽涼不偕俗，捐去舉業，嗜學耽思，俯察仰觀，皆有心得，而人鮮知之。余讀其書，已覘窺其人矣。兩間一大理窟，惟聰明而澹靜者獨喜入其中，亦幾見有騖聲華、逐時好而能味人之所不味、研人之所不研者乎？余與敬六殆同矣，味神交于此一卷矣。昔揚子雲好深湛之思，其為《太元》也，參摹而四分，後世笑其拙。南康戴師愈好撰著，《子華》《麻衣》之屬，識者知其偽也。是書實作于敬六，余為佽成之，不必托名流以傳，可無譏於偽。若其縱橫錯綜、聯貫一切，拙乎？巧乎？其穿鑿乎？其自然乎？明者當能辨之。書之顯晦，有數存焉。他日或覆瓿或留青，余不能知，惟幸我一編時出而玩之，若堯夫先生之弄丸焉，亦足以自怡。吁，不必為外人道也。

◎嘉慶《太平縣志》卷之八《著述》：《太極圖數》（崔亮采著）。

◎崔亮采，字敬六。江南太平縣（今安徽黃山）人。

崔譓 易象合參 十三卷 首一卷 末一卷 存

遼寧藏清一以堂刻本

上海藏清鈔本（不分卷）

◎同治《九江府志》卷三十六《文苑》：著有《易象合參》《灌園餘事》。

◎同治《九江府志》卷四十四《藝文志》：《易象合參》（崔譓著）。

◎同治《湖口縣志》：《易象合參》，邑進士崔譓著。

◎光緒《江西通志》卷九十九《藝文略》一《國朝》：《周易合參》附《緒論》一卷，崔譓撰（《九江府志》）。

◎崔譓，字煥遠，號念陵。江西九江湖口縣人。讀書邑東滴水巖，與詩僧道化唱和，詣益進。雍正壬戌應禮闈試，鄂爾泰閱卷稱奇，取中，後延至家，出所著詩文，悉與商榷。終以不樂仕進，改就教職，歷篆數郡，名傾一時。晚歸家。

崔世昌 讀易緒論 佚

◎《中州藝文錄》、《河南通志藝文志稿》著錄。

◎崔世昌，字卜五。河南安陽人。康熙諸生。

崔述 易卦圖說 一卷 存

山東藏道光四年（1824）石屏門人陳履和校刻崔東壁遺書本

山東藏臺北成文出版社1976年無求備齋易經集成影印道光四年（1824）
刻崔東壁遺書本

◎目錄：易卦畫圖：奇偶兩畫三重為八卦圖、八卦重八卦為六十四卦圖。
易卦畫圖說。易卦次圖：純卦交卦綱領之圖。易卦次圖說。易十二卦應十二
月圖。易十二卦應十二月圖說。附：讀易瑣說、論易舉要。

◎序〔註27〕：甚矣易理之難知也。孔子曰：「誦《詩三百》，授之以政，
不達；使於四方，不能專對，雖多，亦奚以為？」蓋學《詩》如是之易也。孔
子曰：「假我數年卒以學易，可以無大過矣。」蓋學易如是之難也。然近世學
者談易者頗多，余竊怪之。嘗試舉以問人彖爻之詞與十翼何人所作，則曰：
「彖詞文王作，爻詞周公作，十翼孔子作也。」問其何以知之，則曰：「朱子
《本義》云爾。」問朱子何以知之，則瞠目不能對也。此其最淺近者猶且如
是，若欲通於易，知聖人所以命卦繫辭之意，吾恐其難也。余家世傳《周易》，
至余凡四世矣。然余獨未敢輕談易，何者？聖人之義蘊宏深，固非後學所能
輕窺也。雖然，讀易有年矣，於先儒之說亦間有一二未安者，初不敢自謂是，
數十年來蓋屢思之，久而終不能易所見。《考信錄》既成，乃取平日所見之一
二繪為圖而繫以說，以待後世通於易者正其得失焉。大名崔述識。

◎崔述《無聞集》卷三《上汪韓門先生書》：述幼癡鈍，長益迂拙，人事
悉所不解，獨好參伍古今事跡，辨其是非真偽。日積月聚，似稍有所見。嘗欲
著之於文，顧自以為年少識淺，又方勞心於科舉衣食，未暇為也。自戰國以
來，邪說並作，皆託聖人之言以取信於世，亦有聖人之徒，傳而失其真者。漢
晉諸儒，罔能辨識。至唐宋時，尊信日久，益莫敢以為非。六經之文，有與傳
記異者，必穿鑿遷就其說以附會之。又好徵引他書以釋經義，支離紆曲，強
使想相通，雖有一二有識之士論其舛謬，顧其考證抉摘猶多未盡，而世亦不
盡然其說。二帝三王之事、周公孔子之意，其晦於後世者，豈可勝道哉。述之

〔註27〕又見於民國《大名縣志》卷二十七《藝文志》。

所見雖未知其是否，然存之以待有識者之去取，或亦君子之所不罪也。

◎崔述《無聞集》卷三《與董公常書》：乙酉之秋，得於京邸晨夕過從，暢論書史者數月，歲終握別，至今十有二年。每讀書有會心處，輒屈指私計，可與語此者，惟廣平栗太初及我公常先生二人。而太初往矣，先生又無由接坐一談。興言及此，真令人讀書之興索然欲盡也。往述幼時，喜涉覽山經權謀術數之書，常雜陳於几前，既汎瀾無所歸，又性善忘，過時即都不復省憶。近三十歲始漸自悔，撰求之於六經，不敢他有所及。日積月累，若似有得。乃知秦漢以來傳註之言往往與經抵捂，不足深信。如炎帝本與黃帝同時，太皞在其後，而世以為伏羲即太皞、神農即炎帝。稷、棄皆在帝嚳之後百數十年，而世以為高辛氏之子。周公本因成王諒陰而攝政，而世以為成王年止十三。平王本畏楚偪而戍申呂，而世以為私其舅家。周本三正並行，而世乃雜取傳記夏正之文，為周不改月之證。周本郊遂用徹、采邑用助，而世乃因孟子「雖周亦助」之言，謂徹亦畫為井，亦以中為公田。推此而求，不可悉舉。要皆不肯細讀經文，過信傳註百家之言，故致舛誤，不知先生以為然耶否耶？舊嘗閱一小說，載孔子適陳時，有《采桑女》及《樵夫詩》二首，鄙俚不可入口。且曰：「按此即今七言絕句，而世儒謂始於《柏梁》，不學之過也。」閱至此，不覺失聲大笑。嗚呼，今世所傳戰國秦漢之書，托名於聖人者，豈有以異於此乎？特以其傳既久，學者遂不敢議。而今乃欲據六經以正其失，求其不掩耳而疾走，不可得也。以此閉口，不敢與人談及經史，安得與先生重聚數月，而一證十餘年來之所得哉。

◎崔述《無聞集》卷三《贈陳履和序》：聖人之道在六經而已矣，自周之衰，楊墨並起，繼以秦火，六經幾亡。漢初始求遺書，然以其求之切也，傳而失實、駁而不純者，皆得託為聖賢所作，以與世市而莫能辨。武宣以後經學益重，學者藉此以取富貴，又多增其師說，旁采楊墨之言以亂聖人之旨。猶幸其時諸家並立，異同得失之故有可考證。及至漢儒馬、鄭起而諸家之傳漸微。永嘉之亂，其書遂盡失，存於世者不一二家。而學者方崇王肅，復偽造古書以攻康成，以惑當世，後生末學，習熟耳目，以為聖人之旨固然。六經於是大壞。唐宋迭興，諸儒林立，始頗發明聖人之道，然其言大抵以闢佛老為事，至於前人訛誤紊雜，相承而未及正者尚多。此固未嘗不有待於後人之補苴者也。余自束髮受書，奉先人之教，即專求信於經。及長，覺百家言益多可疑。以是每觀先儒箋註，必求其語所本而細核之，欲以探聖經之原，不惑

於眾說。顧家貧質鈍，碌碌無讀書之暇。即讀，亦都不復記憶，且多病，遇勞則亟。不能自竟其業。常冀有一二同志，相與講明而切究之。而居僻寡交遊，所見學者多專攻舉業，間有好古之士，祇肆力於詩賦博覽，竟不能有所遇。而余亦漸老矣。乾隆壬子，余遊京師，始得遇滇中陳介存履和於逆旅，介存嗜學好古，所為文往往能抉前人舛誤。余方幸其得友，而介存顧不自是，乃介朱笏山奕簪而請師余者至於再四。夫師，所以求益，余之與介存，伯仲間耳，何能益？況師道不易行。自唐韓柳且難言之，乃辭之者屢。而介存意堅不可移。豈以世無行古人之道者，而欲以身勵俗耶？抑好古之心篤，而遂不暇深擇其人耶？雖然，余嘗聞之，學以專而精，知以少而當，不使百家之言雜於經，而後經之旨可得。不強求其所不能知者，而必欲知之，而後所知者無所淆。故說經欲其自然，觀理欲其無成見，於古人之言，無所於必從，無所於必違，惟其適如乎經而已。苟如是，異日必將大有得焉。於以正羣言之淆亂而明六經之旨，余將於介存乎是望。而如余者，復何足為芥蒂哉。倘異日天假之緣，使余得與介存聚處數載，以余之所窺，及其所未窺，相與講明而切究之，以償其平生之願，以求萬一有幾於道，則余雖貧且病以老，其亦可以無憾也夫。

◎崔履和《刻唐虞考信錄跋》〔註28〕：嘉慶十三年夏五月，履和侍家大人由贛州至南昌，將還江西，從此去先生日遠。而舊藏《唐虞考信錄》未刻，乃以七月付梓，並使人詣大名，以行告，且求書。八月哉生明，得讀《夏考信錄》二卷、《商考信錄》二卷、《洙泗考信餘錄》四卷、《考信錄釋例》二卷、《易卦圖說》一卷，重訂前刻《正朔／經界／禘祀》三考各一本。

◎崔述（1740～1816），字武承，號東壁。直隸大名府人。幼承父元森治朱子之學。乾隆壬午舉於鄉，嘉慶時授福建羅源縣知縣，旋調署上杭縣，繼復反任羅源。嘉慶六年（1801）老病乞休。既歸，往來河北，以著述自娛。其學考據詳明如漢儒，而未嘗墨守舊說而不求其心之安；辨析精微如宋儒，而未嘗空談虛理而不核乎事之實。著有《考古提要》二卷、《上古考信錄》二卷、《唐虞考信錄》四卷、《夏商考信錄》各二卷、《豐鎬考信錄》八卷《別錄》三卷、《洙泗考信錄》四卷《餘錄》三卷、《孟子事實錄》二卷、《考古續說》二卷附錄二卷，是為《崔氏考信錄》。又著有《王政三大典考》三卷、《讀風偶識》四卷、《尚書辨偽》二卷、《論語餘說》一卷、《讀經餘論》二

〔註28〕摘自《考信附錄》卷下。

卷、《五服異同匯考》三卷、《易卦圖說》一卷、《與翼錄》十二卷、《春秋類編》四卷。

崔燾 周易注疏 二卷 存

江蘇師範大學藏同治十三年（1874）鈔本

◎崔燾（？～1854），字虹橋。徐州銅山人。幼嗜學，動靜循禮法。道光元年（1821）舉孝廉方正，五年登鄉薦，九年成進士，改庶常。選授河南通許縣知縣，政尚寬簡，吏民便之。升裕州知州。尋調知鄭州，升淅川廳撫民同知。咸豐元年（1851）豫撫潘鐸首以疏薦，特旨召對。四年春署懷慶府知府，十月卒於官。

崔徵餘 周易捷錄 佚

◎光緒《增修登州府志》卷四十三：崔徵餘（生員，著有《周易捷錄》）。

◎民國《萊陽縣志‧人事志》：《周易捷錄》，崔徵餘著。

◎孫葆田《山東通志》卷百二十七《藝文志》第十：是書見《府志》。

◎崔徵餘，山東萊陽人。諸生。

崔致遠 洪範傳 一卷 存

山西大學藏康熙刻本

◎乾隆《續修曲沃縣志‧人物志》：所著有《易註》《洪範傳》行世、《詩經釋義》《徵道堂集》藏於家。

◎崔致遠，字靜君。山西曲沃望絳人。性剛介，精書畫，讀書識大節。康熙五十二年以進士官四川大竹令。入都，由吏部主事屢遷吏科掌印給事中，後以事戍艾湖，潛心易理，居十年遇赦歸。卒年七十八。

崔致遠 易注 十二卷 存

國圖、北大、山西師大、山東、四川、山西文史館藏乾隆八年（1743）山西崔氏絳雲樓刻本

◎乾隆《續修曲沃縣志‧藝文志》：崔致遠《易註》《詩註》《洪範傳》。